AF555666

1 fr. 25 le volume

ŒUVRES COMPLÈTES D'HECTOR MALOT

MARICHETTE

TOME SECOND

PARIS
LIBRAIRIE MARPON & FLAMMARION
E. FLAMMARION, SUCC^r
26, RUE RACINE, PRÈS L'ODÉON

PARIS. — IMP. C. MARPON ET E. FLAMMARION, RUE RACINE, 26

MARICHETTE

II

OUVRAGES DE HECTOR MALOT

COLLECTION GRAND IN-18 JÉSUS

LES VICTIMES D'AMOUR : LES AMANTS, LES ÉPOUX, LES ENFANTS........ 2 vol.
LES AMOURS DE JACQUES........ 1 —
ROMAIN-KALBRIS........ 1 —
UN BEAU-FRÈRE........ 1 —
MADAME OBERNIN........ 1 —
UNE BONNE AFFAIRE........ 1 —
UN CURÉ DE PROVINCE........ 1 —
UN MIRACLE........ 1 —
SOUVENIRS D'UN BLESSÉ. — SUZANNE........ 1 —
— — MISS CLIFTON........ 1 —
LA BELLE MADAME DONIS........ 1 —
CLOTILDE MARTORY........ 1 —
LE MARIAGE DE JULIETTE........ 1 —
UNE BELLE-MÈRE........ 1 —
LE MARI DE CHARLOTTE........ 1 —
L'HÉRITAGE D'ARTHUR........ 1 —
L'AUBERGE DU MONDE : LE COLONEL CHAMBERLAIN, LA
— — MARQUISE DE LUCILLIÈRE........ 1 —
— — IDA ET CARMELITA, THÉRÈSE, 1 —
LES BATAILLES DU MARIAGE : UN BON JEUNE HOMME.. 1 —
— — COMTE DU PAPE........ 1 —
— — MARIÉ PAR LES PRÊTRES. 1 —
CARA........ 1 —
SANS FAMILLE........ 2 —
LE DOCTEUR CLAUDE........ 1 —
LA BOHÊME TAPAGEUSE........ 2 —
UNE FEMME D'ARGENT........ 1 —
POMPON........ 1 —
SÉDUCTION........ 1 —
LES MILLIONS HONTEUX........ 1 —
LA PETITE SŒUR........ 2 —
PAULETTE........ 1 —
LES BESOIGNEUX........ 2 —
MARICHETTE........ 2 —
MICHELINE........ 1 —
LE SANG BLEU........ 1 —
LE LIEUTENANT BONNET........ 1 —
BACCARA........ 1 —
ZYTE........ 1 —
VICES FRANÇAIS........ 1 —
GHISLAINE........ 1 —
CONSCIENCE........ 1 —
MONDAINE........ 1 —
JUSTICE........ 1 —
MARIAGE RICHE........ 1 —
MÈRE........ 1 —

Mme HECTOR MALOT

FOLIE D'AMOUR........ 1 —

ÉMILE COLIN. — IMPRIMERIE DE LAGNY.

MARICHETTE

PAR

HECTOR MALOT

TOME SECOND

PARIS
LIBRAIRIE MARPON ET FLAMMARION
E. FLAMMARION, SUCCR
26, RUE RACINE, PRÈS L'ODÉON

MARICHETTE

TROISIÈME PARTIE

I

Célanie voulut coucher Marichette elle-même, la déshabiller, la border dans le lit; une mère n'eût pas été plus tendre avec sa fille. Puis elle voulut monter elle-même aussi la tasse de café au lait bien chaud qu'elle avait commandée, et la lui voir manger.

— Cela te réchauffera, ma pauvre petite. Comment le trouves-tu? Est-il assez sucré? Dis ton goût. Tu es ici chez un père, non chez le Corsaire; tu es notre fille.

Psit eut sa part dans les gâteries.

— Le bon chien!

Après avoir fait manger Marichette, elle voulut la faire dormir.

— Allons vite, dodo.

Tendrement elle l'embrassa.

— Dors tranquille, je viendrai t'éveiller pour déjeuner. Tu as quatre heures de sommeil devant toi, profites-en.

Il était dit que Marichette passerait par toutes les surprises et que rien de ce qu'elle aurait prévu ne se réaliserait. Comme sa cousine était bonne pour elle, tendre et affectueuse! Quoi d'étonnant à ce que l'expression de joie du premier accueil eût été remplacée à un certain moment par celle de l'inquiétude : c'était l'intérêt qui avait causé cette inquiétude. Comment avait-elle pu se défier d'elle et ne pas protester au fond du cœur quand elle entendait dire que c'était une coquine?

Et pendant que sa cousine s'éloignait elle s'accusait d'injustice : elles étaient sincères, les paroles du cimetière, c'était vrai : « La maison lui était ouverte, on la consolait, on la défendait. »

C'était pour voir son mari que Célanie descendait rapidement l'escalier et pour lui dire leur bonheur. Elle le fit appeler, et comme on lui dit que madame avait besoin de lui tout de suite, il accourut, ne se permettant jamais de faire attendre madame.

Surpris de ne trouver personne dans le bureau, il regarda sa femme en l'interrogeant du regard, car elle se faisait respecter, et il n'osait guère la questionner directement.

Elle le fit d'autant moins languir qu'elle avait besoin de crier sa joie.

— Marichette est ici.

Il resta stupide.

— Elle s'est sauvée de chez le Corsaire. Il a voulu

entrer dans sa chambre en cassant un carreau de la fenêtre du balcon; avertie par ce que je lui avais dit, elle a eu peur et s'est enfuie.

— Est-ce possible!

— Si bien possible que je viens de la coucher; elle a passé la nuit sur la grand'route, tantôt marchant, tantôt se cachant, et elle est arrivée glacée; c'est une brave fille.

Sylvain était trop troublé pour remarquer la contradiction qui éclatait entre ces paroles : « C'est une brave fille ! » et celles dont sa femme l'assassinait depuis dix mois : « C'est une misérable intrigante! »

— Quelle canaille que ton cousin! continua Célanie. Une enfant!

Sylvain courba la tête; il était habitué cependant à entendre sa femme accuser son cousin, mais dans les circonstances présentes cette accusation reposait sur un fait matériel et immédiat qui ne permettait pas la dénégation ou l'excuse : elle était là, la brave fille, la pauvre enfant, et il restait écrasé. Si un mot s'était échappé de ses lèvres ç'aurait été celui qu'il avait déjà dit :

— Est-ce possible!

— C'est un vrai sauvage, continua Célanie, triomphant de pouvoir enfin exhaler sa haine; parce qu'il est parti de bas pour arriver à la fortune, il s'imagine que rien ne peut lui faire obstacle, qu'il est audessus de tout et de tous, d'un autre sang que le commun des mortels, et que pour lui il n'y a ni lois humaines ni lois religieuses; qu'il vole, qu'il viole, qu'il assassine, ça ne compte pas si c'est son bon plaisir; les autres, on les guillotine; lui, on le décorera; pourquoi se gênerait-il, tout lui réussit; chapeau bas, tas d'imbéciles, c'est moi Bellocq!

Elle avait débité cette tirade avec une violence si pleine de rage que son mari n'avait pas osé risquer un mot. Il y avait trop de vrai dans ce qu'elle disait pour qu'il pût établir des distinctions entre ce qu'il reconnaissait et ce qu'il contestait. D'ailleurs, à quoi bon? A exaspérer sa femme. Dans l'état où il la voyait, ce n'était vraiment pas la peine. Et puis c'était de Marichette qu'il avait souci en ce moment.

— Et Marichette?

— Tu la verras au déjeuner. Tu penses bien qu'après avoir passé sa nuit sur la grand'route elle est brisée, sans compter que l'émotion s'ajoute à la fatigue. Quelle peur elle a dû avoir, la malheureuse, quand elle a vu le Corsaire casser son carreau!

— Elle n'a pas perdu la tête?

— Grâce à moi, parce que j'avais eu la précaution de la prévenir de ce qui l'attendait. Si je ne lui avais pas expliqué qu'un soir ou l'autre son cousin la prendrait comme il avait pris toutes les filles qui ont couché sous son toit, elle ne se serait pas tenue sur ses gardes, et quand elle aurait voulu se sauver, il aurait été trop tard.

— Enfin, elle s'est sauvée?

— Et bravement. Une fois qu'elle a été dans la rue, il n'a pas osé la poursuivre. Quel scandale, si on avait vu *monsieurre* le maire courant, à minuit, après sa cousine!

Elle se mit à rire, car, dans son exaltation, il y avait autant de joie que de haine.

— Maintenant que la voilà chez nous, la pauvre enfant, dit Sylvain, qu'est-ce que nous allons en faire?

— La garder et surtout la défendre contre le Corsaire.

— Crois-tu donc qu'il osera nous la redemander?

— S'il l'osera! Mais j'en suis sûre. Je suis surprise qu'il ne soit pas déjà ici pour la réclamer au nom de la loi. N'est-il pas son tuteur?

— Il ne fera pas cela.

— C'est-à-dire qu'il ne serait pas lui s'il ne le faisait pas. Reculer, avoir peur de quelqu'un, de nous surtout, c'est cela qui n'est pas dans son caractère. Sois sûr que nous ne tarderons pas à le voir arriver.

— Ici!

Il y avait autant de crainte que de doute dans l'accent de ce cri.

— Vas-tu avoir peur de lui?

— Non, mais...

— Il n'y a pas de mais. Si ton cousin est le tuteur de Marichette, tu es, toi, son subrogé-tuteur; il la persécute, tu la défends, tu la sauves. Ah! nous allons lui faire un beau procès qui le mènera loin. *Monsieurre* le maire, il faudra dire adieu à la mairie, et à la décoration, et aux honneurs, et au conseil d'arrondissement, et au conseil général, et au respect de *monsieurre* le sous-préfet, et à l'amitié du député. Crois-tu qu'il lève la tête quand il aura été destitué de la tutelle et flétri pour avoir attenté à l'honneur de sa pupille? Enfin, nous allons donc avoir notre jour!

— Tu ne feras pas cela!

— Comment, je ne ferai pas cela! Et qui m'en empêchera?

— Marichette, que tu perdrais par ce procès.

— Il s'agit bien de Marichette! Il s'agit du Corsaire sur qui je vais pouvoir enfin trépigner. Il y a assez longtemps qu'il nous humilie, le misérable; à notre tour maintenant.

— Tu es trop juste pour vouloir que la pauvre petite paie pour lui.

— Toi, laisse-moi tranquille et fais-moi le plaisir de ne te mêler de rien. Pour commencer, quand ton cousin va venir, tu disparaîtras; c'est à moi qu'il aura affaire; je me charge de lui répondre; il ne me fait pas peur, et il ne m'intimide pas plus qu'il ne m'attendrit; nous allons rire; ou plutôt c'est moi qui vais rire; s'il n'en a pas une attaque d'apoplexie il aura de la chance

Elle se mit à rire et la colère qu'elle commençait à ressentir contre son mari s'envola.

— Une attaque, une bonne attaque, voilà qui simplifierait les choses; s'il tombe les quatre fers en l'air, oblige-moi de ne pas venir à son secours; je veux le voir crever comme un chien; sois tranquille, je me tiendrai à l'abri de ses ruades et de ses morsures.

Et s'interrompant tout à coup, elle se dirigea vers la porte:

— Où vas-tu donc? demanda Sylvain

— Voir s'il ne vient pas. Comment n'est-il pas déjà arrivé, le lâche? J'ai hâte de le tenir là. Vraiment cette heure-là nous était due.

Que répondre à cela? Bien des choses se pressaient confusément dans la tête de Sylvain; mais à la pensée d'entrer en lutte avec sa femme, il s'arrêtait. Elle avait tant souffert de Simon, la pauvre Célanie, qu'il fallait excuser sa haine! Ce n'était pas à la légère qu'il fallait la contrarier, mais prendre son temps, au contraire, et peser ses mots : on n'engage pas un procès du jour au lendemain; tant que Marichette serait chez lui, elle serait à l'abri de tout danger, et pour le moment cela suffisait.

— Quand je pense, continua Célanie, qu'au moment où elle est arrivée j'ai eu un moment de terrible frayeur.

— Pourquoi cela?

— Comme je lui demandais ce qui s'était passé, elle ne me répondait pas et baissait la tête toute honteuse...

— Pauvre petite, il y avait de quoi!

— Si tu crois que j'ai pensé à la plaindre! je me me suis imaginé qu'elle s'était sauvée trop tard, et j'ai eu la sensation qu'elle pouvait être enceinte. La vois-tu enceinte?

— La malheureuse!

— C'est déjà une chose terrible pour nous qu'elle soit la parente de ton cousin; mais mère d'un enfant de lui, c'était autrement terrible encore, car si ton cousin ne s'inquiète guère présentement des enfants qu'il a semés çà et là, il aurait pu arriver, lorsque l'âge se serait fait sentir, qu'il prît souci de l'enfant de sa cousine. Ça se voit, ces bêtises-là. Notre héritage était flambé. Heureusement elle s'est sauvée quand il a cassé le carreau, et nous en sommes quittes pour la peur.

II

A ce moment un bruit de voiture les interrompit; elle arrivait avec fracas, d'un train de course, et, sur le pavé, sonnait le trot d'un cheval lancé à toute vitesse.

— Voilà ton cousin, s'écria Célanie; il n'y a que lui pour marcher ainsi.

En effet, Bellocq était célèbre dans le pays pour sa façon de conduire; entre ses mains le cheval le plus pacifique ou le plus rétif prenait tout de suite l'allure du cheval le plus vite ou le plus docile; quand il traversait un village on se mettait sur les portes pour le voir passer, et c'était avec admiration qu'on le regardait : — C'est M. Bellocq. — Conduit-il bien, ce mâtin-là! — A la vérité, ce mâtin qui conduisait si bien avait plus d'une fois écrasé des cochons ou estropié des enfants; mais cela n'avait pas ralenti son train : il avait toujours su prouver que c'était la faute des cochons ou des enfants, et n'ayant jamais eu rien à payer pour ces accidents, il n'avait pas trouvé utile de changer ses habitudes; c'est pour ceux qui vont en voiture que les routes sont faites.

Sylvain s'était avancé vers la porte ; sa femme se jeta sur lui et le repoussa.

— Veux-tu bien ne pas te montrer !

— Mais...

— Il n'y a pas de mais. Il ne faut pas que ton cousin te voie. Ce n'est pas à toi qu'il doit avoir affaire, c'est à moi.

A chaque mot qu'elle disait, elle lui faisait faire un pas en arrière.

— Tu n'as pas peur qu'il me mange !

— J'ai peur...

— Tu dois n'avoir pas peur.

Ils étaient arrivés à la porte de sortie qui, de la salle à manger, communiquait avec la cuisine ; elle l'ouvrit et le poussa dehors.

— Envoie Jeanne en course et garde les enfants, que personne ne nous dérange et ne nous entende.

Et vivement elle referma la porte au nez de son mari indécis.

Il était temps ; le cabriolet venait de s'arrêter devant la maison.

Quand Bellocq aîné entra dans le bureau, il se trouva en face de Célanie.

Elle ne laissa paraître ni surprise ni curiosité, et de l'air d'une femme qui est chez elle elle attendit.

D'un geste écourté Bellocq porta la main à son chapeau de paille :

— Bonjour.

Avec une inclinaison de tête plus écourtée encore, elle répondit :

— Bonjour.

Puis ils restèrent en face l'un de l'autre, se regardant. Célanie, qui avait eu le temps de se préparer et qui l'attendait, avait pris l'attitude calme et digne; Bellocq, au contraire, semblait être sous l'influence d'une colère impatiente; d'ailleurs ç'avait été toujours son côté faible de ne pas pouvoir se modérer, car sous une apparence placide et tranquille son sang bouillonnait, et s'il se contenait c'était par un effort incessant de volonté.

— Où est Sylvain? demanda-t-il.

— Il n'est pas ici.

— A cette heure?

— A cette heure. Lui aviez-vous annoncé votre visite?

— Ne m'attendiez-vous pas?

Célanie prit un air d'une innocence parfaite.

— Pourquoi donc vous aurions-nous attendu? dit-elle froidement; il n'y a plus rien de commun entre nous depuis longtemps.

Il commençait à perdre patience.

— Je viens chercher Marichette.

— Ah!

— Me direz-vous qu'elle n'est pas ici?

— Je ne dis rien; je réponds simplement à vos questions.

— Eh bien, remettez-la-moi!

Ces quelques paroles s'étaient échangées dans le bureau rapidement, et en toute liberté puisqu'il n'y avait personne; à cette dernière demande Célanie s'inclina.

— Voulez-vous me suivre? dit-elle.

Et elle ouvrit la porte du vestibule pour passer dans la salle à manger, où il la suivit.

Au regard qu'il jeta autour de lui, il fut évident qu'il cherchait Marichette et qu'il était surpris de ne pas la trouver.

— Où est-elle ? demanda-t-il.

— Qui?

— Marichette, parbleu !

Célanie se mit à rire.

— Comment, vous vous êtes imaginé que je vous amenais près d'elle! Et il y a de gens qui parlent avec admiration de la finesse de Bellocq aîné!

Ce qu'il ne pouvait surtout pas tolérer c'était qu on se moquât de lui; cette raillerie de la part d'une femme qu'il détestait l'exaspéra ; elle le vit crisper ses deux poings et elle éprouva une sensation de jouissance. Enfin !

Puisqu'il ne pouvait pas l'étrangler la coquine, il fallait bien qu'il se contînt.

— Où est Marichette? demanda-t-il en s'efforçant de se calmer.

— C'est justement pour vous parler d'elle que je vous ai amené dans cette salle où nous pourrons nous entretenir plus librement que dans le bureau.

— Vous convenez donc qu'elle est ici?

— L'ai-je nié?

— Vous savez quel droit la loi me donne sur elle; remettez-la entre mes mains.

— Pourquoi n'avez-vous pas amené les gendarmes avec vous pour appuyer vos droits ?

— Si je ne les ai pas amenés aujourd'hui, n'oubliez pas que je veux les envoyer demain.

— Eh bien! envoyez-les. Aujourd'hui je vous la refuse; demain je la refuserai à eux.

— Vous savez que la loi punit le détournement de mineurs.

— Vaguement, comme quelqu'un qui n'a jamais pratiqué ce genre d'exercice; je m'en rapporte à vous qui avez toute compétence à ce sujet. Mais puisque vous parlez de la loi, vous devriez bien ne pas oublier qu'elle destitue les tuteurs dans certains cas prévus.

— Vous osez me menacer!

— Mon Dieu, oui, j'ai cette audace; j'ose menacer *monsieurre* Bellocq.

Il s'avança sur elle les poings levés :

— Je vous briserai.

— Vous!

Elle haussa les épaules.

— Regardez-moi bien et voyez si vous me faites peur.

Elle attendit un moment, et sans baisser les yeux, elle soutint le regard de rage furieuse dont il l'enveloppa; puis elle reprit :

— Vous voyez bien que non, n'est-ce pas? Défaites-vous donc de cette manie de menacer les gens. Ce n'est pas la première fois que vous me menacez. Il y a déjà plus de dix ans que vous deviez me briser. A quoi êtes-vous arrivé? Vous aviez un cousin dévoué qui travaillait pour vous et vous épargnait toutes les hontes auxquelles vous expose votre manque d'éducation. J'en ai fait mon mari et votre ennemi. Il serait resté près de vous, vous seriez conseiller général et décoré. Il vous a quitté, voyez ce que vous avez perdu à son départ. Partout où vous étiez seul, vous l'avez trouvé votre concurrent et il vous a obligé à baisser vos prix de plus de vingt-cinq pour cent. Comptez ce que vous avez gagné depuis dix ans, et augmentez-le d'abord de vingt-cinq pour cent, puis de tout ce que vous avez perdu à gagner par ce que nous vous avons enlevé de travaux et de ventes, et vous verrez ce que je vous ai coûté... sans vous menacer. Aujourd'hui j'aurais belle de répondre à vos menaces par d'autres menaces, car j'ai aux mains un instrument qui vous fera chanter plus d'un air triste, mais je n'en ferai rien ; d'abord parce que je trouve ça bête ; et puis, si je vous prévenais de ce qui vous attend, ça vous enlèverait la surprise, et je me réjouis de vous la laisser ; ça se fait entre bons parents, les surprises.

A mesure qu'elle parlait d'un ton posé, sans se presser, sans hausser la voix, en sifflant ses paroles entre ses lèvres minces, elle l'examinait et le voyait pâlir ; sa face se décolorait tandis que ses yeux s'injectaient de sang ; ses dents se frottaient les unes contre les autres avec des tremblements de lèvres ; il enfonçait ses ongles dans le dossier de la chaise sur laquelle il s'appuyait, et elle continuait toujours, se demandant s'il n'allait pas avoir réellement l'attaque d'apoplexie qu'elle avait prédite sans y croire.

Elle voulut le pousser à bout.

— Vous voyez que je ne vous livrerai pas Marichette, dit-elle.

— Et vous verrez que moi je vous forcerai bien à me la remettre. Ah ! vous osez me menacer et me railler, eh bien ! vous verrez quelle guerre je vous ferai ; je vous ruinerai, et quand je devrais y manger ma fortune, je vous réduirai à la mendicité, je vous chasserai du pays ; vous verrez ce que c'est que la haine de Bellocq et sa vengeance.

Il était vraiment terrible, et bien que ce ne fût pas la première scène qu'elle eût avec lui, elle ne l'avait jamais vu dans cet état de colère folle ; au temps de leurs luttes, quand elle avait voulu se faire épouser, il avait toujours su s'observer et dans leurs querelles il avait toujours dit les choses les plus violentes d'une voix qui se contenait de peur du scandale ; mais en ce moment il criait à tue-tête, il vociférait ses menaces sans penser qu'on pouvait l'entendre, emporté par la fureur.

Mais elle ne se laissa pas intimider :

— Vous ne comprenez donc pas que Marichette m'a tout raconté ? répliqua-t-elle. Vous vous imaginez donc que parce qu'elle est une honnête fille elle est arrivée ici en me disant tout simplement : « Je me suis sauvée pour me sauver ». Elle l'a voulu. Mais je l'ai fait parler moi.

Elle remarqua qu'il laissait échapper un mouvement qu'elle ne s'expliqua pas tout de suite, mais qui cependant la frappa.

— Avec votre audace habituelle vous croyez que vous n'avez qu'à nier, et qu'entre monsieur Bellocq, maire de Saint-Maclou, conseiller d'arrondissement, personnage important qui se défendra, et une pauvre fille qui accusera, ce sera vous qu'on croira. Il n'y avait pas de témoins, n'est-ce pas? Eh bien, détrompez-vous, nous en avons : le carreau cassé; et ce témoin-là vous accusera avec elle, comme vous accuseront aussi les matelots qui l'ont vue sortir de chez vous folle d'épouvante.

Elle en avait encore à dire, mais elle s'arrêta, car il venait de lui tourner le dos et de marcher vers la porte.

Comment, il partait!

III

Mis en fuite le Corsaire !

Quel triomphe ! Elle l'avait raillé, humilié, injurié, menacé, et, au lieu de se défendre, il s'était sauvé, lui, le terrible, devant qui tout le monde tremblait.

Ce triomphe était trop beau. A sa place, une autre se fût peut-être grisée de sa victoire et figée dans sa fierté ; mais elle n'était pas plus femme à se laisser emporter par le succès qu'à se laisser accabler par la défaite. Dans l'un comme dans l'autre elle gardait sa raison et le sens critique, — pour elle aussi bien que les autres. Assurément elle était satisfaite de la façon dont elle avait conduit son entretien avec le Corsaire, comme elle était fière de l'avoir raillé, comme elle était triomphante de s'être vengée de quelques années d'humiliations ! mais cette satisfaction, cette fierté, ce triomphe, n'allaient pas jusqu'à l'aveuglement. Dans cet entretien, au lieu de se dire superbement : « Comme je suis forte ! » et de s'entourer des rayons de sa gloire qui l'auraient éblouie, elle se disait, en femme adroite et avisée : « Comme il est faible ! »

Et cette faiblesse chez un homme tel que lui était caractéristique, surtout dans les circonstances où elle s'était manifestée.

En effet, ce n'était pas lorsqu'elle avait bravé le Corsaire, en lui disant qu'elle ne lui livrerait point Marichette, que celui-ci avait courbé la tête ; tout au contraire, il l'avait relevée à ce moment, avec les plus terribles menaces ; et alors elle avait pu croire qu'une lutte allait s'engager entre eux, lutte implacable : « Je vous ruinerai, je vous réduirai à la mendicité, je vous chasserai du pays. »

Ces vociférations ne s'étaient arrêtées que lorsqu'elle lui avait répondu qu'elle avait fait parler Marichette, qui lui avait tout dit.

Quel était ce « tout » qui avait paru l'émouvoir si fortement ?

Était-il possible que le témoignage du carreau cassé et que celui des deux matelots qui avaient vu Marichette sortir épouvantée eussent suffi pour le troubler ainsi et lui faire abandonner la place ?

Il fallait qu'il eût vu dans ce « tout » plus qu'elle ne voyait elle-même, plus que Marichette n'avait dit, et, conséquemment, il fallait que celle-ci lui eût caché quelque chose.

Il n'y avait donc qu'à l'interroger, à la faire parler, et, cette fois, à lui faire dire « tout ».

A peine le Corsaire était-il remonté dans son cabriolet qu'elle sortit de la salle à manger pour aller rejoindre Marichette ; mais comme elle traversait la cour pour prendre l'escalier, son mari l'appela; elle voulut continuer son chemin en lui faisant un signe pour qu'il remît ses questions à plus tard, mais il vint à elle et il fallut qu'elle s'arrêtât.

— Eh bien ?

— Il est parti.

— Sans Marichette ?

— Crois-tu donc que j'allais la lui donner ?

— Qu'est-ce que tu lui as dit ?

— Je te raconterai cela plus tard.

— Où vas-tu ?

— Interroger Marichette.

En quelques mots elle lui expliqua ses craintes et ce qu'elle voulait.

— Tu ne vas pas faire cela ! s'écria Sylvain.

— Et pourquoi ?

— C'est une fille innocente, c'est une enfant.

— Il faut bien que nous sachions.

— C'est la faire mourir de honte.

— Et si elle est enceinte ?

— Nous ne le verrons que trop tôt.

— Mais nous pouvons l'envoyer aux assises; tu ne comprends donc rien !

Elle le laissa abasourdi, et rapidement elle grimpa l'escalier, tandis qu'il se demandait s'il devait la suivre et l'empêcher de poser ces terribles questions à Marichette. Mais parviendrait-il à lui fermer la bouche ? Et, d'autre part, Marichette ne serait-elle pas plus confuse d'avoir à répondre devant lui que seule en tête-à-tête avec sa cousine ? C'étaient là des raisons plus que suffisantes pour retenir sa faiblesse.

Il retourna à son travail, se disant que sa femme avait bon cœur et qu'elle aimait Marichette.

Quand Célanie entra dans la chambre de Marichette, elle ne trouva pas celle-ci endormie, car à l'allure du cheval et au roulement de la voiture, elle avait reconnu qui arrivait. C'était lui ; il venait la chercher. Qu'allait-il se passer? La frayeur l'avait anéantie. Elle était certaine que sa cousine voudrait la défendre ; mais le pourrait-elle ? Le temps que dura l'entretien dans lequel se décidait sa vie fut éternel. Haletante, elle écoutait si on ne montait pas pour venir la chercher. Faudrait-il donc qu'elle retournât dans cette maison maudite, qu'elle retombât en sa puissance ? Alors valait mieux la mort. Et c'était un soulagement à son angoisse de chercher comment elle mourrait, de se dire que ce serait fini ; Paulin la pleurerait, mais au moins il garderait d'elle un doux souvenir, celui des courtes journées où ils s'étaient aimés. Hélas ! qu'elle aurait eu peu de temps pour être heureuse, mais si pleinement heureuse cependant qu'elle se demandait s'il ne serait pas injuste à elle de se plaindre ! Elle n'avait respiré qu'en entendant le cabriolet partir ; mais alors une violente curiosité l'avait angoissée : était-elle vraiment sauvée ?

— Eh bien ? s'écria-t-elle en voyant entrer sa cousine et n'ayant pas la force de retenir son interrogation, elle qui ne questionnait jamais.

— Il est parti.

— Est-ce pour toujours?

— Cela dépend de toi.

— Que faut-il que je fasse ?

— Que tu me répondes franchement en me disant tout. Comprends bien qu'il veut te reprendre, et qu'il m'a fait les plus affreuses menaces pour que je te livre. J'ai pu résister parce qu'il était seul ; mais s'il revient la loi à la main et les gendarmes derrière lui, comment te défendrons-nous ? Nous ne le pourrons que si tu nous donnes des armes. Qu'est-ce qui s'est passé entre vous ? Tu ne m'as pas tout dit ?

Elle s'était approchée du lit, se faisant aussi douce, aussi insinuante, aussi bonne femme qu'elle pouvait.

A cette interrogation directe, Marichette se cacha la tête dans son oreiller, et ce geste de désespoir et de confusion fut un aveu pour Célanie ; mais ce n'était pas assez : il fallait qu'il fût précisé et circonstancié, cet aveu.

— Est-ce avant, est-ce après le carreau ?

— Avant, murmura Marichette d'une voix si faible que Célanie dut se pencher sur elle pour entendre sa réponse.

— Quoi ?

Marichette ne répondit pas.

Cependant Célanie ne céda pas à l'exaspération qui commençait à la pousser.

— Comprends donc, malheureuse enfant, que si tu ne nous dis pas tout, nous sommes désarmés et qu'il te reprend.

Marichette ne sentait que trop cruellement qu'il fallait répondre ; mais comment dire ce qu'elle n'osait même pas se rappeler !

— Parle, parle donc, insista Célanie d'un ton plus dur.

— La nuit de la tempête, comme il rentrait, il a frappé à ma porte...

— Tu as ouvert ta porte?

— J'ai cru qu'il avait besoin de moi; je n'ai pas réfléchi; il a refermé la porte et a marché sur moi; je me suis sauvée; j'ai appelé au secours...

— On n'a pas entendu?

— Comment entendre dans la tempête? Il a fini par me rejoindre, il m'a prise dans ses bras, je me suis défendue...

Et comme elle se taisait, Célanie, se penchant sur elle, l'embrassa.

— Et après? dit-elle.

— Je ne sais pas; comme je me débattais il m'a mis la main sur la bouche, j'ai étouffé; je ne sais pas.

Et défaillante, éperdue, elle s'enfonça sous ses draps.

— Mais c'est imbécile ce que tu me dis là, s'écria Célanie, exaspérée.

— C'est pourtant la vérité. Ce que vous me demandez, je me le demande moi-même, je me le suis demandé vingt fois, cent fois depuis avant-hier... je ne sais pas; j'étais paralysée par la peur, brisée par la lutte, anéantie, étouffée, évanouie peut-être, je ne sais pas.

Célanie fit quelques tours par la chambre pour ne pas la secouer et lui arracher de force ce qu'elle voulait savoir; mais ce ne serait pas par la violence qu'on obtiendrait quelque chose de cette idiote, qui la stupéfiait autant qu'elle l'exaspérait ; avait-on jamais vu stupidité pareille !

Revenant au lit, elle se pencha sur elle, et de nouveau elle l'embrassa à plusieurs reprises :

— Ma pauvre petite, ma pauvre petite, comme je te plains et comme je voudrais t'épargner ces questions ! Mais il faut que nous sachions, c'est notre devoir ; tu dirais tout à ta mère...

— Je vous ai tout dit.

— Pense donc que tu peux l'envoyer au bagne.

— Le cousin de maman !

— Non le cousin de ta mère, mais le misérable qui t'a persécutée, qui t'a déshonorée ; tu te venges, tu le déshonores à ton tour, tu l'abats à tes pieds.

— Mais, c'est la honte pour moi ; mieux vaut la mort !

— Tu es donc lâche ?

— Laissez-moi mourir.

Longtemps Célanie la pressa, la priant, la rudoyant, passant de la douceur à la colère, essayant de tout, usant de tout, elle n'en put rien obtenir : ou bien Marichette se taisait, ou bien répétait son éternel refrain : « Je ne sais pas. » Et ce qu'il y avait de démontant, c'était que Célanie sentait que cette idiote était sincère.

Il fallut bien qu'elle renonçât à pousser plus loin ses interrogations.

— Si tu retournes à Saint-Maclou, dit-elle avec fureur en se dirigeant vers la porte, ne t'en prends qu'à toi.

Au bas de l'escalier elle trouva son mari qui, poussé par l'impatience, était venu l'attendre.

— Eh bien ? demanda-t-il.

— Laisse-moi tranquille toi, quand ils ne sont pas canailles, dans ta famille, ils sont imbéciles.

Il ne répliqua pas ; mais comme il comprit qu'elle allait sortir, il osa cependant lui demander où elle allait.

— Je vais consulter Soupardin.

IV

SOUPARDIN (Is.)

Mandataire

Directeur de l'Union du littoral

Agence générale des familles et du commerce; location de villas; vente de terrains; renseignements gratuits; recouvrements; conseils.

Telle était l'inscription qui se lisait en lettres jaunes sur fond noir, à la porte de Soupardin (Is.), en face le porche de l'église de Criquefleur; à côté de cette enseigne, on en voyait une autre :

SOUPARDIN SŒURS.

Approvisionnements pour les familles; vins, fruits, épices.

Pour qui savait traduire en français tout bête le style noble des enseignes, cela voulait dire que, d'un côté, il y avait un bureau de location de maisons, dirigé par Soupardin (Is.), et, de l'autre, une boutique de fruiterie et d'épicerie, tenue par mesdemoiselles Soupardin sœurs, filles dudit Soupardin (Is.).

Et ces enseignes seules suffisaient pour faire connaître ce personnage, qui n'était pas un agent de locations, mais un mandataire, et qui ne permettait à ses filles de faire le commerce qu'à condition de vendre des épices et non de l'épicerie, des fruits et non de la fruiterie.

C'est qu'en réalité il était ou tout au moins il se croyait un personnage, Soupardin (Is.).

Ancien avoué, ancien substitut du procureur général à Cayenne, ancien agréé, ancien huissier, ancien commissaire-priseur, il était venu s'échouer à Criquefleur, prendre ses quartiers de retraite, disait-il, parce que les pays qu'il avait jusqu'alors habités ne convenaient pas à sa santé, — suivant son expression, — ou plutôt parce qu'il avait été expulsé de partout par les dettes et la misère.

De son ancienne splendeur il n'avait conservé que deux choses : la cravate blanche et un immense portefeuille en veau noir plus grand et plus bourré que celui d'un ministre. Que la jaquette fût râpée et roussie par un long usage, que les semelles des souliers ne fussent plus qu'une feuille mince et trouée, peu importait : la cravate blanche sauvait la tenue ; ce ne sont ni les paysans ni les artisans qui se nouent des morceaux de nansouk autour du cou. De même ce ne sont ni les paysans ni les artisans qui parcourent les chemins un portefeuille sous le bras ; quand ils ont quelque chose à porter, ces gens simples et primitifs prennent un panier ; tandis que, quand les sœurs Soupardin avaient des *épices* à envoyer à une pratique dans le quartier de laquelle leur père devait passer, elles employaient pour cela le portefeuille paternel; si bien que lorsque l'ancien magistrat ouvrait ce portefeuille pour en tirer un plan ou un bail, il s'en exhalait trop souvent certains parfums d'épices, — que dans le vulgaire on appelle tout simplement l'odeur du fromage de Gruyère ou du hareng saur. Mais cela n'était pas pour troubler Soupardin. N'avait-il pas sa cravate blanche?

D'ailleurs rien ne le troublait ni le démontait; il en avait vu bien d'autres, et partout, avec tous, il gardait l'aimable sourire qu'il se posait chaque matin sur le visage en nouant sa cravate; même quand il avait été obligé de quitter les pays dont l'air ne convenait plus à sa santé, il l'avait conservé, ce sourire; on le destituait pour cause de misère scandaleuse, il souriait; on l'obligeait à vendre sa charge d'avoué, il souriait; les huissiers, ses anciens confrères, le saisissaient, les commissaires-priseurs le vendaient, il souriait toujours.

Ce fut avec cet éternel sourire qu'il accueillit madame Belloquet quand il la vit entrer dans son bureau.

— Que puis-je pour votre service, belle dame?

Et par un geste qui lui était habituel il ouvrit son portefeuille comme pour en tirer quelque chose qu'il aurait offert à la belle dame, — une boîte de cirage ou un paquet de chicorée ou autre denrée servant à l'approvisionnement des familles. Et cependant il savait bien que ce n'était point pour se procurer des approvisionnements de ce genre que madame Belloquet lui rendait visite; mais toujours pour le consulter à propos de quelques affaires délicates et embrouillées, car, plaideuse enragée, elle était une de ses bonnes clientes, ayant reconnu en lui un homme avisé et retors en même temps que prudent, qui ne s'emballait jamais et qui aimait comme elle les petits chemins détournés dans lesquels on marche sûrement à son but, sans faire de bruit, — des bons petits chemins normands couverts d'ombre et feutrés d'herbe douce.

— C'est de M. Bellocq que je veux vous entretenir, dit Célanie.

A ce nom Soupardin se leva vivement, et sans perdre son sourire il alla s'assurer que la porte qui de son bureau communiquait avec le magasin d'approvisionnement était bien fermée, puis il ferma de même celle de la rue, et revenant s'asseoir dans son vieux fauteuil tout dépaillé :

— C'est donc de votre cousin qu'il s'agit? dit-il à mi-voix en évitant de nommer Bellocq aîné.

Avec une autre que madame Belloquet il eût pris soin de recommander de ne pas prononcer des noms propres, — ce qui est toujours inutile et souvent ennuyeux, — mais avec elle pareille recommandation était inutile : elle comprenait à mi-mot sans qu'il fût nécessaire d'appuyer les points sur les *i*.

Sans nommer son cousin, elle raconta comment Marichette venait d'arriver chez elle et ce qui avait provoqué cette fuite.

— C'est gros, très gros, dit Soupardin lorsqu'elle fut arrivée au bout de son récit. M. le maire de *S.-M.*, personnage influent, homme redouté, amis dans de puissantes positions, c'est gros, très gros.

Et de nouveau il ouvrit son portefeuille, ce qui lui permettait de gagner du temps et de préparer ce qu'il voulait dire.

— Quelles sont vos intentions ? demanda-t-il.

— Nous aimons cette jeune personne tendrement.

— Cela est bien naturel.

— Et cet outrage nous a jetés, mon mari et moi, dans une exaspération...

— Qui se comprend... et que je partage, j'ose le dire.

Il y avait cela d'heureux chez Soupardin que l'exaspération la plus violente n'effaçait pas son sourire.

— Nous sommes donc décidés, mon mari et moi, continua Célanie, à venger cette pauvre enfant ; nous ne reculerons devant rien et nous enverrons ce misérable au bagne... Si cela est possible.

— Si cela est possible !

— C'est justement ce que je viens vous demander.

— C'est gros, gros, gros.

— Cependant...

— Je sais bien ; vous invoquez l'article 332 du code pénal, c'est juste ; et aussi l'article 333 qui dit que si le coupable a autorité sur la victime la peine sera celle des travaux forcés à perpétuité, c'est juste encore ; mais il faut prouver la chose, c'est-à-dire le... l'attentat, et voilà où la difficulté commence. Personnage influent, le maire de *S.-M.*, bien posé, estimé, honoré...

— Vous voulez dire méprisé.

— Entre nous, sous le manteau de la cheminée, — il fit le geste de se pencher sous ce manteau, — nous pouvons le dire, tout bas; mais en public, trouvez des gens qui l'affirment hautement? Qui a vu comment les choses se sont passées ? Vous m'objecterez la carreau cassé et les matelots. Mais qui est-ce qui l'a cassé, le carreau? Qu'ont-ils vu, les matelots? Une jeune fille qui se sauvait, voilà tout, et encore l'ont-ils vue, puisqu'ils étaient ivres, et les retrouverons-nous ? Vous me direz que le fait matériel existe... l'attentat, et que la chose peut être constatée. Je vous l'accorde, bien que, pour la jeune personne... que vous aimez si tendrement, cela soit épouvantable, le dernier degré de la honte et de la misère. Mais j'admets que vous passiez par là-dessus et que, pour la satisfaction de la vindicte et de la vengeance, vous dénonciez le crime, tout n'est pas fini. Qui est le coupable? Le maire de *S.-M.* n'est pas le seul homme qui habite sa maison, le seul avec lequel la jeune personne se trouve en relations. Il y a des commis, des jeunes gens. Ne pourra-t-il pas prétendre que ce qu'on lui impute est le fait d'un de ces jeunes gens, non par crime, mais par consentement spontané et réciproque, ce qu'on appelle amour? Vous voyez qu'en commençant je n'avais pas tort de m'écrier : « Si c'est possible! » Bien entendu, je ne vous donne que mon opinion et je vous engage à consulter une autre personne, car il se peut très bien que moi, qui suis du pays, je fasse une trop grosse part à l'influence de M. le maire de *S.-M.* Ne la négligez pas cependant, car lorsqu'on entreprend une chose c'est pour la réussir, n'est-ce pas, et, dans la partie que vous engageriez, cette influence pèserait d'un poids très lourd.

Malgré son exaspération, Célanie était trop avisée pour ne pas écouter et peser ce que disait Soupardin; mais cependant ce n'était pas sans se révolter et sans protester.

— S'il est inattaquable, comme vous le croyez, dit-elle, pourquoi a-t-il eu peur ?

— De quoi a-t-il eu peur ? Du scandale, tout simplement; et cela se comprend : dans sa position, une accusation de ce genre n'est pas agréable, même quand on en sort victorieux.

— Vous reconnaissez quelle serait terrible pour lui?

— Sans doute, elle serait fâcheuse, et je crois qu'en menaçant on pourrait obtenir de lui bien des choses; ce serait à voir dans l'intérêt de la jeune personne, pour sa dot ou autrement; il y aurait là une négociation à engager, qui, conduite par un homme prudent, pourrait donner des résultats rémunérateurs.

Et Soupardin souligna d'un sourire ces paroles, déjà bien précises dans la bouche d'un homme d'affaires, — d'un mandataire.

— Et si la malheureuse enfant est enceinte ? dit Célanie.

— Cela serait bien malheureux au point de vue de la morale, mais au point de vue pratique cela serait fameux, j'ai le regret de le dire. Ce serait alors qu'il faudrait redoubler de prudence, car un procès, quel qu'il fût, au criminel ou au civil, aurait pour résultat certain, — je laisse la mère de côté, si intéressante qu'elle soit, — de faire déshériter ce pauvre enfant.

Célanie réfléchit un moment, puis tout à coup elle se leva.

— Je vous remercie, dit-elle, je vais peser vos paroles ; présentement, j'ai la tête perdue.

V

Célanie était entrée chez Soupardin exaspérée ; elle sortit indignée.

Comment, il voulait spéculer sur le malheur de cette pauvre Marichette pour engager avec le Corsaire une négociation qui donnerait des résultats rémunérateurs ! C'était pour lui qu'il espérait ces résultats, pour lui mandataire. Était-il rien de plus misérable ? Qu'elle voulût se servir du malheur de Marichette pour se venger du Corsaire et assurer l'héritage de celui-ci à ses enfants, rien n'était plus naturel, comme rien n'était plus juste ; en somme, c'étaient des affaires de famille. Mais que ce vieux coquin de Soupardin cherchât à exploiter cette situation, c'était honteux. Marichette n'était pas sa parente ; et qu'il profitât de ce qu'on venait de lui demander conseil pour tirer la couverture à lui, c'était révoltant. Voilà pourquoi il trouvait tant de bonnes raisons pour ne pas vouloir envoyer le Corsaire devant la cour d'assises. Pas productif pour lui, le procès au criminel ; tandis qu'une bonne négociation conduite par un homme prudent, une bonne menace de chantage habilement exploitée, c'était bien différent. Avait-il assez adroitement tiré parti de la situation, le vieux chacal, et filé sa scène pour arriver à sa proposition de négociation... dans l'intérêt de la jeune personne.

Si exaspérée que fût Célanie, elle ne perdait cependant jamais le sens du juste; malgré sa colère, elle reconnut l'habileté du vieux chacal. Évidemment, son moyen aurait été excellent s'il s'était appliqué à un autre homme que le Corsaire et si le but qu'elle se proposait elle-même n'avait été que l'intérêt de la jeune personne.

Elle avait la prétention — fondée d'ailleurs — de connaître le Corsaire mieux que qui que ce fût, et il était bien certain que l'homme dont elle avait étudié le caractère et la nature, en les tournant et les retournant dans tous les sens, il était bien certain pour elle que cet homme ne céderait jamais à un chantage, si habilement exercé qu'il pût être. Par peur ou plutôt par prudence, il pourrait renoncer à une entreprise dans laquelle il verrait plus de dangers que d'avantages (ainsi il pourrait abandonner Marichette), mais jamais on ne l'amènerait par peur à faire un grand sacrifice d'argent, ce que Sourpardin appelait un résultat rémunérateur.

Et puis c'était bien de ce sacrifice d'argent qu'elle avait souci vraiment! A qui profiterait-il, ce sacrifice? A la jeune personne, non à elle ni à ses enfants. Sur quelle fortune serait-il pris? Sur celle qui devait lui revenir un jour à elle et à ses enfants. Et ce serait pour que cette fortune fût diminuée; ce serait pour qu'elle profitât à Marichette qu'elle renoncerait au procès criminel !

Ah ! non ; mille fois non !

C'était en retournant chez elle qu'elle agitait ces pensées, non la tête perdue comme elle avait dit à Soupardin, mais méthodiquement, avec attention et pénétration ; elle se trouva devant sa maison et elle continua son chemin pour gagner la grève où personne ne la troublerait, et où elle pourrait arrêter en paix le parti qu'elle devait prendre.

Que le procès criminel ne dût pas aboutir à une condamnation, elle l'admettait, se rendant aux raisons de Soupardin; mais devait-il pour cela être abandonné ? Certainement la condamnation du Corsaire aux travaux forcés lui serait douce. Quelle vengeance pour elle ! Quel triomphe de l'accabler et de lui montrer la main qui l'avait abattu, lui si haut placé et si fier ! Mais de ce que la condamnation n'était pas probable il n'en résultait pas que le procès ne fût point possible. Avant que le Corsaire fût acquitté, que d'humiliations pour lui dans ce procès ; il faudrait bien qu'il les écoutât, les témoins qui viendraient déposer sur sa moralité, et tout le monde lirait ces dépositions dans les journaux; pourquoi aurait-il épargné cette jeune fille, quand il en avait mis tant d'autres à mal? Se relèverait-il jamais de ce coup? Sans doute il ne serait pas atteint dans sa fortune — et pour elle c'était une satisfaction de le croire. Mais pour son ambition, quelle chute ! Il faudrait qu'il donnât sa démission de maire, et alors tous les gens qu'il dominait ou qu'il terrorisait se lèveraient contre lui. Ce serait un effondrement. Sa vie politique serait finie. Lui qui voulait être tout, ne serait rien ; moins que rien, un vaincu, un méprisé, un homme dont on pourrait se moquer, qu'on pourrait mortifier, injurier, bafouer sans qu'il eût le droit de s'en fâcher. Plus de chapeaux bas, plus d'échines courbées devant *monsieurre* le maire ; ce serait à lui de saluer le premier ; et encore devrait-il avoir la précaution d'étudier si celui à qui il voulait adresser son salut le lui rendrait.

Et ce qu'il y avait de bon encore dans ce procès, alors même qu'il aboutirait à un acquittement, c'était que le Corsaire garderait dans son cœur une haine féroce contre celle qui l'aurait amené sur les bancs de la cour d'assises.

Sur ce point encore, il avait eu la finesse, ce vieux chacal de Soupardin, de remarquer qu'au cas où Marichette serait enceinte — ce qui était possible — tout procès civil ou criminel aurait pour résultat de faire déshériter son enfant. Cela était certain. Jamais Simon Bellocq ne laisserait sa fortune à l'enfant d'une femme qui l'avait fait asseoir entre deux gendarmes et qui l'aurait déshonoré. Et alors il faudrait bien qu'il la laissât, cette fortune, à ses autres parents, c'est-à-dire aux enfants de son cousin Sylvain, — contre lesquels il n'aurait pas les mêmes griefs. A la vérité, pour que cela arrivât, il devrait faire un testament, — ce qu'elle n'avait pas cru possible jusqu'à ce jour. Mais les circonstances ne seraient plus les mêmes. Ce testament, auquel il ne devait pas penser présentement, croyait-elle, s'imposerait le jour où il saurait que Marichette ou l'enfant de Marichette devaient hériter de lui. La haine et la vengeance lui feraient faire ce que l'indifférence d'un homme qui ne croit pas à sa mort lui aurait laissé oublier.

Il fallait donc que le procès se fît, et elle le ferait, mais prudemment, c'est-à-dire qu'elle s'arrangerait pour que le conseil de famille le décidât. Sans doute, elle se priverait ainsi du bonheur de montrer au Corsaire le bras qui l'avait frappé. Mais c'était un sacrifice qu'elle devait à ses enfants, et que la fortune qu'il leur assurerait paierait bien. Et puis, ce ne sont pas les triomphes les plus brillants qui donnent les joies les plus grandes. Elle aurait sa conscience pour elle, et au fond du cœur la fière satisfaction du devoir accompli.

Si elle avait voulu intenter le procès criminel franchement, la marche à suivre eût été fort simple : il n'y aurait eu qu'à faire écrire une plainte par Marichette ou l'écrire soi-même et l'envoyer au parquet; la justice avec son cortège de médecins, de magistrats, de gendarmes, eût mené la danse. Mais puisqu'elle ne voulait pas se mettre en avant, il n'était pas possible de procéder ainsi, et il fallait prendre un chemin détourné qui lui permettrait de rester à couvert. Marichette s'étant sauvée de chez son tuteur, le subrogé-tuteur était obligé par la loi d'intervenir; pour cela, il provoquait la réunion du conseil de famille à laquelle, bien entendu, on convoquait le Corsaire; dans cette réunion, un des membres du conseil (qu'on avait vu à l'avance et qu'on avait instruit de ce qui s'était passé) demandait tout naturellement les causes de cette fuite, et tout naturellement aussi, par la seule force de la vérité, le procès s'imposait. A qui la faute? Au conseil de famille, c'est-à-dire à la loi.

Mais pour que les choses pussent s'arranger ainsi, elle avait besoin du concours de son mari, puisqu'elle n'avait pas elle-même qualité, malheureusement, pour provoquer la réunion du conseil de famille.

Il allait gémir, le mollasse, sans caractère et sans consistance, soupirer, se désoler et déjà elle l'entendait s'écrier :

— Mon cousin !

— Marichette !

Car il avait la religion de la famille, le pauvre homme, non comme elle, qui, dans la famille, ne voyait que ses enfants, ses petits, pour lesquels elle était prête à tout faire, mais de ses parents, quels qu'ils fussent, comme il avait aussi celle de la terre natale, dont il parlait sans cesse avec le désir d'aller mourir dans son Béarn.

Mais elle n'admit pas une seconde qu'elle ne vînt pas à bout facilement de cette sentimentalité bête.

Il serait curieux, vraiment, qu'il se permît de lui résister, lui qui ne savait vouloir en rien ni pour rien, s'en remettant toujours à elle lorsqu'il y avait une résolution difficile ou aventureuse à prendre.

Présentement, il y en avait une, grave il est vrai, mais pas plus grave que d'autres, qu'elle lui avait inspirées, et elle la prenait. A lui d'obéir et d'exécuter ce que son énergie féminine avait conçu. A elle la responsabilité.

Et d'avance, elle savait qu'elle la porterait légèrement. Ce Simon n'était-il pas un monstre? Il s'était conduit avec cette pauvre fille comme un misérable ; ce n'était pas lui, le scélérat, qui avait la religion de la famille. Quant à Marichette, c'était une idiote qui par sa bêtise avait mérité son malheur; avait-on idée d'une niaiserie pareille? On se donnait la peine de l'avertir, et parce qu'il frappait à sa porte, à minuit, dans une maison déserte, au milieu d'une tempête, quand personne ne pouvait venir à son secours, elle ouvrait : « parce qu'elle croyait qu'il avait besoin d'elle » ; elle eût cherché ce qui était arrivé qu'elle n'eût pas agi autrement. En voilà une qui ne méritait ni sympathie, ni pitié !

D'ailleurs, quand une mère travaille pour ses enfants, elle ne se laisse pas arrêter par une pitié vague; elle ne pense qu'à ses enfants et ne voit qu'eux.

C'était son cas.

Et d'un pas délibéré elle rentra chez elle; il n'y avait pas de temps à perdre ; il fallait que ce jour-là même le conseil de famille fût saisi.

Mais lorsqu'elle fit part de son projet à son mari, elle rencontra une résistance sur laquelle elle n'avait pas compté.

Que s'était-il donc passé?

VI

Il s'était passé qu'aussitôt que Sylvain avait vu sa femme s'éloigner pour se rendre chez Soupardin, il était monté à la chambre de Marichette.

Doucement, presque avec crainte, en tout cas avec une émotion qui rendait sa main tremblante, il avait frappé à la porte.

— Entrez.

Il se glissa dans la chambre.

— Mon cousin?

— Ma pauvre enfant!

Il vint au lit, et se penchant sur Marichette, il l'embrassa tendrement. Il n'y avait pas à se tromper sur ce baiser, c'était celui de la compassion.

— Ma pauvre enfant, ma pauvre enfant, répétait-il.

— Si vous saviez...

— Je sais; ne parle pas de cela; ta cousine m'a tout dit; il faut te calmer; il faut comprendre que, l'affection qui t'a manqué, tu la retrouveras chez ta tante, chez moi, chez les enfants, qui t'aimeront comme leur sœur.

Il lui avait pris la main, et, en parlant, il la tapotait dans les siennes comme il eût fait pour une petite fille qu'il aurait voulu consoler.

— Surtout il faut comprendre que tu n'as rien à craindre. Nous te défendrons ; tu es avec nous ; tu resteras avec nous ; c'est dit une fois pour toutes.

C'étaient là de bonnes paroles bien douces pour Marichette, autant par ce qu'elles disaient que par leur accent d'émotion sincère, et cependant elle garda sur son visage une expression d'angoisse que Sylvain Bellocq remarqua.

— Rassure-toi, dit-il, croyant que c'était la peur de retourner à Saint-Maclou qui l'oppressait, je te promets que nous te défendrons ; tu peux me croire.

— Je vous crois, mon cousin, mais...

— Parle franchement ; dis-moi ce qui te tourmente.

— Ce procès...

— Sois tranquille, il ne sera jamais question de procès ; ces choses-là doivent être étouffées.

— Mais, ma cousine...

Quand sa femme n'était pas près de lui, Sylvain était brave, et quand il n'avait pas à chercher l'inspiration ou l'approbation dans les yeux de celle qui le dominait, il parlait couramment, sans embarras et avec franchise.

— Ta cousine, mon enfant, te porte le plus vif intérêt ; elle a été indignée, exaspérée par ce que tu lui as appris ; de plus, elle hait Simon, contre qui elle n'a, par malheur, que trop de griefs ; dans ces conditions, tu dois comprendre qu'elle a pu se laisser emporter. Elle n'a pensé qu'à te venger. Mais sois sûre qu'elle a déjà réfléchi et qu'elle a reconnu que ce procès n'était pas possible, ni à cause de toi, ni à cause... de lui. Malgré tout, il est mon cousin. Si elle ne s'était pas rendue à ses propres réflexions, sois certaine qu'elle se rendrait à mes observations.

— Comme vous êtes bon pour moi.

— N'est-ce pas tout naturel, ma pauvre fille? J'ai des torts envers toi. Si j'avais été voir ta mère quand elle m'a écrit, tout cela ne serait pas arrivé. Je lui aurais expliqué que tu ne pouvais pas habiter sous le même toit que lui, et tu serais venue ici. Mais je n'ai pu. Tu sais, on a des empêchements dans la vie. On ne fait pas ce qu'on veut. Et puis, à vrai dire, je ne la savais pas malade pour mourir. Depuis que tu es à Saint-Maclou, je me suis reproché cela bien souvent, quand je pensais à toi, c'est-à-dire tous les jours. Aussi, quand il a fait de toi sa servante, avons-nous voulu profiter de l'occasion pour te tirer de ses mains. Malheureusement tu as refusé.

— M'était-il possible de le quitter quand il avait besoin de moi ?

— Je sais bien. J'ai apprécié tes raisons et j'ai vu que tu étais une brave fille. Enfin ce qui est fait est fait. Laissons le passé. Je te promets que ta cousine et moi nous ferons ce que nous pourrons pour que tu l'oublies. Voilà pourquoi il n'y aura pas de procès, ni rien qui puisse rappeler aux autres le temps que tu as passé chez Simon à Saint-Maclou. Tu ne dois plus avoir qu'une chose dans la tête, c'est que tu as enfin trouvé la tranquillité à laquelle tu as droit.

Il lui tendit la main :

— Et l'affection ; compte là-dessus.

Et il s'en retourna à son travail la conscience satisfaite ; il avait dit ce qu'il avait à dire et il s'était par là débarrassé jusqu'à un certain point de ses remords.

Certainement sa femme comprendrait que ce procès était impossible, et quand il lui aurait montré les conséquences terribles qu'il devait avoir pour Marichette, elle ne persisterait pas dans son idée. Elle avait de l'affection pour cette malheureuse petite ; cent fois elle avait affirmé sa sympathie pour elle, à chaque instant elle l'avait plainte, en regrettant de ne pouvoir pas la défendre ; ce ne serait pas dans les circonstances présentes si lamentables, si graves, qu'elle ne saisirait pas avec bonheur l'occasion qui s'offrait de lui donner un témoignage de cette satisfaction. Sans doute sa haine contre Simon se résignerait difficilement à ce sacrifice de sa vengeance, mais l'affection pour Marichette l'emporterait assurément dans son cœur.

Ainsi, tandis que la femme se disait :

« Mon mari ne s'opposera pas à ce procès » ; de son côté le mari se disait avec la même certitude : « Ma femme ne persistera pas dans son idée de procès. »

— Il cèdera.

— Elle cèdera.

De là un heurt lorsqu'au premier mot échangé ils

avaient reconnu qu'ils n'étaient disposés ni l'un ni l'autre à céder.

— Es-tu fou ?

— Y penses-tu ?

Comme c'était la première fois que Célanie rencontrait une résistance sérieuse chez son mari, elle était restée un moment suffoquée : comment, il se permettait d'avoir une idée à lui, maintenant ! C'était donc le monde renversé ? Mais elle allait mettre ordre à cela. Où iraient-ils si elle lui permettait la révolte ?

Quant à Sylvain, il n'était point trop étonné de ce premier mouvement de résistance, mais il en était peiné ; il aurait été heureux de n'avoir pas à plaider la cause de Marichette et la trouver gagnée d'avance : une femme intelligente, une femme de cœur comme elle aurait dû comprendre ; et certainement elle aurait compris si elle n'avait pas été entraînée et aveuglée par sa haine contre Simon. Eh bien, puisqu'il fallait plaider, il plaiderait.

— Voici ce que tu dois faire, dit Célanie qui, comme toujours, prit les devants : tu vas écrire au juge de paix du premier arrondissement pour qu'il convoque le conseil de famille de Marichette ; avant la réunion tu verras les membres du conseil et tu les mettras au courant de ce qui s'est passé, de façon à ce que l'un d'eux demande pour quelle cause Marichette s'est sauvée de chez son tuteur. Alors la vérité éclatera d'elle-même, et le procès s'imposera tout seul sans que tu aies à t'en mêler.

— Tu n'as pas réfléchi, ce serait perdre cette pauvre Marichette ; pense quel scandale il y aurait.

— J'ai réfléchi que c'était le seul moyen de l'arracher des mains de ton cousin, n'a-t-il pas le droit de venir nous la prendre de force?

— Il n'usera pas de ce droit.

— Et s'il en use?

— Nous verrons bien.

— Quand il sera trop tard, n'est-ce pas ?

— Maintenant il serait trop tôt ; s'il a pu se décider à partir sans l'emmener il ne reviendra pas.

— Et s'il revient ?

— Nous nous défendrons.

— Alors le procès ne sera pas évité.

— Sans doute ; mais nous ne l'aurons pas commencé ; et comme de son côté il ne le commencera pas lui-même parce qu'il aurait trop à y perdre, tu vois qu'il sera évité, ce que nous devons chercher avant tout pour l'honneur de cette pauvre fille comme pour le nôtre et celui de nos enfants ; crois-tu qu'ils seraient fiers d'avoir un parent qui aurait passé aux assises ?

— Voilà le vrai mot de ta résistance ; tu ne veux pas que ton cousin passe aux assises !

— Eh bien ! quand cela serait, aurais-je donc tort?

Elle eut un mouvement de colère exaspérée, mais elle n'y céda pas ; et au lieu de lui imposer silence comme elle en avait l'habitude elle voulut le réduire par la seule force de la discussion.

— Alors, tu la sacrifies, dit-elle; avant la pauvre orpheline, tu fais passer le misérable qui nous persécute et nous ruine.

Si dur, si immérité que fût le reproche, il ne s'en fâcha pas.

— Ah ! Célanie, dit-il tristement, tu n'es pas juste. C'est précisément parce que je ne pense qu'à Marichette que je ne veux pas de ce procès.

— Tu ne veux pas.

— ... Que je trouve ce procès déplorable à tous les points de vue, comme tu le trouveras toi-même, quand tu ne seras plus sous le coup de l'indignation.

Elle était trop habile pour s'expliquer franchement sur les raisons qui lui faisaient vouloir ce procès.

— Moi aussi, dit-elle, je ne pense qu'à Marichette, et c'est pour la sauver que je te demande de convoquer le conseil de famille. C'est ton devoir de subrogé-tuteur.

— Mon devoir de subrogé-tuteur, c'est d'agir au mieux des intérêts de Marichette et c'est ce que je crois faire en évitant ce procès. Au reste, j'obéis en cela, non seulement à mon inspiration, mais encore à la prière de Marichette.

— Tu l'as vue ?

— Je viens de descendre de sa chambre.

— Ainsi, vous vous mettez tous les deux contre moi ; voilà qui promet ; je te dis une chose ; cette petite t'en dit une autre et c'est elle que tu crois. Que suis-je donc ici maintenant ?

— Ce que tu étais hier, la maîtresse, ce que tu seras demain. Mais demain, quand ton exaspération sera tombée, tu seras la première, j'en suis sûr, à reconnaître que cette lettre ne devait pas être écrite, et et qu'il est heureux qu'elle ne l'ait point été.

— Eh bien ! moi, je suis sûre aussi que demain tu reconnaîtras qu'elle doit être écrite, et que tu l'écriras.

— Jamais.

— C'est ce que nous verrons.

VII

Il n'était point dans le caractère de Célanie de laisser paraître au dehors son mécontentement ou sa colère ; quand son cœur était le plus agité, elle montrait son visage le plus calme ; quand son humeur était la plus noire, elle mettait sur ses lèvres le sourire le plus engageant.

Et si son cœur avait jamais été agité de mouvements tumultueux, c'était à coup sûr après cette discussion avec son mari. Pour la première fois de sa vie il lui avait résisté. Elle avait pu l'amener à rompre avec son frère ; elle avait pu le jeter dans cette guerre qui durait depuis si longtemps. Et maintenant voilà qu'elle ne pouvait pas le décider à ce procès, parce que cette maudite fille se mettait entre eux, car elle ne se faisait pas illusion : c'était parce que Marichette ne voulait pas de ce procès, qu'il n'en voulait pas lui-même. S'il avait été seul il n'aurait pas eu la force de lui tenir tête ainsi ; il aurait pu se plaindre, gémir, soupirer, il aurait fini par céder, et il n'en serait certainement pas venu à lui répondre le « jamais » qu'elle venait d'entendre pour la première fois depuis qu'ils étaient mariés. Chez elle, dans sa maison, une autre imposait sa volonté ! Il y avait des moments où elle se demandait si vraiment cela était possible. Un homme qui, depuis qu'il la connaissait, n'avait pas eu d'autres idées que celles qu'elle lui permettait, qui ne voyait que par les yeux, qui n'entendait que par les oreilles, qui ne pensait que par le cerveau de sa femme, et qui, tout à coup, se permettait de dire : « Jamais » ! N'y avait-il pas là de quoi exaspérer la femme la plus pacifique? et justement elle n'était pacifique ni par tempérament, ni par habitude. Mais elle pouvait avoir du calme par un effort de volonté, comme elle pouvait sourire avec la rage dans le cœur, et ce calme elle l'aurait.

Un peu avant l'heure du déjeuner les enfants rentrèrent de l'école et elle leur fit la leçon sur la façon dont elle voulait qu'ils fussent avec leur cousine.

— Votre cousine Marichette est arrivée ; elle va rester avec nous.

— Marichette l'intrigante ! dit Pauline, la fille aînée, qui ressemblait à sa mère.

— Comment l'intrigante ! tu appelles ta cousine intrigante !

Et Pauline reçut à travers la figure une gifle dans laquelle il y avait une forte dose de la colère que sa mère cachait depuis une heure et qui, faisant explosion, tombait sur une innocente.

L'enfant se mit à hurler autant de surprise que de douleur ; mais sa mère, la prenant par le bras, la secoua rudement, tandis que les trois autres enfants se regardaient avec inquiétude, se demandant s'il n'y avait pas une provision de gifles pour eux, prête à pleuvoir.

— Pourquoi as-tu dit que ta cousine était une intrigante ? demandait Célanie en continuant de secouer sa fille.

Mais la petite était trop angoissée pour répondre ; il fallut un certain temps avant qu'elle pût former quelques mots intelligibles.

— Ce n'est pas moi, hi, hi.

— Comment ce n'est pas toi ?

— C'est toi, hi, hi...

— Moi !

— Toi qui disais à papa : « Cette intrigante de Marichette ».

— Tu es stupide.

— Oui, maman.

— Tu écoutes tout ce qu'on dit et tu ne comprends rien.

— Non, maman.

— Eh bien, comprends maintenant que Marichette n'a jamais été une intrigante, que c'est une brave fille, une bonne fille, qu'il faut aimer comme elle le mérite..

— Oui, maman... si tu veux.

— Et vous aussi, dit-elle en enveloppant ses autres enfants d'un regard qui ne permettait pas la désobéissance.

— Oui, maman.

— Est-ce qu'elle a son chien ? demanda le petit

Lucien qui, de la première visite de sa cousine, ne se rappelait que Psit.

— Oui.

— Il va rester aussi avec nous ?

— Sans doute.

— Quel bonheur !

— Est-ce que je vais maintenant m'appeler Marichette ? demanda Gabrielle qui avait meilleure mémoire.

— Pourquoi ? demanda la mère qui avait oublié ses recommandations à ce sujet.

— Parce que, quand elle est venue, tu m'as dit que je devais m'appeler Marichette.

Célanie se rappela cette flatterie qu'elle avait voulu faire à Marichette ; mais les raisons qu'elle avait alors de retenir sa nièce n'existaient plus maintenant ; il n'y avait pas à craindre de la voir quitter Criquefleur pour s'en aller à Saint-Maclou.

— Non, dit-elle ; comme ta cousine va demeurer avec nous, si vous vous appeliez toutes les deux Marichette, cela établirait des confusions entre vous.

Si Célanie n'avait plus peur de voir Marichette partir, elle tenait cependant à ce que celle-ci ne trouvât autour d'elle, dans la maison, que des figures aimables ; car c'était son système d'être au mieux avec les gens, jusqu'au jour où, brusquement, de ce mieux elle passait au plus mal.

— Votre père et moi, dit-elle, nous aimons tendrement votre cousine ; nous l'aimons comme si elle était notre fille ; vous devez donc, de votre côté, l'aimer comme si elle était votre sœur, et le lui montrer.

Il y avait longtemps que Célanie faisait du Code sa lecture favorite, et que toutes les fois que quelque chose n'allait pas à son gré, elle avait le même mot à la bouche : « Il y a des juges ». Et à la longue elle avait si bien façonné son esprit aux idées et aux habitudes du monde de la chicane qu'elle en était arrivée à penser bien souvent et à s'exprimer comme si elle avait été la femme d'un avocat, ou plutôt une femme-avocat. Dans une affaire, un avocat prend une attitude et, à moins que sa mémoire n'ait une défaillance, il la garde tant que dure l'affaire : l'attitude de la conciliation, l'attitude de la résistance. Dans l'affaire Marichette, Célanie avait décidé de prendre l'attitude de la maternité ; elle serait une mère pour Marichette, son mari serait un père, ses enfants seraient des frères et des sœurs.

Quand Marichette descendit pour déjeuner, elle trouva sa cousine, ainsi que ses cousins et cousines, qui l'attendaient dans les attitudes imposées.

Ce fut en mère que sa cousine l'embrassa affectueusement, tendrement ; ce fut en frères et en sœurs que ses cousins et cousines vinrent à elle, et ce fut d'un cœur ému et attendri qu'elle reçut leurs baisers.

Comme on était bon pour elle !

Elle n'était pas au bout de ses surprises.

— Prends place auprès de ton cousin, lui dit Célanie, lorsqu'on se mit à table, à sa droite

Marichette voulut refuser.

— N'est-ce pas la place de Pauline ? demanda-t-elle.

— Oui, mais Pauline se reculera, n'es-tu pas la fille aînée !

— Oh ! ma cousine !

Et une larme mouilla la paupière de Marichette.

Quant à Sylvain, il se moucha pour ne pas laisser paraître son émotion ; il était pénétré d'attendrissement, en même temps qu'il était saisi d'admiration pour sa femme.

— Quelle femme excellente ! Était-il possible de mettre plus de cœur dans un mot, et plus de délicatesse : « La fille aînée ! » Et cela au moment même où il venait de lui résister, de la fâcher. C'était ainsi qu'elle se vengeait. Ah ! s'ils avaient été seuls, comme il l'aurait tendrement embrassée, la chère femme ! Mais elle ne perdrait rien pour attendre.

Au moins en attendant, mit-il dans le regard qu'il lança un peu de la tendresse et de la reconnaissance qui lui gonflaient le cœur.

Pendant le déjeuner, Célanie eut cinq ou six mots de ce genre. Puis ce furent les enfants qui, obéissant au coup d'œil de leur mère, voulurent montrer à Marichette qu'ils l'aimaient comme une sœur, — le dernier, qui ne savait rien trouver à dire, en venant plusieurs fois l'embrasser.

Et dans ce milieu chaud où elle se voyait enveloppée de tendresse, entourée de soins, choyée, caressée, Marichette en vint à oublier son angoisse.

— Mange, ma fille, disait sa cousine.

Elle la consultait sur son goût, sur ce qu'elle voulait pour le dîner.

— Tu as assez souffert pour te rattraper.

A un moment, Marichette voulut se lever pour prendre un morceau de pain sur le buffet et sa cousine se fâcha.

— Tu n'es pas ici à Saint-Maclou ; ce n'est pas à toi de servir les autres, c'est aux autres de te servir.

Sur un signe de sa mère, Pauline avait été prendre la corbeille au pain, et déjà elle la présentait à sa cousine.

En voyant l'empressement de leur mère, les enfants voulurent l'imiter.

Robert avait encore des pommes de reinette grise qui lui avaient été données par son parrain, il alla les chercher pour en offrir une à sa cousine ; Pauline avait une boîte d'abricots confits, elle alla la chercher aussi ; Gabrielle offrit un sac de dragées, et Lucien, qui n'avait rien, se mit à pleurer.

— Pourquoi pleures-tu ? lui demanda sa mère.

Il fallut longtemps pour l'amener à répondre, enfin il se décida :

— Pourquoi que moi je n'ai rien à donner à ma cousine ?

— Est-il joli, cet amour d'enfant, s'écria Célanie ; le voilà tout malheureux parce qu'il ne peut rien offrir à sa cousine ; tu vois comme il t'aime déjà.

Il eût fallu que Marichette fût de pierre pour n'être point touchée par ces témoignages d'affection qui, depuis le père et la mère jusqu'aux enfants, la pressaient ainsi.

Elle avait donc enfin une famille !

Elle voulut parler, mais l'émotion lui coupa la voix.

— C'est bon, c'est bon, interrompit son oncle, qui sentit son trouble ; si tu es heureuse, rien à dire, nous sommes heureux aussi. Ce n'était pas trop tôt pour toi de trouver le repos.

VIII

Le repos !

Marichette l'eût peut-être trouvé si elle n'avait pas pensé à Paulin. Au foyer où elle se réchauffait, elle se fût peut-être laissé engourdir. N'avait-elle pas enfin la tranquillité ? comme disait son cousin.

Elle avait un abri, elle avait des défenseurs, elle avait des parents qui l'aimaient ; et dans son désastre c'était là un bonheur assez grand, assez inespéré pour remplir son cœur.

Mais Paulin !

Pouvait-elle ne point penser à lui ? Pouvait-elle, dans son engourdissement, l'oublier ?

Qu'avait-il imaginé en ne la voyant pas ?

Jusqu'où avait-il été dans ses craintes et son angoisse ?

Il la croyait morte peut-être ; et peut-être la cherchait-il sur la grève ou au bas d'une falaise !

Tout devait lui paraître possible après cette inexplicable disparition succédant à une journée tout aussi inexplicable. Qu'il admît un moment qu'elle s'était sauvée pour n'être plus servante, il ne trouverait jamais une raison sensée, à coup sûr, pour expliquer qu'elle se fût sauvée sans le prévenir. Pourquoi cette disparition mystérieuse? Il devait aller de l'une à l'autre de ces questions, la tête éperdue, enfiévré, accablé, désespéré, fou.

Il fallait qu'il sût, non la vérité, elle n'aurait jamais la force de l'avouer, mais au moins qu'il était aimé, qu'il le serait toujours.

Elle avait pendant les longues heures de cette terrible nuit pensé à lui autant qu'à elle, et résolu de lui écrire.

Mais maintenant il fallait exécuter cette résolution, et se dressaient devant elle des difficultés qu'elle ne savait comment surmonter.

Où trouver du papier, une plume, de l'encre ?

Où écrire sans qu'on lui demandât à qui elle écrivait ?

Comment mettre la lettre à la poste ?

Ce n'était rien et c'était tout.

Elle ne pouvait pas s'asseoir dans le bureau, à côté de sa tante, et se mettre à écrire. Il faudrait des explications, une confession, et ce n'était pas maintenant qu'elle pouvait confesser son amour pour Paulin.

Avant de descendre déjeuner elle avait cherché dans sa chambre, sans trouver ni papier ni encre ; il y avait bien un pupitre, mais il était vide. Assurément, en attendant, une occasion d'être seule se présenterait bien le matin ou le soir, et alors il lui serait facile de se servir du papier, des enveloppes et des plumes du bureau ; mais précisément elle ne pouvait pas attendre. Que penserait-il pendant ce temps ? Que ne souffrirait-il pas ?

En errant le matin dans la rue, elle avait remarqué, étant déjà absorbée par son idée d'écrire à Paulin, que la boîte aux lettres se trouvait à une courte distance de la maison de son oncle, et cela était déjà une circonstance favorable ; mais, pour profiter de la boîte, il fallait la lettre, et elle avait beau chercher elle ne trouvait pas le moyen de l'écrire.

Toute la journée se passa dans cette obsession, et ce qu'il y avait d'irritant, de véritablement exaspérant pour elle, c'est qu'elle avait à portée de la main, sous les yeux, tout ce qu'il lui fallait et qu'elle désirait si impatiemment. Sa cousine, en effet, l'avait installée auprès d'elle dans le bureau, et elle n'avait qu'à étendre le bras pour toucher plumes et papier. Qu'elle eût seulement cinq minutes de liberté, et sa lettre était écrite.

Mais ces cinq minutes, elle ne les eut pas, car sa cousine ne la quitta point, restant toute la journée sur son fauteuil de paille, causant, travaillant, causant surtout, interrogeant, posant question après question, sur les affaires du Corsaire, sur les gens avec qui il était en relations, sur ses fournisseurs, sur ses prix de ventes, sur sa fortune, sur la manière dont il la plaçait. Combien souvent n'avait-elle pas souhaité de pouvoir faire parler un des commis de Bellocq ! Elle avait même essayé de prendre chez elle Paulin Morot, et cette négociation n'avait échoué que parce que Paulin n'avait pas voulu quitter Saint-Maclou d'où il ne pouvait pas venir tous les matins et où il ne pouvait pas retourner tous les soirs. Mais voilà qu'elle l'avait, ce commis, et il fallait qu'il parlât ; il en savait plus que les autres puisqu'il écrivait les lettres particulières et que c'était à lui qu'arrivait ce que les autres avaient préparé. Plus d'une fois Marichette aurait voulu ne pas répondre, autant parce que ces questions lui répugnaient que parce qu'elle avait autre chose en tête que les chiffres et les affaires ; mais sa cousine la pressait, la cerclait de si près, qu'il fallait bien qu'elle répondît.

Comment Célanie l'eût-elle abandonnée, alors que sa conversation offrait un si vif intérêt ?

Cependant, à un certain moment, il fallut que Célanie reconduisît jusqu'à la porte de la rue un client important qui la retint là quelques instants pour certaines recommandations pressantes. Alors, profitant de ce que sa cousine avait le dos tourné, Marichette s'empara vivement d'une feuille de papier et d'un crayon qui, depuis qu'elle était là, lui tiraient l'œil, et qui, plus de dix fois, l'avaient fait répondre de travers.

Maintenant, elle avait la certitude de pouvoir écrire ; pour l'enveloppe et la mise à la poste, elle retrouverait sans doute, si elle la cherchait bien, la même bonne chance.

En possession de son crayon et de sa feuille de papier, Marichette répondit avec plus de présence d'esprit aux questions dont sa cousine continua de l'assaillir, et la journée s'écoula.

Elle avait décidé d'écrire une fois qu'elle serait

dans sa chambre ; mais de peur d'attirer l'attention en laissant sa lumière allumée, elle remit sa lettre au lendemain ; à quatre heures du matin il faisait jour, elle se lèverait et écrirait sans craindre d'être surprise.

Ce qu'elle avait à dire, et surtout à ne pas dire, était assez difficile pour qu'elle eût besoin des réflexions de la nuit.

Malgré sa fatigue, elle était éveillée avant que l'aube blanchît ses vitres, et à quatre heures, marchant à pieds nus pour ne pas faire de bruit, elle s'asseyait devant sa table.

Vaguement elle savait ce qu'elle voulait dire, mais comment allait-elle pouvoir le dire? Il la relirait, sa lettre ; il en pèserait chaque mot !

« Je crois que vous m'aimez comme je vous aime, » c'est pour cela que je vous demande de ne pas » chercher à savoir pourquoi j'ai quitté Saint-Maclou. » Mais il est une plus grande preuve d'amour encore » que je vous prie de me donner : il ne faut pas que » vous cherchiez à me revoir. Peut-être sommes- » nous séparés pour toujours ; alors rien de ce que » vous pourriez tenter ne nous rapprocherait et ce » serait une nouvelle souffrance pour moi d'être » obligée de me détourner de vous. »

Elle avait écrit ces quelques lignes d'un trait ; elle s'arrêta le cœur serré par l'émotion.

Mais il ne fallait pas s'attendrir, il fallait continuer ; il ne fallait pas penser à soi, il fallait penser à lui.

« Peut-être, au contraire, me sera-t-il possible de » vous rappeler l'amour qui nous unissait ; alors » ayez foi en moi, je suis capable de tout surmonter » pour retrouver les jours de bonheur que j'ai vécus » près de vous. Ne doutez donc pas que, quoi qu'il » arrive, je vous aime et je vous aimerai toujours. » Mon avenir était fait de l'espoir de devenir votre » femme. Après les douleurs qui avaient abattu mon » enfance, vous aviez adouci mon désespoir d'orphe- » line ; il y avait une maison où je me sentais heu- » reuse, la vôtre ; je ne croyais plus à une fatalité » acharnée sur moi, vous m'aimiez. C'était une belle » vie qui s'ouvrait, et sans me dire que je l'avais mé- » ritée, il me semblait tout naturel de penser que, » sans doute, le malheur s'était lassé et que je n'avais » plus qu'à vous aimer. »

Elle eut un sanglot, et une fois encore elle s'inter rompit :

« Je m'étais trompée, et me voilà rejetée dans la » solitude : je redeviens la pauvre fille abandonnée » que j'étais avant de vous connaître ; mais, si » quelque chose pouvait me consoler jamais de ce » nouveau coup, ce serait le souvenir des mois que » j'ai passés à me répéter que je serais votre femme. » J'ai fait pendant ce temps de si beaux rêves, que » lorsque je me sentirai trop désespérée, je m'appli- » querai à me les rappeler, et surtout à vous revoir » avec votre sourire, à retrouver vos paroles et à me » dire que votre tendresse pour moi était profonde et » sincère. Du moins, vous saurez que je vous aime

» toujours, plus que lorsque je vous voyais, et que
» si je ne vous prouve pas ma reconnaissance, c'est
» que ma malheureuse destinée me refuse tout ce
» qui pourrait me donner un peu de bonheur. Si un
» jour vous m'aimez moins, puis plus tard moins
» encore ou pas du tout, pensez pourtant que je n'é-
» tais pas indigne de vous, et gardez un peu de pitié
» pour moi, qui resterai votre esclave, vivant de
» vous, comme si rien ne nous avait séparés.

» Adieu, cher Paulin, pardonnez-moi.

» MARICHETTE. »

C'était cela, ou à peu près qu'elle avait décidé d'écrire; mais, comme elle aurait voulu le dire autrement, avec des mots éloquents, avec l'élan passionné qui était dans son cœur ! Hélas ! elle n'était qu'une pauvre fille.

Elle relut sa lettre, et une tristesse désespérée l'anéantit : c'était donc là sa première lettre d'amour.

Quand elle entendit ouvrir la maison, elle descendit doucement ; il n'y avait personne dans le bureau ; elle put écrire l'adresse sur une enveloppe.

Deux minutes après, la lettre était dans la boîte.

IX

Marichette s'était imaginé qu'après avoir écrit sa lettre et l'avoir mise à la poste, elle éprouverait une certaine tranquillité d'esprit et n'irait plus d'une idée à une autre follement, sans pouvoir s'arrêter à aucune.

Mais il n'en fut rien.

Que ferait-elle si, malgré ce qu'elle lui avait dit, il cherchait à la revoir?

S'il lui obéissait, que ne souffrirait-elle pas?

Ces deux questions se heurtaient dans sa tête, pendant que sa cousine qui avait repris son interrogatoire de la veille, continuait son inventaire des affaires de Simon Bellocq.

Pour échapper à cet interrogatoire, Marichette avait demandé à sa cousine de la mettre au travail, mais celle-ci n'avait pas accepté cette proposition.

— Plus tard, nous verrons; nous avons le temps; tu ne dois pas avoir la tête au travail?

— Je m'appliquerais.

C'était vrai qu'elle n'avait pas la tête au travail, ni à ce qui se passait autour d'elle, d'ailleurs.

C'était à Saint-Maclou qu'elle était; c'était à Paulin qu'elle pensait.

Qu'avait-il éprouvé en recevant sa lettre?

Qu'allait-il faire?

Assise auprès de sa cousine dans le bureau, dont la porte, comme toujours, était grande ouverte sur la rue, elle se demandait si tout à coup elle n'allait pas le voir apparaître, et ses yeux, s'ils ne suivaient pas sa pensée, couraient au moins aussi loin qu'ils pouvaient, cherchant au milieu des passants qui, de temps en temps, se montraient dans la rue.

— N'était-ce pas lui?

— Son cœur s'arrêtait; elle se sentait défaillante. Elle ne se remettait qu'en voyant qu'elle s'était trompée, ou bien lorsqu'elle se disait qu'il ne pouvait pas encore avoir sa lettre.

Mais aussitôt qu'il l'aurait reçue et qu'il aurait vu le timbre de Criquefleur, n'arriverait-il pas?

Sans doute elle l'avait prié, elle l'avait supplié, aussi ardemment qu'elle avait pu, de ne pas chercher à la revoir; mais écouterait-il cette prière? Pouvait-il résister à la tentation de savoir ce qu'elle ne lui avait pas dit?

Elle calculait le temps qu'il fallait pour que sa lettre, mise à la poste, arrivât aux mains de Paulin, et elle trouvait que dans la soirée ou le lendemain matin elle pouvait le voir surgir.

La journée s'écoula dans cette angoisse, et quand le soir tomba, il fut évident qu'il ne viendrait pas.

C'était un soulagement.

Mais d'autre part c'était en même temps un désespoir morne : c'était donc fini ; il lui avait obéi, elle ne le reverrait plus. Combien de fois dans la nuit s'éveilla-t-elle en sursaut ayant le sentiment vague qu'elle avait parlé; ce qu'elle avait dit, le nom qu'elle avait prononcé, les mots qu'elle avait murmurés, elles les retrouvait sur ses lèvres: « Paulin, je t'aime. »

Le lendemain il fallut reprendre place dans le bureau, et le tourment de l'attente reprit aussi.

— Qu'as-tu donc? lui demandait souvent Célanie.

— Rien.

— Tu es distraite.

— Préoccupée, oui, c'est vrai, pardonnez-moi.

— Ce n'est pas un reproche ; je voudrais te soulager.

— Je vous remercie.

Mais que pouvait-on lui dire, que pouvait-on faire pour son soulagement ?

Elle ne quittait pas la rue des yeux, et tout en écoutant sa cousine, tout en lui répondant, elle regardait au loin.

Tout à coup elle se leva brusquement.

— Qu'as-tu donc ?

Elle crut s'être trompée comme déjà cela lui était arrivé dix fois; c'était son cœur qui avait vu Paulin, ce n'étaient pas ses yeux.

Mais debout elle voyait mieux et plus loin ; c'était lui, c'était bien lui qui arrivait à grands pas.

— M. Morot ! s'écria-t-elle.

— Et bien, qu'est-ce que cela fait ?

— Il ne faut pas qu'il me voie.

— Crois-tu donc que je vais te remettre entre ses mains pour qu'il te reconduise chez le Corsaire ? Il ne sait pas ce qui l'attend.

Mais Marichette n'entendait rien, n'écoutait rien : tout en parlant elle s'était jetée sur la porte qui communiquait avec la salle à manger ; violemment elle l'avait ouverte et plus violemment encore refermée.

— Dites que je ne suis pas ici, cria-t-elle.

Et Célanie l'entendit monter quatre à quatre l'escalier dont les marches en bois craquaient sous ses pas précipités.

— La peur la rend donc folle ? se dit Célanie.

Pour elle, ce n'était point avec peur qu'elle voyait arriver le commis du Corsaire, c'était avec curiosité et avec un certain plaisir. Qu'avait-il mission de proposer ? Cela était intéressant.

Paulin venait d'entrer dans le bureau et il avait salué respectueusement, mais avec embarras ; Célanie, s'amusant de cet embarras, le laissait devant elle sans rien dire, attendant.

Enfin il se décida :

— M. Sylvain Bellocq est-il ici ? demanda-t-il d'une voix qui tremblait.

— Non, monsieur.

— Ah !

Il parut vivement impressionné par cette réponse, et l'émotion qui se montrait en lui, son trouble, sa pâleur, le tremblement de sa voix empêchèrent Célanie de persister dans l'attente comme elle en avait eu tout d'abord l'intention. Que se passait-il donc de particulièrement grave que le commis du Corsaire était dans un pareille état ? Il les menait assez rudement, ses commis, pour qu'ils ne prissent point intérêt à ce qui le touchait, d'une façon aussi dramatique.

— Ce que vous avez à dire à mon mari est-il donc si urgent ? demanda-t-elle.

— Oui, madame, très urgent..., et d'une importance capitale.

Il n'était plus simplement question de s'amuser, il fallait savoir ; elle se départit de sa raideur et de sa dignité.

— Est-ce à mon mari seul que vous pouvez confier cette chose d'une importance capitale? demanda-t-elle d'un ton encourageant..

Il hésita un moment.

— Si vous voulez bien m'entendre... dit-il enfin.

— Volontiers.

Et comme il regardait autour de lui, elle crut qu'il cherchait si dans ce bureau ouvert à tout le monde il n'y avait pas des oreilles indiscrètes.

— Voulez-vous passer dans la salle? dit-elle. Nous serons mieux pour causer.

— Avec plaisir.

Elle le précéda, et, quand il fut entré, elle referma la porte avec soin.

— Je vous écoute, dit-elle en lui montrant une chaise et en s'asseyant elle-même.

— Mademoiselle Marichette... dit-il.

Et il attendit.

— Eh bien?

Cette interrogation, quand il comptait évidemment sur une réponse, parut le jeter dans un trouble profond.

— Je veux dire : elle est ici ?

Célanie l'examina comme si elle avait affaire à un fou. N'était-il pas extrordinaire que l'envoyé du Corsaire lui demandât si Marichette était chez elle ?

— Mais sans doute, répondit-elle.

— Ah ! madame.

Et autant Paulin paraissait désespéré quelques secondes auparavant, autant il se montra heureux.

Cela devenait bizarre vraiment et, pour une femme soupçonneuse telle que Célanie, tout à fait caractéristique.

Elle examina Paulin, puis tout de suite elle l'interrogea de façon à savoir à quoi s'en tenir.

— Que veut M. Bellocq ? demanda-t-elle.

— Ce n'est pas au nom de M. Bellocq que je me présente.

— Ah !

— C'est en mon nom.

Il s'arrêta et parut de plus en plus gêné.

Impatientée, Célanie lui vint en aide.

— C'est une raison pour que vous vous expliquiez sans contrainte, dit-elle ; je pouvais me tenir sur mes gardes avec l'envoyé de M. Bellocq ; mais il n'en est pas de même avec vous, monsieur Morot.

Ce n'était pas trop de cet encouragement pour desserrer les lèvres de Paulin.

— C'est de mademoiselle Marichette que je désire vous demander des nouvelles, dit-il.

— Ah ! vraiment. Eh bien, je vous remercie, je n'ai que de bonnes nouvelles à vous donner.

— Mon Dieu, madame, je comprends que vous trouviez ma démarche insolite et peu convenable.

— Mais pas du tout... au contraire, répliqua Célanie qui, désespérant de le voir s'expliquer franchement, voulait le pousser.

— En apprenant que mademoiselle Marichette avait quitté Saint-Maclou, j'ai éprouvé une inquiétude...

Il retint le mot trop fort qui lui venait aux lèvres.

— ... Une inquiétude très vive, et comme elle m'avait parlé des propositions que vous lui aviez faites il y a quelque temps, quand vous êtes venue à l'église...

— Ah ! elle vous a dit cela?

— Oui, madame... Alors j'ai pensé que, quittant Saint-Maclou, elle avait accepté vos propositions, et je suis venu pour la voir. C'est l'autorisation d'avoir une entrevue avec elle que j'ai l'honneur de vous demander, madame.

— Mais, monsieur, c'est impossible ; une jeune fille ne reçoit pas ainsi un jeune homme. Vous comprenez?

Il se fit un moment de silence, et Célanie, qui examinait Paulin, le vit sous l'appréhension de la perplexité.

— J'aime mademoiselle Marichette, dit-il, elle m'a promis d'être ma femme ; cela vous explique ma demande.

X

Avec son flair féminin de l'amour, qui avait été singulièrement aiguisé par l'éducation de sa jeunesse, Célanie avait pressenti depuis quelques instants déjà une partie de la vérité, mais sans la deviner tout entière.

— Marichette avait promis d'épouser ce garçon! Cette sainte-nitouche! cette idiote!

N'est-ce pas véritablement renversant?

Mais elle ne s'abandonna pas à sa surprise; ce sont les curieux, les paresseux qui se complaisent dans leur étonnement; elle était une femme pratique, et son esprit aux aguets était toujours prêt à tirer parti au mieux de ses intérêts, de ce qu'elle entendait; quand on est intelligent, on profite de tout.

Pour une femme intelligente comme elle, alerte et avisée, il y avait incontestablement matière à réflexion dans cette révélation.

Ils s'aimaient et il y avait entre eux promesse de mariage!

Mais cela ne créait-il pas une situation nouvelle?

Malheureusement il était difficile de réfléchir avec

calme devant ce garçon qui restait là anxieux, la regardant, attendant. Le mieux était donc de gagner du temps avant de s'engager dans une reponse.

— Comment, monsieur, s'écria-t-elle d'un air plein de dignité, vous aimez Marichette et Marichette vous aime, prétendez-vous ! est-ce possible !

— Ce qui n'est pas possible, c'était de la voir sans l'aimer, de vivre près d'elle sans l'adorer ; sa beauté, son charme, sa grâce, sa douceur, ses malheurs, pouvaient-ils me laisser insensible ? je l'ai aimée, madame, et je l'aime passionnément ; ma vie est liée à la sienne et rien ne pourra l'en détacher.

Il raconta alors avec l'enthousiasme d'un amoureux qui se grise de ses propres paroles, comment cet amour était né dans son cœur, comment il s'était développé, comment il avait pris sa vie.

C'était bien cela que Célanie avait voulu ; elle lui avait donné le *la*, et naïvement il avait aussitôt commencé sa romance ; maintenant il n'y avait qu'à le laisser aller, et tout en l'écoutant d'une oreille ou même sans l'écouter quand il rabâchait des mots de tendresse pour elle vides de sens, elle pouvait suivre ses réflexions.

De temps en temps seulement elle laissait échapper un : « Ah ! vraiment », ou bien un : « Est-ce possible ! » ou bien encore elle inclinait simplement la tête en le regardant en femme qui écoute attentivement, et il allait toujours, s'animant, s'exaltant, heureux sans aucun doute de n'être point interrompu, et plus heureux encore de confesser son amour : il parlait d'elle.

Mais en tenant ses yeux fixés sur lui, Célanie ne le regardait point, de même qu'en montrant une attention si intense elle n'était guère attentive à ce qu'il disait; c'était dans l'avenir qu'elle regardait avec cette fixité, et c'était sa propre pensée qu'elle suivait sans se laisser distraire.

Est-ce que cet amour qui se révélait si à propos ne pouvait pas tenir lieu du procès dont son mari ne voulait décidément pas, quoi qu'elle eût fait?

Ne pouvait-il pas, tout aussi bien que le procès, perdre à jamais Marichette dans l'esprit de Simon Bellocq, la faire détester, la faire déshériter?

C'étaient là des questions qui s'imposaient, mais dont les solutions ne lui apparaissaient encore que d'une façon confuse.

Il ne fallait commettre ni imprudences ni maladresse; c'était à coup sûr qu'elle devait frapper.

L'anxiété lui serrait si bien le cœur qu'elle tremblait, et alors Paulin, la voyant en cet état, continuait à chanter son amour, tout fier de l'effet qu'il provoquait.

Mais, à un certain moment, dans l'impatience de savoir et surtout de combiner sa réponse, elle l'interrompit :

— Et pourquoi, dit-elle, n'avez-vous pas demandé la main de Marichette à son tuteur?

— Pour deux raisons, madame : la première, parce que je n'avais pas de position qui me permît de prétendre à la parente d'un homme tel que M. Bellocq; la seconde parce que je pensais que M. Bellocq, ayant pleine autorité sur sa pupille, tiendrait à garder celle-ci jusqu'à sa majorité et à profiter des services qu'elle lui rendait comme employé.

— Pas mal raisonné, cela.

— Mademoiselle Marichette avait accepté ces raisons et nous avions décidé de nous aimer en cachant notre amour jusqu'au moment où nous pourrions le déclarer et où nous aurions la certitude que rien ne pouvait empêcher notre mariage. Mais le départ de mademoiselle Marichette changea la situation. Sans doute ma position n'est pas beaucoup plus solide qu'elle n'était, je le reconnais. Mais mademoiselle Marichette n'a pas maintenant à craindre de fâcher son cousin plus qu'il n'est fâché contre elle. Et d'autre part il me semble que, puisqu'elle a pu le quitter, c'est qu'il n'a plus aujourd'hui sur elle l'autorité qu'il avait hier, car s'il avait encore cette autorité ou s'il n'en pouvait user, j'imagine que mademoiselle Marichette ne serait pas chez vous.

— Et alors? demanda Célanie, sentant que le moment était venu de lui donner un coup d'éperon, car il hésitait maintenant autant dans ce qu'il disait que dans la façon de dire, en homme qui ne sait pas ce qu'il veut et qui craint de s'avancer trop loin, aussi bien pour lui que pour les autres.

— Alors... je suis venu pour voir mademoiselle Marichette.

— Voir Marichette! y pensez-vous, monsieur?

Elle prit un air de dignité outragée.

— Après ce que vous m'avez appris... avec une

grande franchise, je le reconnais, avec une parfaite loyauté, en honnête homme que vous êtes; mais, enfin, il n'en est pas moins vrai que vous aimez Marichette, et, dans ces conditions, vous devez comprendre ce que votre demande a d'insolite.

— Je le comprends, madame.

— Si vous vous cachiez de M. Bellocq parce qu'il était le tuteur de Marichette, comment nous, — je dis nous, car je parle au nom de mon mari, qui désormais remplacera son cousin auprès de Marichette, comment nous adressez-vous une pareille demande?

— Mon Dieu, madame...

— Certainement, monsieur Morot, nous avons pour vous beaucoup d'estime, nous vous l'avons bien prouvé quand nous vous avons offert d'entrer chez nous, mais enfin vous devez comprendre qu'une jeune fille...

Elle s'arrêta assez embarrassée.

— ... Est une jeune fille.

Paulin parut hésiter un moment, cherchant, sans aucun doute, ce qu'il pouvait dire; puis, tout à coup, il se décida :

— Vous parlez de ma franchise, madame; je dois vous avouer qu'elle n'a pas été complète.

— Eh quoi!...

— Je ne vous ai pas tout dit.

— Mademoiselle Marichette m'a écrit.

Célanie, déjà très surprise, eut un moment d'effroi car son plan était à peu près bâti, et il pouvait être démoli par ce que cette idiote avait dû dire à ce garçon pour le désespérer.

— Que vous a-t-elle dit? demanda-t-elle, ne pouvant pas s'en tenir à cette phrase vague qui laissait tout supposer; il fallait qu'il s'expliquât.

— Elle me demande de ne pas chercher à la voir.

— Et pourquoi?

— Elle ne me donne pas de raisons et même elle me prie de ne pas chercher à savoir pourquoi elle a quitté Saint-Maclou. Cette lettre eût été dure et sèche, elle eût été une rupture brutale, je ne sais ce que j'aurais fait; mais elle est pleine de tendresse, au contraire, chaque mot vient du cœur; elle ne brise point notre amour; elle me dit que je dois avoir foi en elle et que si les circonstances deviennent plus favorables, elle surmontera tout pour retrouver nos jours de bonheur. Si je vous cite ses paroles, c'est pour que vous sentiez la force des liens qui nous unissent. Cette lettre reçue, je suis parti pour venir ici. Je ne cherche pas à connaître les causes qui lui ont fait quitter Saint-Maclou, et en cela je respecte sa volonté. Que m'importe, j'ai foi en elle. Et je ne prends souci des raisons qui l'ont obligée au départ qu'en pensant à elle et à ce qu'elle a dû souffrir pour en arriver à une résolution aussi grave. Mais je cherche à la voir, car nous ne pouvons être séparés puisque je l'aime et qu'elle m'aime toujours.

Il s'établit un silence, Paulin attendant une réponse, Célanie réfléchissant et pesant le bon et le dangereux du plan qu'elle était en train d'arranger.

Voyant qu'elle ne disait rien et se méprenant sur les causes de ce silence, Paulin continua :

— Je n'aurais pas justifié ma demande si je n'ajoutais pas que les raisons qui nous faisaient retarder l'époque de notre mariage n'existent plus... au moins pour moi. C'est vous dire qu'aussitôt que les circonstances le permettront, vous recevrez la visite de ma mère, puisque c'est de vous, madame, et de M. Sylvain Bellocq, que mademoiselle Marichette dépend maintenant. Elle vous exposera quelle est notre position. Sans doute, elle n'est pas brillante; mais, Dieu merci! mademoiselle Marichette n'est plus héritière, car je pense qu'en quittant M. Simon Belloc, elle a perdu tous ses droits à l'héritage de son cousin.

— Cela, vous pouvez en être sûr, s'écria Célanie.

Mais elle corrigea tout de suite l'élan de ce cri involontaire en se faisant digne en même temps qu'affectueuse :

— J'espère que vous n'attendez pas de moi une réponse immédiate; c'est chose trop grave pour que j'en prenne la responsabilité; il faut que je soumette votre demande à mon mari. Tout ce que je puis vous promettre... c'est de l'appuyer.

— Ah! madame.

— Revenez demain. Jusque-là ayez bon espoir. Dites-vous que Marichette est entourée de soins, d'affection, et que nous ne voulons que son bonheur. A demain.

XI

Dans le ménage Belloquet le mari ne faisait rien sans consulter sa femme ; mais la femme s'inquiétait peu de ce que pensait ou de ce que pouvait vouloir son mari. C'était elle qui pensait ; c'était elle qui voulait. Quand elle avait pris une résolution il était assez tôt pour l'en avertir, ainsi elle lui épargnait et surtout elle s'épargnait à elle-même les luttes, les inquiétudes, les hésitations qui embarrassent toujours et trop souvent paralysent un caractère irrésolu.

Ce n'était donc point pour consulter son mari que Célanie avait ajourné Paulin au lendemain, c'était pour se consulter elle-même, et dans une affaire de cette importance ne rien laisser aux entraînements du premier mouvement.

Avait-elle une chance incroyable, cette idiote, de trouver un garçon qui voulût bien encore l'épouser, après cette fuite « dont il ne cherchait pas à connaître les raisons ! » Il est vrai qu'il était remarquable aussi, cet épouseur « qui avait foi en elle ». Imbécile, va !

Elle était exaspérée autant contre l'un que contre

l'autre. Ce n'est pas à une fille intelligente qu'arrivent ces bonnes fortunes. Elle avait été cette fille intelligente et jamais elle n'avait trouvé un de ces épouseurs naïfs. Comme ils filaient, ses amoureux, lorsque se posait la question du mariage ! Et cependant elle n'avait point eu dans sa vie de fille à marier une aventure pareille à cette fuite nocturne. Cependant elle était autrement jolie que cette Marichette, qui n'avait guère que ses cheveux blonds et ses yeux noirs; tandis qu'elle... Avait-on idée d'une pareille chance ! Cette niaise était née coiffée ! Et elle qui ne se sentait aucune envie, aucune jalousie dans le cœur, eût été enragée de ce bonheur insolent, s'il ne lui avait pas donné le moyen de fâcher Marichette avec le Corsaire, aussi sûrement que par le procès.

Que dirait-il, le gredin, quand il verrait sa cousine épouser un ancien commis, et cet ancien commis apporter dans la maison Belloquet jeune, où il aurait un intérêt, une partie de la clientèle qu'il lui aurait enlevée ?

Car tel était son plan : marier Paulin à Marichette; les établir à Criquefleur; prendre Paulin chez elle; et avec son aide faire à Simon la concurrence sérieuse dont celui-ci l'avait si bêtement menacée.

Perdre à la fois : maîtresse, employé et clients, n'y avait-il pas là de quoi le faire crever de rage?

Comme elle s'était enthousiasmée pour le procès elle s'enthousiasma pour le mariage, car c'était le propre de sa cervelle surchauffée et toujours en pression de produire projets après projets. Combien en avait-elle ainsi mis au jour, depuis son enfance jusqu'à ce moment; jeune fille, pour se marier; mariée, pour faire fortune; ennemie du Corsaire, pour se venger de lui! Et chacun de ceux qui avaient traversé son esprit était le bon, jusqu'à ce qu'un nouveau fût meilleur, n'ayant en cela aucun amour-propre d'auteur, et faisant fi d'un vieux plan comme d'une vieille lune. — Si elle n'épousait pas celui-ci qui avait toutes les qualités du mari tel qu'elle le voulait à ce moment, c'en était fini, elle se jetait à la mer! Et, le lendemain, c'était un autre qu'il lui fallait et qui serait cause de sa mort si elle ne réussissait pas. Heureusement, la chaudière fonctionnait toujours, et avant qu'elle pensât à se jeter à la mer, un autre avait remplacé celui-ci et celui-là, en attendant qu'il fût remplacé lui-même. Quand, après avoir épousé en espérance tous les maris connus et inconnus que son imagination avait désirés, elle en avait été réduite à prendre Sylvain Bellocq, elle avait été certaine que le métier de constructeur de maisons lui donnerait rapidement une belle fortune; puis après elle avait été non moins certaine que ce serait le commerce des liquides; puis après, plus certaine encore que ce serait celui des charbons.

Maintenant elle était certaine que le mariage de Marichette et de Paulin donnerait une attaque d'apoplexie au Corsaire, — la fameuse attaque sur laquelle elle spéculait depuis si longtemps, — il fallait donc que ce mariage se fît au plus vite, et elle n'avait qu'à l'arranger avec Marichette.

Il n'y avait pas à hésiter.

Elle monta à la chambre de Marichette. Allait-elle

être heureuse, l'idiote! Quelle chance pour elle!

Elle était dans une étrange attitude, l'idiote : assise sur une chaise contre son lit, la tête enfouie dans ses draps, les mains appliquées sur les oreilles.

Que faisait-elle là? Sans doute elle s'imaginait que Paulin était venu pour dégager sa parole, et elle pleurait son mari.

Au bruit que fit Célanie en entrant, Marichette leva la tête et montra son visage convulsé sur lequel se lisaient les souffrances de l'anxiété.

— Est-il parti? demanda-t-elle d'une voix haletante.

Célanie prit une pause avant de répondre.

— Oui, dit-elle enfin.

Marichette leva les bras au ciel.

Après une nouvelle pause Célanie continua :

— Mais rassure-toi, il reviendra demain à pareille heure.

— Demain!

Il y avait un tel effroi dans ce cri que Célanie ne put pas se méprendre sur son accent; aussi resta-t-elle un moment interloquée, se demandant si décidément l'idiote était tout à faite idiote.

— Je te dis qu'il reviendra demain, répéta-t-elle.

— Que veut-il donc?

— T'épouser!

Cette fois ce fut un cri d'horreur qui s'échappa de la gorge de Marichette.

— Es-tu tout à fait imbécile? demanda Célanie.

Mais Marichette, au lieu de lui répondre, se cacha

le visage entre ses mains et se mit à pleurer, répétant :

— Oh! Paulin, Paulin!

Ce n'était plus de l'effroi et de l'horreur, c'était un attendrissement déchirant, un élan d'amour désespéré.

— Eh bien, oui, il t'aime toujours, ton Paulin, dit Célanie, et si passionnément qu'il m'a demandé ta main; voilà de l'amour.

— Hélas!

— Tu m'exaspères avec tes cris et tes hélas. Que veux-tu de plus? Ce garçon est... si bon garçon, et il t'aime si bien qu'il ferme les yeux et ne cherche pas à savoir pourquoi tu as quitté Saint-Maclou. N'est-ce pas assez beau?

— Comme il m'aime!

— Franchement oui, et tu peux t'en vanter, comme tu peux t'applaudir de la lettre que tu lui as écrite : c'est elle qui te l'amène.

— Je lui ai demandé à ne pas chercher à me voir.

— Et naturellement il a voulu te voir; c'était bien calculé.

Marichette regarda sa cousine d'un air vague.

— Ne prends donc pas ces airs-là avec moi, dit celle-ci, à quoi bon? Si tu veux m'amener à consentir à ce mariage, c'est inutile attendu que je ne suis pas assez bête pour ne pas comprendre tout de suite et toute seule de quel avantage... miraculeux il est pour toi. Je ne me fais pas d'illusions sur Paulin

Morot : c'est un garçon sans position et qui n'a pas grand'chose à offrir à sa femme : rien dans le présent, on ne sait pas quoi dans l'avenir. Mais il t'offre d'être sa femme, et c'est là pour une fille dans la situation où tu te trouves quelque chose de si beau, de si extraordinaire, de si merveilleux que je ne peux pas ne pas sauter sur ce mariage. C'est un vrai sauvetage pour toi ; une de ces chances comme on n'en voit pas. Tous mes compliments ; tu les dresses bien, tes amoureux, avec ton air innocent.

Marichette écoutait interdite.

— Vous voulez que j'épouse Paulin ? murmura-t-elle.

Célanie réprima le mouvement de colère provoqué par cette hypocrite demande.

— Tu sais bien que nous ne voulons que ton bonheur, dit-elle.

— Mais vous m'avez dit que je peux être enceinte, balbutia Marichette en détournant la tête.

— Justement ; ce mariage donne un père légitime à ton enfant, si tu en as un.

Marichette resta un moment sans répondre, cherchant à comprendre évidemment les mots qui venaient de frapper son oreille sans pénétrer dans son esprit.

— Mais Paulin ne pourrait pas être le père de cet enfant.

Célanie s'impatienta :

— Tu t'arrangerais pour qu'il pût croire qu'il l'est, dit-elle.

Si Marichette n'alla pas jusqu'au fond de ce mot, d'une profondeur insondable pour elle, cependant elle entrevit une partie de ce qu'il disait.

— Je tromperais Paulin! s'écria-t-elle.

— Il t'aime.

Du coup Marichette resta stupide.

— Tu m'agaces, à la fin, s'écria Célanie, avec tes airs de sainte-nitouche, c'est bon avec Paulin, c'est même très bon, puisque ça réussit; avec moi ça ne mord pas : ce garçon t'aime, tu l'aimes, mariez-vous.

—C'est parce qu'il m'aime, c'est parce que je l'aime que ce mariage est impossible. Je ne sais quels calculs vous supposez. Je n'en ai fait aucun. J'ai écrit à Paulin en toute sincérité, le cœur brisé, mais résolu, que nous ne devions pas nous revoir... en ce moment et nous ne nous verrons pas.

— Et si tu es enceinte?

— Je serai déshonorée.

— Es-tu vraiment idiote, s'écria Célanie en la secouant avec fureur, ne comprends-tu pas qu'en acceptant ce mariage tout de suite, il te sauve de ce déshonneur et sauve ton enfant? Faut-il donc que je te dise...

— Rien, interrompit Marichette avec une énergie désespérée que Célanie ne lui connaissait pas, c'est à moi que vous pensez; moi, c'est à mon amour et c'est à Paulin; je suis la plus malheureuses des filles, j'en serais la plus misérable, la plus honteuse si j'acceptais ce mariage. Advienne de moi ce que

Dieu voudra, je ne souillerai pas mon amour, je ne tromperai pas Paulin.

Tout ce que put dire Célanie fut inutile ; à la colère, aux menaces, aux prières, Marichette opposa toujours le même mot :

— Je ne tromperai pas Paulin.

XII

Une autre que Célanie eût sans doute renoncé à ce mariage, mais elle ne renonçait jamais à un projet que lorsqu'elle en avait un nouveau pour le remplacer, et elle s'était si bien férue de celui-là qu'elle ne pensait qu'à lui.

N'y avait-il pas vraiment moyen de le faire réussir ?

Malgré l'incroyable obstination de l'idiote, elle n'en était pas convaincue. Sur l'idiote elle n'avait rien à faire ; au moins elle ne pouvait rien, puisqu'elle avait tout essayé, tout employé sans réussir ; mais un autre ? mais Paulin ?

C'était une combinaison à étudier.

Ce fut à la creuser qu'elle employa sa journée et une partie de sa nuit ; le matin, la marche qu'elle voulait suivre était arrêtée dans son esprit.

Avant de descendre elle entra dans la chambre de Marichette.

— Es-tu toujours dans les mêmes idées qu'hier ? demanda-t-elle.

— Puis-je en changer ?

— Alors je présume que tu désires ne pas descendre aujourd'hui dans le bureau.

— J'allais vous le demander.

— Il est évident que si tu ne veux pas voir M. Morot il vaut mieux que tu restes ici plutôt que de te sauver comme tu l'as fait hier d'une façon ridicule.

— Je ne puis pas le voir.

— C'est donc cela que je dois lui dire ?

— Dites-lui que je persiste dans ma lettre.

— Malgré sa demande en mariage ?

— Malgré sa demande.

— Il insistera pour avoir les raisons de ce refus aussi cruel pour lui qu'inexplicable.

— Vous lui direz que je ne puis en lui donner.

— Le pauvre garçon !

— Hélas !

— Au moins ne puis-je pas envelopper cette brutale réponse de quelques paroles de regret ? il t'aime passionnément, le malheureux.

— Moi aussi je l'aime passionnément.

— Et tu lui imposes cette horrible souffrance ?

— Comme je me l'impose à moi-même ; c'est contre lui et contre moi que je combats.

— Parce que tu ne l'aimes pas.

— Je ne l'aime pas ! s'écria Marichette avec un accent déchirant.

— Quand on aime on ne combat pas, on cède.

— Pas pour faire le malheur de celui qu'on aime.

C'était la lutte de la veille qui recommençait. Célanie n'insista pas ; elle avait tout dit. Si elle avait essayé cette attaque c'était par acquit de conscience, simplement pour voir si la nuit n'avait pas amolli cette énergie de bête obstinée.

Maintenant elle n'avait plus qu'à attendre Paulin.

Il arriva avant l'heure où il s'était présenté la veille et, en ne voyant pas Marichette dans le bureau, il laissa paraître un douloureux étonnement.

— Vous êtes supris qu'elle ne soit pas là, dit Célanie affable et compatissante.

— Il est vrai.

— Passons dans la salle, je vais tout vous dire.

Ces paroles, tombant sur l'espérance et l'exaltation de Paulin, le firent pâlir.

— Ne vous désolez pas, dit Célanie, qui remarqua son émotion, rien n'est perdu.

Cela n'était pas pour le rassurer ; en la suivant il se demandait ce qu'elle allait lui apprendre. « Rien n'est perdu ! » n'est-ce pas la parole banale des cas désespérés ?

— D'abord, dit Célanie, lorsqu'ils furent installés dans la salle, les portes closes, je tiens à vous affirmer que j'ai plaidé votre cause.

Paulin ne pensa même pas à remercier ; ce fut une interrogation qui lui monta aux lèvres, et il ne put pas la retenir :

— Et vous n'avez rien obtenu ?

— Elle persiste dans la lettre qu'elle vous a écrite.

— Lui avez-vous dit ?...

— Tout ce que j'ai pu pour la convaincre.

— Elle refuse, dit-il avec accablement.

Célanie le laissa un moment sous le poids de cette douleur avant de poursuivre.

— Il ne faut pas l'accuser, dit-elle enfin.

— Oh ! je ne l'accuse pas.

— Si elle ne veut pas vous voir, c'est parce qu'elle pousse la délicatesse jusqu'à l'extrême.

— Je vous crois, bien que je ne comprenne pas.

— Justement, il faut comprendre qu'elle se croit...

Elle hésita un court instant, ne trouvant pas le mot convenable pour exprimer ce que Marichette se croyait. « Déshonorée » était impossible ; « indigne de vous » était trop fort.

— Elle se croit... compromise.

— C'est la pensée qui m'est venue plus d'une fois en relisant cette lettre mystérieuse, si pleine de tendresse et de cruauté.

— Vous voyez que vous aviez deviné juste, je vous l'avoue franchement. Mais que cet aveu ne vous fasse pas croire au moins qu'elle a été réellement... compromise.

— Je ne le crois pas. Je vous ai dit hier que j'avais foi en elle. Cette foi n'est pas atteinte par ce refus qui me désespère.

— Elle ne l'est pas aujourd'hui, mais ne le sera-t-elle pas demain, dans quelques jours, par les mauvaises pensées de l'abandon ?

— Jamais.

— Il ne faut pas que cela soit.

— Cela ne sera pas, je vous le jure.

— Il ne le faut pas pour elle, pour votre amour, qui, s'il n'en mourait pas, en serait assurément flétri, amoindri, — si vous saviez ce qui s'est passé !

Un mouvement irrésistible le pencha en avant, et un mot jaillit de son cœur :

— Dites, dites.

Mais il le refoula avant de l'avoir jeté, et se reculant :

— Je ne veux pas savoir, dit-il, je ne dois pas savoir : elle m'a demandé de ne pas chercher à savoir, que je garde au moins la consolation de lui avoir obéi.

Célanie haussa les épaules d'un geste à peine retenu :

— C'est décidément la série des idiots, se dit-elle, celui-là fait la paire.

Elle n'avait jamais vu ça. Au temps où elle était à marier et où elle avait des querelles de jalousie avec ses amoureux, ceux-ci ne refusaient pas de savoir ; bien au contraire, c'étaient des questions, des investigations, des espionnages qui n'en finissaient pas et qui exigeaient de sa part des roueries qu'elle ne trouvait que grâce à son imagination inépuisable. Celui-là, on voulait lui ouvrir les yeux et il les fermait. C'était invraisemblable. Et cependant si jamais explication et éclaircissements avaient été nécessaires, c'était à coup sûr dans ce cas mystérieux. Et ce fut avec une pitié méprisante qu'elle examina Paulin :

— Comme les jeunes gens d'aujourd'hui ressemblent peu à ceux de ma jeunesse, se dit-elle, et ils se croient amoureux !

Mais comme il importait au succès de sa combinaison que Paulin apprît ce qu'il ne voulait pas savoir, elle ne s'en tint pas au mépris : il fermait les yeux, elle les lui ouvrirait.

— Vous voyez mon émotion, dit-elle d'une voix vibrante ; monsieur Morot, vous êtes un brave cœur. Hier déjà vous aviez gagné mon estime ; mais le mot que vous venez de prononcer vous gagne mon admiration : voilà ce qui s'appelle aimer. Vous ne voulez pas savoir : eh bien, vous saurez... malgré vous.

— Madame, je vous en prie, ne me tentez pas.

— Puisque je vous dis que ce sera malgré vous. Elle vous a demandé de ne pas chercher à savoir, vous lui avez obéi. Ce n'est pas votre faute si je vous fais violence. Il le faut pour elle, pour vous, pour votre amour, pour votre mariage, que je veux qui se fasse et qui se fera. C'est du bonheur de cette pauvre enfant qu'il s'agit. Et je n'admettrai pas que, par un excès de discrétion, par une délicatesse poussée à l'extrême, elle puisse perdre un mari tel que vous. C'est qu'on n'en voit pas toujours des maris comme vous.

Paulin se trouvait dans une terrible perplexité ; il voulait obéir à Marichette ; et d'autre part une irrésistible tentation le poussait à ne pas persister dans son refus.

Célanie ne le laissa pas prendre une résolution :

— Vous savez que M. Bellocq est un misérable, dit-elle vivement, le dernier des hommes, le plus grossier, le plus débauché. Je n'insiste pas, vous le connaissez. Eh bien ! il a jeté les yeux sur sa cousine, sur cette enfant que tout devait lui rendre sacrée, sa jeunesse, sa pureté, son innocence, ses malheurs, — les yeux d'un débauché...

— Madame ! s'écria Paulin épouvanté.

— L'autre nuit il a voulu s'introduire auprès d'elle ; pour cela il n'a pas craint de sauter sur son balcon et de casser un carreau ; avertie par le bruit, Marichette a pu se sauver à temps ; au risque de se tuer elle s'est jetée dans l'escalier, elle a gagné la rue poursuivie par le misérable, et au milieu de la nuit, tantôt courant, tantôt se cachant, elle est venue se réfugier ici, où, je n'ai pas à vous le dire, elle a trouvé nos bras ouverts. Voilà la vérité. Cette horrible vérité qui l'épouvante, car après cette fuite, elle se croit déshonorée, indigne de vous, parce que les propos du monde, les calomnies, les méchancetés qui se sont élevés après cette fuite de chez un homme qu'on sait capable de tout ne lui permettent plus de devenir votre femme. Voilà pourquoi elle vous a écrit cette lettre inexplicable ; pourquoi elle vous demande de ne pas chercher à savoir ; pourquoi elle ne peut pas vous voir. Est-ce fou ! Mais aussi combien cela est-il délicat ! Elle ne veut pas que quand vous entendrez plus tard des plaisanteries et des méchancetés à propos de cette fuite, vous ayez à souffrir et que vous l'aimiez moins.

— L'aimer moins !

— C'est ce que je lui ai dit ; mais ce que j'ai mal dit sans doute, vous le direz mieux que moi, et ce qu'elle n'a pas voulu écouter quand je parlais, elle l'écoutera quand vous parlerez, vous, avec le prestige de l'homme aimé. Il faut donc que vous la voyiez. Demain nous sortirons ensemble à quatre heures; nous irons chez madame Riché, la dernière maison sur le rivage. J'entrerai seule chez madame Riché et je laisserai Marichette sur la grève. Présentez-vous alors et plaidez votre cause ; votre bonheur est entre vos mains.

— Ah ! madame, comment vous témoigner jamais ma gratitude ?

— En devenant mon cousin et en faisant le bonheur de Marichette.

XIII

La maison Riché, de construction récente, était la dernière de Criquefleur, du côté de Saint-Maclou. Bâtie par un spéculateur, qui l'habitait, au beau milieu de terrains vagues qu'il appelait dans ses annonces « les Terrains de l'Avenir », sans doute parce que dans le présent on n'y trouvait que des touffes d'élyme et de chardon bleu, poussées à grand'peine dans le sable et festonnées çà et là de quelques guirlandes de liseron rose.

C'était la solitude de ce quartier qui l'avait fait choisir par Célanie. Marichette et Paulin pourraient s'expliquer en toute sécurité, sans craindre les gêneurs; et si après cette explication ils avaient l'envie de se jeter dans les bras l'un de l'autre pour sceller leur réconciliation, ils trouveraient le long de la grève sablonneuse un dédale de rochers éboulés au milieu desquels ils auraient la liberté de s'embrasser aussi longuement, aussi étroitement qu'ils voudraient. L'endroit était à souhait pour des amoureux ; et comme après cette scène ils seraient assurément dans un état à perdre la tête, il était à espérer qu'ils la perdraient. Si idiote que fût l'idiote, elle avait dû comprendre ce qu'on s'était donné la peine de lui expliquer.

Avant trois heures, Paulin arrivait dans les rochers et, comme la mer baissait, il s'y installait derrière un bloc couvert de goémons, de façon à embrasser toute la grève, depuis l'église de Criquefleur jusqu'à la maison Riché. De sa place il voyait toute la rangée de maisons alignée au bord du rivage, et personne ne pouvait paraître sur la levée de terre qui les bordait et formait talus sans qu'aussitôt il le vît. Quant à lui, caché dans les rochers, avec lesquels ses vêtements sombres se confondaient, on ne pouvait l'apercevoir qu'en arrivant à courte distance.

Le matin, en se levant, il avait trouvé le ciel chargé de gros nuages que roulait le vent de l'ouest, et il s'était demandé avec angoisse si madame Bellocq pourrait sortir avec Marichette; mais peu à peu le vent avait emporté les nuages et maintenant il faisait une belle journée chaude et calme qui invitait à la promenade.

Rien ne les empêcherait de sortir; il n'avait qu'à attendre.

Et il attendait en écoutant les heures sonner à l'église, en regardant la mer briser au loin sur le sable qu'elle découvrait.

Il ne se sentait aucune impatience, sans doute parce qu'il n'avait aucune inquiétude au cœur; elle allait venir, leurs regards allaient se joindre et tout serait oublié. Quelle brave femme que madame Bellocq et comme on était injuste envers elle !

Le quart, la demie, les trois quarts sonnèrent au clocher ; un peu avant quatre heures, il vit au loin deux ombrelles, l'une blanche, l'autre noire, apparaître sur le talus. La distance était trop grande pour qu'il reconnût les tournures et les visages ; cependant il n'eut pas un moment de doute : c'étaient elles. En même temps, un chien noir et blanc s'élança en courant sur la grève, c'était Psit.

Encore un quart d'heure, quelques minutes et elles seraient près de lui.

— Maintenant, il les voyait distinctement : Marichette, habillée de son éternelle robe noire et coiffée d'un chapeau de paille noire aussi, marchait auprès de sa tante, la tête baissée, tandis que madame Belloquet remuait tête et bras, gesticulant en femme qui était engagée dans une conversation animée ; au loin, Psit aboyait après les vagues, les poursuivant quand elles se retiraient, se sauvant quand elles arrivaient sur lui ; à l'exception de pêcheurs qui fouillaient le sable pour chercher des vers, et d'ouvriers qui circulaient sur un talus, il ne voyait personne qui pût les déranger quand il aurait abordé Marichette.

Lorsqu'elles arrivèrent devant la maison Riché, il vit madame Belloquet s'arrêter et adresser à Marichette une mimique sur laquelle il n'y avait pas à se tromper.

— Continue la promenade, va t'asseoir dans les rochers, je te reprendrai là en sortant.

Et elle entra.

Bien qu'il eût les yeux attachés sur Marichette, son attention fut attirée sur la grève: c'était Psit qui accourait au galop, en poussant des cris de joie ; sans doute il l'avait senti et il venait à lui.

Les soupçons de Marichette n'allaient-ils pas être éveillés ?

Elle continua d'avancer ; et comme Psit arrivait, il lui ferma la gueule d'une main, en le flattant de l'autre.

Elle s'était approchée des rochers; elle les touchait : il se montra brusquement et avant qu'elle pût faire un mouvement en arrière, il lui prit les deux mains dans les siennes :

— Marichette ! chère Marichette !

— Vous ! Oh ! Paulin, je vous en prie...

Elle voulut se dégager, et comme il ne desserrait pas les doigts, elle détourna la tête pour cacher son visage.

— Je vous avais demandé... je vous avais prié de ne pas me revoir, murmura-t-elle.

— Eh quoi ! s'écria-t-il désespéré, voilà l'effet que ma voix produit sur votre cœur ! je tiens vos mains dans les miennes, vous voulez dégager les vôtres ; je vous regarde, vous détournez les yeux !

— Vous voulez donc que je meure de honte devant vous !

— Je veux que vous m'écoutiez, je veux que vous me regardiez.

Elle continua de détourner la tête, résistant toujours aux mains qui la pressaient et l'attiraient.

Paulin avait cru au prestige de l'homme aimé dont lui avait parlé madame Belloquet, et avec la foi en son amour que ni cette fuite, ni cette lettre, n'avaient atteinte, il s'était imaginé qu'il n'aurait qu'un mot à dire pour qu'elle tombât dans ses bras ; cette résistance le stupéfiait, autant qu'elle le désespérait, mais elle ne le décourageait pas; si sa voix, si ses regards n'avaient pas produit l'effet sur lequel il avait compté, il parlerait et elle l'écouterait.

— C'est parce que je n'ai pas obéi à votre lettre que vous êtes fâchée? dit-il tendrement.

— Je vous avais tant prié !

— J'ai voulu vous obéir; en recevant votre lettre ma première pensée a été, si affreuse que fût ma douleur, de ne pas chercher à vous voir; je n'ai pas pu ; c'est malgré moi que je me suis mis en route pour Criquefleur; mes jambes me portaient; c'est malgré moi que je suis entré chez madame Sylvain Bellocq, en me disant encore au moment où je franchissais le seuil: « Je n'entrerai pas ! »

— Mais aujourd'hui?

— J'ai vu votre cousine hier.

— C'est elle...

— Oui, c'est elle qui m'a conseillé de me trouver aujourd'hui sur votre passage pour vous dire ce que vous n'avez pas voulu entendre hier. Vous voyez donc que c'est avec l'approbation de votre cousine que je parle.

Marichette murmura quelques mots étouffés que Paulin n'entendit pas.

— Et cette approbation, mieux que tout, mieux que mes paroles, doit vous faire comprendre combien sont vaines les craintes qui ont inspiré votre refus de me voir, et qui maintenant rendent votre attitude contrainte quand elle devrait être pleine d'élan et de tendresse.

— Vaines ! oh mon Dieu !

— Oui, vaines ; vaines aux yeux de votre cousine qui est une femme de sens et d'expérience, vaines aux miens.

— Les vôtres !

— Voulez-vous donc m'obliger à vous dire que je sais tout ?

Ce fut un cri de douleur et de désespoir qui s'échappa de la gorge de Marichette.

— Je vous jure que je n'ai rien demandé, que je n'ai rien cherché à savoir, et que j'ai voulu vous obéir ; mais je n'ai pas pu fermer mes oreilles aux paroles de votre cousine. Et c'est parce que vous craignez les calomnies du monde à propos des poursuites de cet homme, à propos de votre séjour chez lui, à propos de votre fuite que vous me repousseriez ? Vous auriez peur de ce qu'on me dirait, de ce que je penserais plus tard quand je serais votre mari ? Parce que cet homme a voulu, la nuit, entrer dans votre chambre, parce qu'il a escaladé votre fenêtre, parce qu'il a cassé une vitre, vous seriez déshonorée ? Mais quelle idée vous faites-vous donc de moi, de mon amour de ma foi en vous?

C'était cela qu'il appelait savoir tout ! Fallait-il

donc qu'à la demi-vérité avouée par sa cousine elle ajoutât maintenant la vérité entière? Fallait-il qu'après avoir sacrifié son amour et sacrifié celui de Paulin, pour ne pas confesser sa honte, elle la confessât maintenant? Fallait-il qu'après avoir voulu lui épargner cette douleur, elle la lui infligeât maintenant brutalement? Jamais elle n'en aurait la force. Et cependant elle devait répondre.

Elle ramena les yeux sur lui, et pendant plusieurs minutes ils restèrent sans parler, se regardant :

— Vous m'aimez, s'écria Paulin, et ce que vos lèvres veulent taire, vos yeux le disent.

— Oui, je vous aime, je n'ai jamais cessé de vous aimer, je vous aime d'un cœur plus rempli de gratitude, de tendresse, de passion qu'il ne l'a jamais été; voilà ce qu'il faut que vous sachiez, et au lieu d'être fâchée de ce que vous avez cherché à me revoir, j'en suis heureuse et je vous en remercie puisque je puis vous dire ces paroles qui doivent rester dans votre cœur, quoi qu'il advienne: je vous aime. Mais ne m'en demandez pas davantage, cher Paulin, ne me demandez pas de parler; ne me demandez pas de vous répondre; ne demandez rien ni à moi ni à personne, au moins en ce moment. Cette lettre n'a pas été écrite à la légère ; chaque mot en a été pesé. Ce que vous avez appris ne peut pas la changer ; nous ne devons pas nous voir, c'est le sacrifice que j'implore de vous; si grand, si cruel qu'il soit, ne me le refusez pas, et je vous jure que si les circonstances nous sont... que quand les circonstances nous seront plus favorables, je serai la première à vous rappeler nos jours de bonheur... Jusque-là pensez à moi comme si j'étais loin de vous, embarquée sur cette mer... pour un voyage. Me le refuserez-vous?

— Je ne vous refuserais pas ma vie si vous me la demandiez.

XIV

Après l'engagement de Paulin, leur entretien avait pris un caractère plus calme. Ils étaient ensemble, les mains dans les mains, les yeux dans les yeux; tout avait été oublié et s'était perdu dans l'ivresse de l'heure présente dont ils jouissaient comme si elle devait durer toujours.

Il avait voulu qu'elle lui racontât sa fuite au milieu de la nuit, et il lui adressa cette demande avec une délicatesse dont elle avait été touchée, sans aucune allusion à ce qui avait pu précéder cette fuite, sans prononcer aucun nom, s'en tenant au fait même.

— Et quand vous avez été dans la rue, n'avez-vous pas eu peur ?

— Peur à mourir.

Quand dans son récit, elle était arrivée à sa station devant la petite maison de la cavée, Paulin avait poussé un cri :

— Vous étiez là ! si près de moi ! Alors que vous n'aviez qu'un nom à jeter au vent, vous ne l'avez pas prononcé !

— Si je l'avais dit, m'auriez-vous laissée partir ? Dans cette nuit terrible, ç'a été pour moi la chose la plus dure. Si vous saviez quelle émotion j'ai éprouvée en entendant votre voix dans le silence de la nuit !

— Et vous êtes partie !

— Je me suis sauvée ; cela ne prouve-t-il pas mieux que tout que je ne pouvais pas répondre à cet appel?

Après le récit de cette nuit, il avait voulu qu'elle lui dît aussi comment elle avait été accueillie par son cousin et sa cousine, ce qu'ils étaient pour elle, ce qu'elle faisait, la chambre qu'elle habitait.

— Quelle brave femme que madame Bellocq, et comme on est injuste pour elle !

Mais il s'en était tenu à cette exclamation enthousiaste, sans insister sur la reconnaissance qu'il lui devait pour son concours, sans même en dire un mot.

Puis la causerie s'était égarée, allant de çà, de là, à bâtons rompus, mais toujours revenant à leur tendresse, et, quand ils sentaient qu'ils allaient en dire trop, s'arrêtant brusquement, remplaçant par un regard ou par un serrement de main les paroles dangereuses qu'il ne fallait pas prononcer.

Le temps s'était écoulé sans qu'ils en eussent conscience. A un certain moment Marichette avait été surprise d'apercevoir sa tante sur la grève, devant la maison Riché, attendant patiemment.

Alors il avait fallu se séparer ; il aurait voulu l'accompagner pour rester un peu plus longtemps avec elle, ne fût-ce que deux ou trois minutes, mais elle l'avait si instamment prié de la laisser retourner seule qu'il avait obéi.

— Quand nous reverrons-nous ?

— Ayez foi ; il n'est pas possible que deux êtres qui s'aiment comme nous nous aimons soient séparés.

— Il n'est pas possible ! Et cependant cette foi que vous voulez m'imposer, je ne la sens pas dans mon cœur ; j'ai peur. Tout ce qui se passe est si extraordinaire, si absurde.

Et malgré lui, il avait été entraîné à revenir sur la promesse qu'elle lui avait arrachée.

La discussion avait repris, et aussi avaient repris les prières, les plaintes, les protestations, plus brèves, plus précipitées, il est vrai, mais par cela même plus intenses, justement parce que ce n'était qu'un mot, qu'un cri, il était plus déchirant ; tout ce qu'il y avait en eux de tendresse, d'amour, de passion, de douleur, ils le mettaient, dans une intonation, dans une étreinte.

Quand Marichette quittait Paulin des yeux pour un court instant, elle apercevait la cousine toujours assise à la même place, ne bougeant pas.

— Je vous en prie, laissez-moi partir.

— Encore une minute.

Les minutes passaient.

— Encore un mot.

Cependant il avait fallu à la fin se séparer et ne plus revenir l'un à l'autre ; lentement, mais sans se retourner, car elle n'aurait pas eu la force de s'éloigner, Marichette avait rejoint Célanie.

Si elle avait montré dans son attitude la joie qui, après ce long tête-à-tête, semblait toute naturelle, Célanie eût pris son air innocent et attendu une confidence. Mais en voyant le trouble au lieu de la joie, le désespoir et l'accablement, elle n'eut pas la force d'imposer silence à son étonnement et à son impatience.

Que s'était-il passé?

Elle n'attendit même pas que Marichette fût arrivée ; elle courut au-devant d'elle.

— Eh bien? s'écria-t-elle.

Marichette baissa la tête.

— Ne m'entends-tu pas?

— Que voulez-vous que je vous dise?

— Comment, ce que je veux que tu me dises? Mais ce qui s'est passé entre ton amoureux et toi. Vous n'êtes pas restés, je présume, à regarder la mer?

— Je lui ai répété ce que je vous avais dit.

— Tu lui as dit que tu ne voulais pas l'épouser?

— Je lui ai dit que notre mariage était impossible...

— Tu as dit cela?

— Il fallait bien puisque vous aviez arrangé cette entrevue.

— C'est comme cela que tu m'en remercies?

— Je vous avais tant demandé de ne pas le voir!

Célanie la regarda avec autant de colère que de mépris.

— Sais-tu une chose? s'écria-t-elle.

Marichette ne répondit pas. Que lui importait cette fureur ? Ce n'était pas ce que lui dirait sa cousine qui la toucherait. Dans l'état où elle était, on pouvait frapper sans qu'elle sentît les coups, si lourds, si cruels qu'ils fussent.

— Sais-tu une chose ? continua Célanie, emportée par l'exaspération, c'est que je n'ai jamais vu une fille stupide comme toi.

Et le mot qu'elle avait si souvent répété tout bas, elle le cria avec le soulagement de la vengeance :

— Idiote, idiote !

Marichette ne répliqua pas, elle marcha près de sa cousine comme si ce n'était pas à elle que ces injures s'adressaient.

— Et lui ? demanda enfin Célanie quand elle fut un peu calmée par ce débordement.

Marichette ne comprit pas.

— Je te demande ce qu'il t'a dit. Tu comprends. Qu'a-t-il répondu ?

— Il a été désespéré.

— Et c'est tout ?

— Il a senti que c'était la fatalité qui nous imposait ce sacrifice.

— Tu appelles ça la fatalité ; il ne t'a pas tuée !

— Paulin !

— Il n'a donc ni cœur, ni énergie ?

Et furieuse contre Paulin autant que contre Marichette, elle s'écria :

— Il est donc idiot aussi !

Mais si Marichette pouvait supporter les injures

sans se plaindre, elle fut indignée de cette attaque contre celui qu'elle admirait et qu'elle vénérait.

— Accusez-moi, dit-elle, accablez-moi, je ne répondrai pas ; je mérite sans doute tout ce que vous me dites ; mais lui, vous ne le connaissez pas.

— Il se fait connaître, il me semble.

— Précisément !

Ce fut avec l'exaltation de l'enthousiasme que Marichette lança ce mot ; mais elle ne se donna pas la peine de l'expliquer; cela était bien inutile, ce ne serait pas Célanie qui comprendrait la grandeur de cet amour.

— Et tu lui as expliqué pourquoi votre mariage était impossible en ce moment? demanda Célanie.

— Non.

— Maintenant qu'espères-tu ?

— Je n'espère rien.

— Pourquoi ne vas-tu pas te jeter tout de suite à la mer ?

— Je ne sais pas ; peut-être parce que j'ai peur de la douleur que je lui causerais.

— C'est donc vrai que tu l'aimes?

— Si c'est vrai !

— Eh bien, alors, comment n'as-tu pas peur de la douleur que tu lui causeras dans quelques mois si tu es enceinte ? Crois-tu qu'il ne souffrira pas plus dans son amour et dans sa fierté, dans son avenir brisé et dans son passé flétri de te voir déshonorée, que de te savoir morte ?

Les injures pouvaient laisser Marichette insensible, mais ces paroles tombant sur son cœur en un pareil moment, l'étouffèrent : un sanglot s'échappa de sa gorge.

— Je vous en prie! murmura-t-elle.

— Ah ! tu pleures maintenant ; il est bientôt temps. C'était avant de lui dire que ce mariage était impossible qu'il fallait penser à la douleur que tu lui causerais par ta grossesse, parce qu'alors tu t'y serais prise de façon à la lui épargner. Ne pouvais-tu pas t'arranger pour qu'il se crût le père de cet enfant ?

— Mais ç'eût été la plus lâche des tromperies, s'écria Marichette.

— La lâcheté de la tromperie eût été pour toi, la tranquillité eût été pour lui. Ne sachant rien, il eût été heureux. Il t'aime, tu l'aimes, tu te serais consolée de cette tromperie en faisant son bonheur, et cela aurait mieux valu pour lui, pour toi, pour nous que de faire son malheur par la bravoure de ta sincérité. Tu as pensé à toi, tu l'as sacrifié. Eh bien ! maintenant, sois fière de toi. Tu ne l'as pas trompé, c'est vrai, mais tu l'as désespéré.

— Mon Dieu ! mon Dieu ! s'écria Marichette, éperdue.

— Et tout n'est pas fini. En ce moment, tu l'as désespéré par ce refus inexplicable qu'il a accepté, parce qu'il t'aime... bêtement comme un mouton qu'il est. Mais si tu es enceinte, qu'éprouvera-t-il quand tout le monde parlera de ta grossesse et se moquera de lui ?

Elles marchèrent quelques instants en silence,

Célanie laissant ces paroles s'enfoncer dans le cœur de Marichette.

Tout à coup, celle-ci murmura comme si elle se parlait à elle-même :

— Il ne me reste donc plus qu'à mourir !

— A qui la faute ?

XV

Maintenant que le mariage avec Paulin était manqué, la grande préoccupation de Célanie, son angoisse, était de savoir si Marichette était enceinte.

Si elle n'était point enceinte, il n'y avait rien à craindre; les projets de mariage pourraient être repris, et avec un imbécile comme cet amoureux, ils réussiraient assurément : Paulin, devenu le mari de Marichette, s'établirait à Criquefleur, et on ferait au Corsaire une guerre qui lui coûterait cher.

Mais si elle était enceinte, on ne pouvait pas rester les bras croisés à attendre; il fallait aviser, et sans doute revenir à ce procès que son mari serait bien forcé de subir.

Était-elle enceinte?

Bien qu'une femme qui a eu quatre enfants ait généralement une certaine expérience en cette matière, Célanie ne s'en tenant pas à ce qu'elle savait, alla consulter le docteur Voisard, son médecin depuis dix ans qui l'avait soignée autrefois à Saint-Maclou et qui continuait à la soigner à Criquefleur, pour lui demander quels sont les phénomènes qui se déclarent au commencement d'une grossesse, et quels sont ceux qui lui donnent un caractère de certitude, ou tout ou moins de probabilité.

En entendant ces questions, Voisard se mit à rire:

— Nous sommes donc sur le chemin de la famille ? dit-il.

— J'espère bien que non.

Mais elle rattrapa ce cri qui lui avait échappé, car s'il était tout naturel qu'elle eût un intérêt personnel à connaître ces phénomènes, il paraîtrait étrange qu'elle n'eût qu'une curiosité simplement théorique.

— Je n'espère pas, je crains.

— Pourquoi craindre ? Quand on a quatre beaux enfants comme les vôtres et qu'on supporte les grossesses comme vous, on ne craint pas d'être enceinte.

— Enfin, dites-moi, je vous prie, s'il y a des signes à peu près certains qui annoncent le commencement d'une grossesse.

— Il est plus logique que je vous interroge.

— Non ; j'aime mieux vous interroger moi-même quand je saurai quelles questions je puis me poser.

— Comme vous voudrez.

Et Voisard lui fit un cours de médecine sur la gestation, s'arrêtant de temps en temps pour lui demander :

— Est-ce cela que vous éprouvez ?

— Je ne crois pas, disait-elle, mais je m'examinerai.

Et voulant rendre vraisemblable son invention de grossesse possible pour elle :

— Un cinquième enfant, ce serait une calamité.

Et la perspective de cette calamité qui la menaçait la rendait songeuse et triste.

— Heureusement je n'éprouve rien de ce que vous m'expliquez.

— Alors ne vous inquiétez pas.

Elle trouva à propos de partir rassurée.

— Quel poids vous m'avez enlevé, dit-elle en remerciant chaudement son médecin ; je crois que cette fois encore j'en serai quitte pour la peur.

Elle avait hâte de rentrer pour interroger Marichette ; mais au moment où elle allait sortir, elle fut arrêtée par madame Voisard qui la guettait.

Les paroles de politesse échangées entre elles furent courtes ; tout de suite madame Voisard demanda des nouvelles de Marichette, — qui était son unique objet de curiosité.

— Comme vous avez bien fait de prendre chez vous cette jeune fille, dit madame Voisard ; c'était grave de la laisser chez M. Simon Bellocq, — une maison où il y a des jeunes gens.

Célanie qui connaissait les intentions de madame Voisard, la détestait, et, bien qu'elle fût convaincue que le Corsaire ne l'épouserait pas plus qu'il n'avait épousé toutes celles qui avaient eu la folie de croire qu'elles feraient de lui un mari, elle ne manquait jamais une occasion de lui marquer sa haine, soit finement, soit durement, selon les circonstances.

— Ce n'était pas les jeunes gens qu'il fallait

craindre, c'était M. Bellocq lui-même, qui déshonore toutes femmes qu'il approche.

Cela était bien gros, mais elle n'avait pas le temps de chercher mieux ; après tout, cette coquine n'avait que ce qu'elle méritait ; avait-on idée de pareille audace : poursuivre la fortune du Corsaire !

Mais la coquine n'était pas femme à recevoir un coup de langue sans le rendre.

— Comme vous avez dû souffrir, répliqua-t-elle, au temps où vous viviez avec lui... sur le pied de l'intimité.

Elles se regardèrent un moment avec une franche colère ; puis comme elles ne pouvaient pas se prendre aux cheveux, toutes deux en même temps elles s'appliquèrent à sourire.

— Au revoir, chère madame.

— A bientôt, j'espère.

Et Célanie s'en revint à Criquefleur en se répétant la leçon du médecin, non par peur de l'oublier, cela n'était pas à craindre; mais pour la bien préciser, ne rien laisser au hasard et agir aussitôt qu'un indice manifesterait le commencement d'une grossesse.

Car ce n'était évidemment qu'un cri d'enfant le mot de Marichette : « Il ne me reste qu'à mourir », non la parole sérieuse d'une femme résolue. Elle n'était pas du tout résolue à la mort, l'idiote; cela se voyait. Si elle avait voulu se tuer, elle se serait jetée à la mer la nuit où le Corsaire était entré dans sa chambre. Mais non, elle avait attendu qu'il revînt, en se disant qu'il ne reviendrait pas, et quand il était venu, elle s'était sauvée. C'est folie de compter sur un acte de courage désespéré de la part de ceux que le malheur frappe à coups redoublés ; s'ils ont résisté au premier, ils résistent aux suivants. La mort de son père, la mort de sa mère, l'abandon, la solitude, avaient amené l'accoutumance pour Marichette ; elle s'était habituée au malheur, et cette habitude prise, elle souffrait moins qu'une autre sans doute. Elle gémissait, elle menaçait, mais, à la fin du compte, elle attendait. Lâche, l'idiote. Ce ne sont pas ceux qui disent : « Il ne me reste qu'à mourir ! » qui se tuent ; ni leur chagrin, ni celui qu'ils causent à ceux qui les aiment ne les décident. Est-ce que si Marichette avait du cœur, elle ne se serait pas déjà tuée, aussi bien pour ne pas désespérer ce pauvre garçon qui l'aimait si bêtement, que pour ne pas déshonorer sa famille si bonne pour elle ! Mais elle n'avait pas de cœur ; cela n'était, par malheur, que trop certain. Il fallait donc prendre ses précautions.

En arrivant à Criquefleur, Célanie examina longuement Marichette, puis aussitôt les questions commencèrent.

— Qu'as-tu fait pendant mon absence, ma mignonne ?

Quand elle n'appelait pas Marichette idiote, elle lui prodiguait les noms les plus tendres : « ma mignonne, ma chérie, ma bonne petite », tout le répertoire d'une mère affolée de maternité avec son enfant bien-aimé.

— J'ai copié le mémoire que vous m'aviez donné.

— Cela ne t'a pas fatiguée ?

— Pas du tout.

— C'est bien vrai?

— Très vrai!

— Tu sais, ma bonne petite, qu'il ne faut pas craindre de me parler franchement; tu n'es pas à Saint-Maclou; ainsi, tu aurais eu mal à la tête en copiant ce mémoire, je trouverais cela tout naturel.

— Je n'ai pas eu mal à la tête.

— Pas du tout?

— Pas du tout.

— Tu n'as pas éprouvé des malaises vagues?

— Non.

— De ces malaises généraux qu'on ne s'explique pas.

— Non.

— Tu es bien sûre?

— Très sûre.

— Tu n'as pas eu des distractions?

— Cela, oui.

— Tu vois!

— Mais dans ma situation je ne suis pas toujours maîtresse de ma volonté; il me monte des pensées que je ne peux pas chasser aussi vite que je voudrais.

— Quelles pensées?

— Des pensées tristes, sur le présent, sur l'avenir, et aussi sur le passé.

— Cela ne signifie rien, tu comprends.

— Cela signifie que j'ai pu commettre des erreurs dans cette copie; si vous voulez bien, nous la collationnerons ensemble.

— Volontiers, mais ne t'inquiète pas de ça, ma chérie. C'est de toi, que j'ai souci, non de ton travail.

Avec sa cousine, Marichette ne savait jamais à quoi s'en tenir : il y avait des moments où sous sa parole cruelle et sous ses injures, elle restait anéantie, le cœur broyé ; il y en avait d'autres au contraire, où une prévenance, une attention, un soin affectueux, une marque de compassion, un mot de tendresse, la pénétraient d'émotion et de gratitude, étant incapable de distinguer la sincérité de la fausseté et ne s'expliquant ces changements que par une étrange mobilité d'humeur — bonne ou féroce, sans qu'elle sût jamais pourquoi. Ce fut un mouvement de gratitude que cette sollicitude, qui à l'arrivée s'était manifestée par un long examen, et qui maintenant s'affirmait par ces interrogatoires, provoqua en elle :

— Je vous remercie, ma tante, répondit-elle, je vous assure que je vais très bien.

— Tu n'as pas éprouvé de défaillance en travaillant ?

— Mais non.

— Tu n'as pas eu mal au cœur ?

— Non.

— Pas de nausées ?

— Non.

— Pas de frissons ?

— Par ce temps chaud je ne pouvais guère avoir froid.

— Il ne s'agit pas de froid, interrompit Célanie en

abandonnant le ton affectueux pour prendre le ton irrité qui d'ordinaire précédait la férocité, je te demande si tu as eu des frissons.

— Je n'en ai pas eu.

Célanie était au bout de son rouleau ; les phénomènes qu'elle venait d'énumérer étant ceux qui, selon Voisard, se remarquent pendant la première quinzaine de la grossesse; elle ne pouvait pas passer à ceux plus caractéristiques de la période suivante.

— Observe-toi bien, dit-elle, si tu éprouves quelques-unes des sensations dont je viens de te parler, c'est que tu es probablement enceinte.

Hélas ! ce n'était donc point l'affection et la tendresse qui lui avaient posé toutes ces questions, c'était la curiosité.

XVI

Bientôt Marichette sut à peu près aussi bien qu'un médecin à quels signes se reconnaît la grossesse, car chaque matin sa cousine lui faisait subir un examen scrupuleux dans lequel défilaient tous les phénomènes caractéristiques que Voisard lui avait indiqués.

Aussi, comme il arrive bien souvent, lorsqu'on s'observe sans savoir s'observer, Marichette croyait-elle éprouver l'un ou l'autre de ces phénomènes, alors qu'en réalité elle n'éprouvait rien du tout; et comme elle aurait cru n'être pas loyale en ne prévenant pas sa cousine, elle faisait part à celle-ci de ses observations.

— Je crois que j'ai éprouvé cette nuit un malaise.

— Quel malaise?

— Je ne sais pas; quelque chose de sourd et de vague.

Alors recommençaient les questions de Célanie: « As-tu mal à la tête, ma chérie? As-tu mal au cœur? As-tu des frissons? » Et comme Marichette répondait négativement, Célanie exaspérée concluait par sa réplique habituelle :

— Tu n'est qu'une idiote.

Cependant il vint un jour où, à quelques-unes de ces questions, Marichette répondit affirmativement.

C'était un matin que Célanie était entrée dans la chambre pour la questionner et qu'elle l'avait trouvée la joue dans la main :

— Tu as mal à la tête, n'est-ce pas, ma bonne petite ?

— Oui.

— Tu as mal aux dents aussi ?

— Oui, cruellement.

Comme avec cela Marichette éprouvait depuis quelques jours certaines bizarreries d'appétit, comme elle ne pouvait plus manger de viande et se serait volontiers nourrie de fruits verts ; comme elle avait pâli ; comme ses yeux cerclés de bistre s'étaient enfoncés dans les orbites ; comme son regard était devenu terne ; comme son cou s'était gonflé, Célanie n'avait plus conservé de doutes :

— Tu es enceinte ! s'écria-t-elle.

Bien que depuis un certain temps déjà Marichette, instruite par les interrogatoires qu'elle subissait dix fois par jour, se crût enceinte, elle fut atterrée en entendant cette conclusion formulée par Célanie d'un ton qui ne laissait pas place au plus léger doute.

— C'était donc vrai !

Non seulement cette grossesse, mais encore ce qu'elle n'avait pas voulu croire, ce que tout en elle s'était refusé à admettre jusqu'à ce jour, c'était vrai ; plus de négation, plus de révoltes contre l'évidence, plus d'espoirs chimériques, — c'était vrai.

Et tandis qu'elle restait écrasée sous ce mot : « Tu es enceinte », sa cousine, qui l'examinait, haussait les épaules avec une pitié méprisante :

— Maintenant tu comprends que tu aurais bien fait d'accepter ce garçon qui voulait t'épouser quand même. Mais il est trop tard. Te voilà avec un enfant sur les bras et déshonorée. Plus de mariage. Avoueras-tu au moins que tu as été trop bête ?

Mais Marichette, anéantie, ne pensait ni à avouer, ni à nier.

— C'était vrai ; plus de mariage ; Paulin perdu à jamais ; plus d'amour ; la honte pour elle ; pour son enfant la misère.

Et des frissons d'horreur la secouaient de la tête aux pieds, suivis de défaillances comme si elle allait mourir. Mais elle ne savait que trop qu'on ne meurt pas de douleur, si horrible qu'elle soit, ni de désespoir.

Célanie continuait :

— Tu as mieux aimé croire tes espérances stupides que mon expérience ; tu te disais : « Ce n'est pas possible ; un malheur pareil n'arrive pas à une fille comme moi ; je ne serai pas enceinte et alors je pourrai trouver un mari qui vaudra mieux que ce pauvre garçon. » Fameux calcul vraiment ! Tu es enceinte et tu verras si plus tard tu trouveras un mari. Ni meilleur ni pire que celui-là. Aucun. Tu vivras misérable en déshonorant ta famille. Comme cela va être agréable d'avoir chez nous une fille enceinte !

Marichette avait laissé passer cette bordée de paroles terribles sans protester et sans dire que ce n'était point par calcul qu'elle avait refusé d'épouser Paulin ; ce n'était pas sa protestation qui changerait le sentiment de sa cousine, et puis, elle n'avait pas le cœur à se défendre. Qu'importait ce qu'on pouvait penser d'elle ? Mais à ces derniers mots elle avait voulu répondre : — c'était vrai qu'elle allait être un objet de honte pour sa famille.

— Je m'en irai, dit-elle.

— Où ?

— Je ne sais pas.

— De quoi vivras-tu ?

— Je travaillerai, je trouverai ; j'ai appris le métier de lingère. Je sais bien que je ne peux pas rester chez vous. Qu'est-ce que vous diriez aux enfants ? Je partirai.

Mais cet arrangement ne pouvait pas convenir à Célanie. Que l'idiote s'en allât, c'était parfait, on serait débarrassé d'elle. Mais pour cela il fallait qu'elle s'en allât au diable et qu'on ne la revît jamais, soit qu'elle crevât de misère, soit qu'elle disparût, si bien qu'on ne pût pas la retrouver. Une pareille disparition était-elle admissible ! Célanie ne le croyait pas. En ce moment, sous le coup de la honte, Marichette pouvait avoir la fierté de vouloir disparaître ; mais la misère ferait taire la fierté ; elle crierait la faim pour elle ou pour son enfant ; on saurait où elle serait ; le Corsaire pourrait se laisser attendrir, si dur qu'il fût, et alors qu'arriverait-il ? Tout était possible, c'est-à-dire que tout était à craindre. Dans ces conditions il importait donc de ne la laisser partir que quand un bon procès aurait creusé entre elle et Simon Bellocq un abîme infranchissable.

— Crois-tu donc que nous te laisserons partir? dit-elle d'un ton radouci ; tu es notre cousine malgré tout ; mais conviens au moins que tu aurais mieux fait d'épouser ce garçon pour lui, pour toi, pour ton enfant... et pour nous aussi, bien que je n'aie guère pensé à nous en m'efforçant d'arranger ce mariage. Vois comment les choses changeaient : tu faisais le bonheur de ce garçon qui t'aime et que tu aimes ; ton enfant avait un père ; tu ne nous déshonorais pas.

Marichette se tordait les mains sans répondre un mot.

Sa cousine, radoucie, se fit presque tendre.

— Réfléchis bien, dit-elle, envisage ta situation d'un œil clair ; si tu le veux, tout n'est pas perdu ; au moins avec un peu d'adresse tu peux encore te sauver, sauver ton enfant, sauver ce malheureux Paulin, qui se tuera peut-être, nous sauver nous-mêmes, s'il m'est permis de parler de nous.

Elle fit une pause en examinant Marichette, qui l'écoutait haletante.

— Il est encore temps de l'épouser, dit-elle.

— Vous voulez !...

— Personne ne connaît ta grossesse et ne la connaîtra si tu le veux avant plusieurs mois ; je sais bien qu'il ne pourra pas se croire le père de ton enfant ; mais quand il s'apercevra de ta grossesse, tu lui avoueras la vérité, et comme il t'aime, il faudra bien qu'il te pardonne. D'ailleurs, tu seras mariée, — ce qui est le point capital.

L'espoir n'avait été qu'un éclair pour Marichette ; elle était retombée dans la nuit noire.

— Je vous ai dit, murmura-t-elle, que je ne tromperais jamais Paulin.

Célanie, qui ne se contenait que par un effort incessant de volonté, éclata :

— Idiote, s'écria-t-elle, misérable idiote, je devrais te tuer de mes mains.

Et elle leva les deux mains sur Marichette comme pour l'étrangler, les doigts crispés et tremblants.

— Oui, tuez-moi, dit Marichette, je ne me défendrai pas, je ne vous accuserai pas.

— Tu m'exaspères à la fin. Mourir, n'est-ce pas, tu voudrais mourir ; tu ferais mieux de le faire une bonne fois que d'en parler toujours. Mais il n'y a pas de danger ; tu tiens trop à ta précieuse existence, tu ne te tueras pas.

Elle marchait dans la chambre à grands pas, comme une folle furieuse.

— Toi, tu ne te tueras pas, s'écria-t-elle tout à coup en s'arrêtant devant Marichette, parce que tu n'as pas assez de cœur ; mais sais-tu qui est-ce qui se tuera en apprenant que tu es enceinte ? Ce sera ce brave garçon qui est un homme d'énergie, lui. Quand tout le monde parlera de ta grossesse, quand tout le monde se moquera de lui, il ne pourra pas résister au désespoir. C'est un caractère résolu et concentré. J'ai connu un jeune homme qu'il me rappelle d'une façon frappante qui s'est tué il y a sept ans parce que sa maîtresse était enceinte. Voilà ce que tu auras fait pour ne pas le tromper, comme tu dis ; tu l'auras tué de ta main.

— Ne m'accablez pas ; ne suis-je pas assez malheureuse !

— Je ne t'accable pas ; je voudrais te sauver, comme je voudrais le sauver aussi, ce brave cœur. Crois-tu donc que je sois sans pitié, et que cela ne me navre pas de voir deux jeunes gens qui ont tout pour être heureux se perdre par... une obstination bête. Ah ! si tu voulais l'épouser !

— Ce qui était impossible hier, l'est encore bien plus aujourd'hui.

— Je comprends que tu ne veuilles pas lui imposer un enfant dont il ne serait pas le père ; c'est un sentiment de résistance qui a de la grandeur dans sa loyauté, certainement ; je suis assez honnête femme, Dieu merci, pour penser là-dessus comme toi. Mais cet enfant ne peut pas naître.

Elle fit une pause pour étudier l'effet de ces paroles ; et comme Marichette ne broncha pas, n'ayant assurément pas compris, elle poursuivit :

— Cette grossesse peut disparaître. Il y a des moyens pour cela ; des moyens inoffensifs..., dit-on ; car tu comprends que je n'en sais rien, moi, mère de quatre enfants. Mais je pourrais m'en informer. Que ne ferais-je pas pour te sauver ! Je serais capable de tout, par amitié pour toi... même d'un crime, si tu me le demandais.

Et, comme Marichette stupéfiée écoutait sans même penser à répondre, elle continua :

— Tu n'aurais qu'un mot à dire ; qu'un signe à faire. Je ne dis pas aujourd'hui, tu es trop bouleversée ; mais quand tu auras réfléchi, quand tu auras compris que c'est de ce signe que dépend ton salut, et, ce qui doit être plus puissant sur ton cœur, celui de Paulin.

Pour laisser Marichette à ses réflexions et aux prises avec les tentations, Célanie sortit sans ajouter un mot.

XVII

Vainement Célanie attendit le mot que Marichette devait lui dire, ou le signe qu'elle devait simplement lui faire pour accepter sa proposition.

Ni mot ni signe ne vinrent ; les réflexions, les tentations ne parurent point agir sur l'esprit de l'idiote: elle se montrait plus sombre, plus accablée, voilà tout.

Pendant les premiers jours cette tristesse et cet accablement avaient donné bon espoir à Célanie.

— Elle a du mal à se décider, se disait-elle, mais ça ira, mes paroles ont porté.

Mais, voyant que « ça n'allait pas » , elle n'avait pas eu la patience d'attendre que ce mot ou ce signe vinssent spontanément, et elle avait voulu aider à leur manifestation.

— Ce n'est pas seulement pour Paulin, ce n'est pas seulement pour toi, ce n'est pas seulement pour nous que ta grossesse est une chose terrible, c'est encore pour ton enfant; avec un père comme ce misérable Simon que serait-il s'il venait au monde? C'est à faire frémir. Vois-tu le fils du Corsaire continuant son père : il mourrait sur l'échafaud après t'avoir fait mourir de chagrin et peut-être même t'avoir assassinée. Il faut penser à ça, ma chérie, quand tu réfléchiras à ce que je t'ai dit !

Marichette hésita un moment avant de répondre ; puis d'une voix qui s'affermissait à mesure qu'elle parlait :

— J'y ai réfléchi. Et puisque vous revenez sur ce sujet je dois vous dire que j'accepterai mon malheur jusqu'au bout ; c'est une résolution que rien ne changera.

— Quelle lâche créature tu es ! s'écria Célanie ; les voilà, tes résolutions, celles de la lâcheté et de l'égoïsme ?

Et pendant dix minutes elle vomit tout ce qu'elle avait sur le cœur.

Mais c'était là un soulagement platonique ; ce qu'elle disait ne changerait pas la situation ; il n'y avait rien à tirer de l'idiote, cela n'était que trop certain : elle le mettrait au monde l'enfant de l'infâme Corsaire..

Jusque-là elle s'était bien gardée de parler à son mari de la grossesse probable de Marichette, puisque cette grossesse pouvait disparaître il importait que personne ne la connût ; mais quand cette incroyable lâcheté s'était affirmée d'une façon formelle qui détruisait sa combinaison, elle n'avait plus eu de raisons pour se taire, et elle en avait eu au contraire pour faire connaître la vérité ; ne fallait-il pas maintenant préparer le procès ?

Aux premiers mots de sa femme, Sylvain avait répondu par son exclamation ordinaire :

— Est-ce possible !

— C'était assez probable pour que tu n'éprouves pas cet étonnement.

— Tu te trompes peut-être.

Elle avait démontré qu'elle ne pouvait pas se tromper,

Sylvain était resté accablé, répétant :

— Est-ce possible ! La pauvre petite !

— Tu ne trouves que cela à dire ?

— Que veux-tu que je dise?

— Tu ne penses pas à maudire ton misérable cousin ?

— Je ne pense qu'à elle ; n'est-elle pas assez à plaindre, la malheureuse, pour qu'on soit bouleversé ? A son âge ?

— Quand tu la plaindras, quand tu gémiras, cela ne changera pas les choses.

— C'est vrai. Il faut s'occuper d'elle ; mais je suis si surpris, si troublé, si désolé. Qu'est-ce que nous allons faire ?

C'était là le mot ordinaire de Sylvain quand il était embarrassé, et Célanie l'attendait ; mais elle se garda bien de répondre : car elle jugeait plus habile de laisser son mari trouver lui-même ce qu'elle voulait ; s'il n'y venait pas assez vite, elle le ferait arriver en le poussant un peu.

— Je te le demande, dit-elle.

— Elle sait qu'elle est enceinte ?

— Si elle ne le savait, comment le saurais-je moi-même?

— Elle est si innocente!

— Il a bien fallu l'interroger.

— Pauvre petite! quelle honte pour elle! heureusement tu as la main douce. Qu'est-ce qu'elle a dit?

— Elle voudrait mourir.

— Est-ce horrible!

— Moi je dis est-ce ignoble. Il n'a donc rien dans le cœur, ce misérable-là: une enfant, son sang; ni tendresse, ni pitié, ni honneur, rien!

Ce n'était pas de Bellocq que Sylvain trouvait à propos de parler, c'était de Marichette.

— Qu'est-ce que tu lui as dit pour la consoler?

— Que veux-tu qu'on dise? Connais-tu des paroles pour consoler d'un pareil malheur?

— Il faut faire quelque chose pour elle.

Elle ne répondit pas et l'examina pendant qu'il cherchait.

— Il me semble, dit-il après un moment de réflexion, que la première chose à faire, c'est de lui épargner la honte de son état.

Célanie n'avait point eu cette idée, et même ce qu'elle voulait aurait présentement un résultat contraire à celui que cherchait son mari; mais elle ne se livra point.

— Il me semble que si elle quittait le pays..

— Où irait-elle?

— Je ne sais pas, à Paris, n'importe où, à Rouen, à Caen, dans une grande ville où nous l'installerions, où elle pourrait se cacher, où elle accoucherait sans que personne en sût rien, et où nous pourrions placer son enfant.

— J'ai eu cette idée.

— Eh bien, il faut l'exécuter; puisqu'elle t'est venue à l'esprit, c'est qu'elle est bonne.

— Elle paraît bonne au premier abord quand on ne pense qu'à la honte...

— Qu'a-t-elle de mauvais ?

— Ce n'est pas pour elle-même qu'elle est impraticable, c'est par l'état de Marichette.

— Comment, l'état de Marichette, c'est justement cet état qui exige son éloignement.

— Je veux dire son état moral.

Il la regarda sans comprendre, et avec la tactique qui lui était habituelle elle prit une pause pour laisser deviner ce qu'elle voulait dire.

— Je t'ai expliqué que cette pauvre petite est au désespoir et qu'elle parle de mourir. Ce ne sont pas des paroles en l'air. Avec un caractère comme le sien, concentré, résolu, tout est possible. Elle a été assez malheureuse pour ne pas tenir à la vie.

— Hélas ! qu'a-t-elle eu de bon, la pauvre petite ?

— Les quelques jours qu'elle a passés près de nous, ton affection, ma tendresse, l'amitié des enfants, voilà ce qu'elle a eu de bon depuis la mort de sa mère, et encore n'était-ce pas un bonheur parfait, puisqu'il était empoisonné par le souvenir de ta canaille de cousin, et enfiévré par la peur de ce qui se réalise; mais enfin pour elle c'était beaucoup d'avoir la tranquillité assurée, le repos et plus encore, la tendresse qui l'enveloppait. On n'est jamais tout à fait malheureux quand on se sent aimé et qu'on peut partager sa douleur avec des cœurs amis.

— C'est bien vrai.

— Si nous mettons ton idée et la mienne à exécution, si nous l'envoyons à Caen ou à Rouen, car à Paris elle serait exposée à rencontrer quelques amis d'enfance ou des connaissances qui pourraient parler, enfin, si nous nous séparons d'elle, n'est-ce pas lui supprimer tout ce qui la rattache à la vie : ton affection, ma tendresse, l'amitié des enfants, ce qu'elle a de bon précisément.

Il réfléchit longuement.

— Je n'avais pas pensé à cela, dit-il enfin.

— Ni moi non plus je n'y avais pas réfléchi, quand cette idée m'est venue. C'était si naturel de vouloir lui éviter la honte de sa grossesse que je n'avais vu que cela. C'est ainsi qu'on agit avec une jeune fille qui est dans une situation ordinaire. Mais Marichette est justement dans une situation extraordinaire. Malheureuse comme elle est, que fera-t-elle dans la solitude et l'isolement, poussée par le désespoir et pouvant se dire, avec une apparence de raison, que nous l'avons mise à la porte ?

Elle hésita avec un mouvement d'épouvante et d'horreur.

—... Si elle se tuait.

— La malheureuse !

— Mets-toi à sa place; enceinte, déshonorée, bientôt mère d'un enfant dont le père est un monstre, abandonnée par sa famille, toute seule dans une pauvre chambre, sans personne pour la soutenir ou la réconforter, si jamais le suicide a été une délivrance, si jamais il s'est imposé, n'est-ce pas dans cette circonstance ?

— Mais alors que faire, que faire? interrompit-il épouvanté.

Ils restèrent assez longtemps se regardant, Sylvain cherchant dans les yeux de sa femme et n'y trouvant qu'une désolation désespérée.

— Tu ne me dis rien ? demanda-t-il à la fin.

— Que veux tu que je te dise, je suis anéantie.

— Toi, si forte, si intelligente.

— On n'a ni force ni intelligence quand le cœur est pris, et le mien est pris. Pauvre petite !

— Il ne faut pas s'abandonner, dit-il avec énergie, il faut chercher, il faut trouver, il faut la sauver.

— Il faut, et comment?

— Je n'en sais rien, mais avant tout, ce qu'il ne faut pas, c'est qu'elle quitte la maison.

— Tu veux ?...

— Je te demande si tu veux qu'elle se tue?

— Cela non.

— Et bien, alors il ne faut pas qu'elle puisse se croire abandonnée ; comme tu l'as si bien dit, on n'est jamais malheureux quand on se sent aimé ; nous aurons tant de tendresse pour elle qu'elle ne pourra pas se sentir malheureuse.

— Tu peux compter sur moi.

— J'en suis sûr. Sans doute il nous sera impossible de cacher sa grossesse, et c'est là ce qu'il y a de terrible à la garder.

— Cela serait surtout terrible si cette grossesse

résultait de son inconduite; mais qui pourra penser à accuser une pauvre enfant victime d'un crime commis par celui-là même qui devait la protéger?

— Nous la soignerons, nous la consolerons, nous élèverons son enfant.

— Pour cela aussi tu peux compter sur moi; cependant il me semble que si en agissant ainsi nous faisons notre devoir envers Marichette, nous ne le faisons pas tout entier envers son enfant.

— En quoi donc?

— Nous ne prendrons pas une part de ce que nous laisserons à nos enfants pour la lui donner, n'est-ce pas?

— Il n'est pas question de cela.

— C'est que justement si nous acceptons la charge de cet enfant, ce à quoi je suis toute disposée, nous devons la prendre tout entière, non seulement dans le présent, mais encore dans l'avenir! C'est ainsi que s'impose ce procès dont je t'avais parlé, et que tu as repoussé. Mais maintenant tu dois comprendre que quand il nous demandera ce que nous avons fait pour lui assurer le nom ou la fortune de son père, nous devons pouvoir répondre.

— Plus tard nous verrons; ce n'est pas là ce qui presse; nous en reparlerons.

XVIII

Sylvain avait trop grande foi dans la sagesse de sa femme pour ne pas peser chacune des paroles de celle-ci, et, dans ce qu'elle lui avait dit, il y en avait une qui s'imposait à son attention : « Plus tard, l'enfant de Marichette nous demandera ce que nous avons fait pour lui assurer le nom ou la fortune de son père. » Cela n'était que trop vrai, et comme toujours, Célanie avait mis le doigt sur le point capital de la situation.

Pour la grossesse, la difficulté était supprimée, puisqu'ils gardaient Marichette avec eux, et cela grâce à la bonté de Célanie, qui, en cette circonstance, avait été admirable de générosité; était-il femme meilleure qu'elle, plus remplie de prévenance, de prévoyance, de finesse, de tendresse?

Mais l'enfant?

Leur rôle devait-il se borner à l'élever? Que lui diraient-ils quand il leur demanderait ce qu'ils avaient fait pour lui?

A cette question Célanie voulait répondre par le procès; mais c'était là une si grosse chose et une si lourde aventure qu'il ne pouvait se résigner à accepter ce procès malgré la confiance qu'il avait en sa femme.

Où les mènerait-il ?

Assurément ses conséquences ne seraient plus maintenant aussi graves pour Marichette que lorsque sa femme en avait parlé la première fois ; il n'y avait plus à craindre de divulguer le malheur de la pauvre petite, la grossesse et l'enfant ne laisseraient rien dans l'ombre, hélas ! mais pour Simon combien ne seraient-elles pas terribles ! Et malgré tout il ne pouvait pas ne pas penser à ce parent indigne. Voilà pourquoi il avait répondu à sa femme qu'ils en parleraient.

Il voulait réfléchir.

Et puis, d'ailleurs, une idée lui avait traversé l'esprit qui devait être examinée.

Pourquoi ne ferait-il pas une tentative auprès de son cousin, dans l'intérêt de Marichette aussi bien que de l'enfant ? N'était-ce pas son devoir ? N'était-il pas jusqu'à un certain point le père de cette malheureuse ? Ne devait-il pas la protéger, elle et son enfant, comme le ferait un père ?

Mais c'était là pour lui une entrevue si cruelle ; l'idée de se trouver, après ces longues années de rupture, face à face avec son cousin était si pleine d'émoi, que si sa femme ne lui avait pas de nouveau parlé du procès, il serait resté dans l'irrésolution, attendant une inspiration qui ne venait pas ; mais elle le pressait, et il fallait qu'il prît un parti, n'osant pas lui avouer ce qui l'arrêtait, car elle n'aurait assurément pas permis qu'il risquât cette démarche, qui pour elle, dans l'état d'exaspération où sa haine était arrivée, aurait été une faiblesse ; c'était par l'entremise des huissiers qu'on devait communiquer avec celui qu'elle appelait le Corsaire, non autrement.

Aller chez Simon, il n'y fallait pas songer, la visite était trop directe et trop publique; mais par leurs travaux voisins l'un de l'autre, ils avaient des occasions de se rencontrer, dont il pourrait profiter.

La maison qu'il construisait était un de ces édifices bizarres, comme on n'en rencontre que sur les plages, où les Parisiens trouvent original de se livrer à leurs fantaisies architecturales. Comme le terrain sur lequel s'élevait cette construction sépare le point culminant de la falaise, qui sépare Criquefleur de Saint-Maclou, le propriétaire avait voulu que sa maison couronnât cette falaise, et pour cela il lui avait donné la forme d'une tour carrée divisée en nombreux étages : au rez-de-chaussée, la salle à manger ; au premier, le salon ; au second, la chambre de madame ; au troisième, celle de monsieur ; au quatrième celles des enfants ; au cinquième, le billard ; enfin, pour terminer cette tour qui ressemblait à un énorme phare, une plate-forme à créneaux, d'où la vue s'étendait au loin sur la mer et sur les environs jusqu'à quatre ou cinq lieues.

En restant sur cette plate-forme qu'on était en train de revêtir de sa chemise de ciment, Sylvain était sûr de voir son cousin apparaître ; il n'y avait qu'à le guetter; plus d'une fois déjà il y était resté pour ne pas se rencontrer avec lui; maintenant il en descendrait pour se trouver sur son chemin.

Les choses s'arrangèrent ainsi, et le lendemain du jour où Sylvain avait arrêté ce plan, une après-midi, les deux cousins se trouvèrent face à face dans un chemin encaissé entre deux haies plantées de grosses cépées. Ordinairement, lorsqu'ils s'apercevaient, ils s'arrangeaient pour s'éviter, ou plutôt le jeune manœuvrait de façon à ne pas croiser l'aîné ; mais ce soir-là il n'en fut pas ainsi : Sylvain, au lieu de prendre à droite ou à gauche, marcha sur Bellocq.

Alors il se passa ceci de caractéristique qu'à mesure qu'ils se rapprochaient ils ralentirent leur allure, comme deux mécaniciens de chemin de fer qui, marchant l'un sur l'autre, voient qu'un choc est inévitable.

Ils arrivèrent à deux pas.

— Bonjour, Simon, dit Sylvain.

Simon ne répondit pas et toisa son cousin durement, en continuant d'avancer comme pour passer son chemin.

— J'ai à te parler, dit Sylvain.

— Parle.

— C'est de Marichette : elle est enceinte.

— Eh bien! répliqua Simon, que veux-tu que j'y fasse?

— Ne dis pas cela, Simon.

— Parce que?...

Ce fut d'un ton de défi que ce mot fut jeté.

Autrefois, quand Simon prenait ce ton, Sylvain,

intimidé, n'insistait pas; mais ce jour-là il n'en fut pas ainsi.

— Que veux-tu qu'elle devienne? dit-il avec plus de fermeté que son cousin n'en avait jamais rencontré en lui. Que veux-tu que devienne son enfant?

— Qu'est-ce que ça me fait?

Du coup, Silvain fut décontenancé, mais il se remit :

— Est-ce possible !

— Les affaires de Marichette ne me regardent plus, puisque tu t'es chargé d'elle.

— Moi, elles me regardent, et c'est mon devoir de t'en parler.

— Je t'écoute.

— Encore une fois je te demande tes intentions.

— Quelles intentions veux-tu que j'aie?

— Mais cet enfant est le tien, s'écria Sylvain indigné.

— Qui t'a dit cela? demanda Simon avec calme; elle avait des témoins quand elle se l'est fait faire; ils affirment que c'est moi le père?

— Ils ne s'agit point de témoins; je n'en veux pas d'autres que ta conscience.

— De quand date-t-il, cet enfant? Du temps où elle était chez moi? Ou du moment où elle est entrée chez toi? Chez moi, je n'étais pas le seul homme de la maison. Chez toi, l'as-tu surveillée? Qui peut savoir quel est le père d'un enfant?

— Toi, qui sais que tu es le père de celui-là. Marichette est l'innocence même, aussi honnête que bonne, aussi tendre que sincère, jolie, je n'ai pas à te l'apprendre, elle sera la meilleure des femmes, travailleuse, ordonnée, soumise, épouse-la.

Pendant quelques secondes Simon regarda son cousin; puis, croisant ses grands bras sur sa blouse :

— Tu es malade, dit-il.

Sylvain ne se laissa pas emporter.

— Simon, dit-il, d'une voix qui s'attendrissait à mesure qu'il parlait, oublie les difficultés qui nous ont séparés, et si tu te rappelles que je suis ton cousin, que ce soit l'enfant que tu voies, non l'homme. Ce n'est pas de nous deux que tu dois te préoccuper, c'est de notre enfance avec notre pauvre cousine, quand nous étions petits elle et moi, et que toi tu étais déjà grand. Pense à ce temps-là, à notre amitié. Eh bien ! aujourd'hui tu peux sauver la vie à la fille de cette parente que tu as aimée. Et tu me répondrais de cet air goguenard ! Non, Simon, tu n'es pas devenu si dur que ça. Ce n'est pas une femme comme celles que tu as eues, cette petite Marichette; c'est une honnête et brave fille. Veux-tu qu'elle se tue, désespérée !

Entraîné par son émotion, Belloquet avança la main comme pour la tendre à son cousin, mais le regard qu'il rencontra l'arrêta net.

C'était un regard inquisiteur, froid, qui fouillait en lui, comme un scalpel manié d'une main sûre et impassible.

— C'est ta femme qui t'envoie ? dit Simon.

— Ma femme !

— Que veut-elle ?

— Pourquoi fais-tu intervenir ma femme entre nous?

— Parce qu'elle est la main qui te pousse, pauvre aveugle. N'est-ce pas ta femme qui voulait empêcher Marichette de rester chez moi? N'est-ce pas elle qui l'a décidée à se retirer chez toi. Pourquoi? Je n'en sais rien, et je te le demande, mais sans espérer que tu voies clair dans ses machinations infernales. As-tu vu tout ce qu'elle a fait pour nous fâcher? As-tu vu tout ce qu'elle a inventé pour entretenir la guerre qui nous divise? Non, n'est-ce pas? Tu crois ce qu'elle te dit. En ce moment tu t'imagines que tu agis dans l'intérêt de Marichette. Eh bien, tu es l'instrument de ta femme. Tu me demandes d'épouser Marichette, et tu es de bonne foi parce que tu es un brave homme. Mais ta femme, qui est la pire des fourbes et des coquines...

— Simon, tais-toi, s'écria Sylvain, exaspéré.

— Ta femme veut me fâcher avec Marichette à jamais! Ah! tu ne sais pas, mon pauvre garçon, quelle misérable femme elle est et de quoi elle est capable.

— Elle ne sait seulement pas que je te fais cette proposition.

— Il croit ça!

— Ne parle pas d'une femme que tu ne connais pas.

— Je la connais mieux que toi, c'est une gueuse.

— Tais-toi.

— La plus grande intrigante du monde, menteuse, hypocrite...

Mais Sylvain ne pouvait plus se contenir; ces injures contre sa femme lui avaient fait oublier Marichette.

— C'est la guerre que tu veux, s'écria-t-il fou de fureur.

— Je m'en fiche.

— Eh bien ! alors c'est la guerre.

— Ça ne changera rien à la situation entre nous, mais cela pourra bien changer la tienne.

Et Bellocq passa devant son cousin, s'en allant de son grand pas régulier.

XIX

Sylvain, interdit, regardait Bellocq s'éloigner.

— Comment, il s'en allait !

Et quand il avait les choses les plus graves à lui dire.

Son premier mouvement avait été de courir après lui pour lui barrer le passage. Mais il n'était que trop certain que Simon ne se laisserait pas arrêter. Et d'ailleurs, dans l'état où ils étaient il n'était que trop certain aussi qu'ils pouvaient se jeter l'un sur l'autre.

Célanie avait raison, Simon était devenu un monstre, et c'était seulement par l'entremise des huissiers qu'on pourrait s'entretenir avec lui.

Il l'avait voulu ce procès ; à lui, à lui seul, la responsabilité de ce qui allait advenir.

Et Sylvain s'en était revenu à Criquefleur, presque aussi furieux contre lui que contre Bellocq. Comment avait-il eu la folie de compter sur cet entretien ? c'étaient ses sentiments d'autrefois qui l'avaient abusé. Mais Simon n'était plus maintenant l'homme d'autrefois. Depuis longtemps il aurait dû le savoir. Qu'attendre de celui qui avait été assez misérable pour violenter cette malheureuse enfant? Ces accusations contre Célanie ne dépassaient-elles pas tout ce qu'on pouvait imaginer! En tout cas elles avaient produit en lui des mouvements d'indignation qui avaient étouffé toute pitié. C'était par méchanceté qu'il avait lancé des injures, attaquant pour n'avoir pas à se défendre.

Eh bien, puisqu'il voulait la guerre, ce serait la guerre ; il n'y avait plus de ménagements à garder ; en rentrant il dirait à sa femme qu'il se rendait à ses raisons ; seulement il n'avouerait pas une entrevue avec Simon, cela était inutile.

Mais Célanie connaissait trop bien son mari pour que celui-ci pût lui cacher quelque chose ; lorsqu'elle le vit rentrer, elle fut frappée de son agitation et aussi de son embarras :

— Qu'as-tu ? lui demanda-t-elle.

— Rien.

— Ce n'est pas vrai ; quand tu n'as rien, tu n'es pas troublé et agité ainsi.

— J'ai réfléchi à ce que tu m'as dit à propos du procès à faire pour Marichette, et, décidément, je crois que nous devons le commencer.

— Enfin.

— Tu verras cela ; tu consulteras Sonnardin.

C'était un sujet si pénible pour lui qu'il avait hâte d'en être débarrassé ; mais sa femme ne le laissa pas tranquille.

Pendant qu'il parlait elle n'avait cessé de l'examiner ; était-il possible que la réflexion seule lui eût donné cette respiration pressée?

— D'où viens-tu ? lui demanda-elle.

— J'ai fait ma tournée.

— Qu'est-ce qui va mal?

— Rien.

— Par où as-tu fini ?

— Par la tour.

— Tu as vu Bellocq ? s'écria-t-elle.

— Eh bien ! oui.

— Pourquoi ne me le disais-tu pas ?

—Pourquoi parler de lui ?

— Que s'est-il passé ?

Sylvain était incapable de ne pas répondre franchement quand sa femme l'interrogeait ; il dit donc la proposition qu'il avait adressée à son cousin, et la réponse que celui-ci lui avait faite ; mais il ne parla pas des attaques et des injures qui l'avaient exaspéré.

— Tu vois quel homme il est ! s'écria Célanie d'un air de triomphe.

— Tu avais raison, pardonne-moi.

—Je suis trop bonne.

— C'est vrai.

Ce n'était point l'habitude de Célanie d'abuser de la victoire, et quand elle se voyait près d'atteindre le but qu'elle avait le plus ardemment poursuivi, il fallait bien souvent la pousser pour lui faire monter la dernière marche qui lui restait à gravir.

— Pourquoi ne verrais-tu pas toi-même Soupardin? dit-elle.

— Non, il vaut mieux que ce soit toi.

— C'est chose si grave que ce procès.

— Justement.

— Il s'agit de ta parente.

— N'est-elle pas une fille pour toi ?

— Quand ? Tu voudrais que ce fût tout de suite ?

— Franchement, oui.

— J'y vais.

Si Célanie n'avait pas parlé à Soupardin, de ce procès, depuis la visite qu'elle lui avait faite quand elle voulait envoyer Bellocq au bagne, par contre, Soupardin était venu plus d'une fois la voir pour lui demander si elle ne se décidait pas à engager la négociation qu'il lui avait conseillée ; aussi, lorsqu'il la vit entrer dans son bureau, crut-il qu'elle venait réclamer le concours « de la personne prudente qui, seule, pouvait mener à bien cette fameuse négociation ».

Quand il entendit parler de procès, il se précipita dans son portefeuille dont il ouvrit toutes les poches les unes après les autres.

— Je croyais vous avoir expliqué, interrompit-il, qu'un procès contre le maire de *S.-M.*, — il baissa la voix, — était une grosse partie à jouer, vu l'influence du personnage sus-indiqué.

— La jeune fille est enceinte.

— Vraiment !

Mais Soupardin n'avait pas lâché cette exclamation maladroite qu'il voulut la corriger :

— Calamiteux incident, dit-il avec componction.

— Qui nous oblige à agir, vous le voyez.

— Il me semble que dans ces circonstances, c'est la négociation dont je vous ai dit un mot qui s'impose.

— Elle a été tentée, elle n'a pas réussi.

— A-t-elle été présentée avec prudence et habileté ?

— Je n'en sais rien, je ne l'avais pas conseillée ; mais elle l'a été et comme elle a échoué, nous ne pouvons pas la recommener, nous arrivons donc forcément au procès.

— Quel procès ? Criminel, civil ?

— Celui que vous voudrez, peu nous importe, pourvu que ce soit un bon procès.

De peur que Soupardin ne comprît pas ses paroles, elle jugea prudent de les expliquer.

— Ce que nous voulons, c'est prendre la défense de cette pauvre fille et de l'enfant qui va naître, de façon à ce que ni l'un ni l'autre puissent nous accuser plus tard de ne pas les avoir défendus et de n'avoir pas fait notre devoir. Il nous faut donc un procès quel qu'il soit, quand même nous devrions le perdre. Sans doute je vous explique cela mal, je connais si peu les affaires.

Célanie, qui se cachait soigneusement pour lire le Code, affichait la prétention de ne rien connaître aux affaires, ce qui lui permettait de ne rien répondre aux propositions d'arrangement qu'on lui adressait : « Je réfléchirai, je consulterai, vous savez que je n'entends rien aux affaires. »

— Je vous ai expliqué, répondit Soupardin, qui savait à quoi s'en tenir sur cette prétendue ignorance de sa cliente, je vous ai expliqué en quoi le procès criminel était difficile, pour ne pas dire impossible ; il nous reste donc le procès civil. Mais comme l'article 340 interdit la recherche de la paternité, vous comprenez que nous ne pouvons avoir pour but d'obliger le maire de S.-M. a reconnaître l'enfant de la jeune personne sus-indiquée.

Assurément elle comprenait cela, et si la reconnaissance avait dû résulter de ce procès, elle se serait bien gardée de l'engager.

— Est-il absolument certain que cette reconnaissance est impossible ? demanda-t-elle.

— Absolument, la loi est formelle.

— Alors que pouvons-nous demander ?

— Si peu au courant que vous soyez des affaires, vous n'êtes pas sans avoir entendu parler d'un article du Code qui dit : Que tout fait quelconque de l'homme qui cause à autrui un dommage, oblige celui par la faute duquel il est arrivé, à le réparer. Eh bien, il est évident que dans l'espèce, nous pouvons dire, sous le manteau de la cheminée — il courba la tête pour la fourrer sous ce manteau protecteur, — nous pouvons dire que le maire de S.-M. tombe en plein sous le coup de cet article. En effet, il y a eu par son fait dommage causé ; en même temps qu'il y a eu de sa part abus d'autorité, violence, etc. Nous nous trouvons donc dans cette circonstance heureuse, — particulièrement heureuse, notez-le, — qui nous permet, malgré la prohibition de la recherche de la paternité, d'invoquer un quasi-délit à la charge du maire de S.-M., et de réclamer contre lui des dommages-intérêts, puisque la grossesse de la jeune personne sus-indiquée résulte de relations ayant eu le caractère d'une séduction accomplie à l'aide de moyens coupables.

— Et quels peuvent être ces dommages-intérêts? demanda Célanie, émue à la pensée que la fortune du Corsaire ou plutôt sa succession pouvait être appauvrie par le chiffre de ces dommages-intérêts.

— Que vous dirais-je, chère madame; au commencement de ma carrière je vous aurais répondu qu'il ne fallait pas faire grand fonds sur ce procès. Mais depuis ce temps les idées ont marché. Il s'est établi une sorte d'opinion publique sur la recherche de la paternité avec laquelle la magistrature croit devoir compter sans admettre cette recherche, bien entendu, mais en lui donnant, jusqu'à un certain point, satisfaction par une allocation d'argent à la mère. D'autre part, il s'est établi un grand relâchement dans les principes. Autrefois on jugeait en droit; maintenant on juge, autant que possible, en équité; avec le droit on connaissait à l'avance son affaire, un avocat qui prenait votre cause à cœur pouvait vous faire gagner un mauvais procès; mais, avec l'équité on peut très bien en perdre un bon. L'équité de qui, l'équité de quoi? Je vous demande un peu si l'équité de votre tribunal est mon équité à moi. Nous avons chacun notre équité qui dépend du point de vue auquel nous nous plaçons.

Cela rassura Célanie : l'équité appliquée au maire de S.-M. ne pouvait pas être la même, croyait-elle, que celle appliquée à un pauvre diable : l'héritage du Corsaire ne serait pas trop fortement écorné.

— Faites-le nécessaire, dit-elle.

XX

Madame Voisard n'était pas la seule personne de Saint-Maclou qui se préoccupât et parlât du départ de Marichette; en réalité, ce brusque départ qui éclatait tout à coup sans que rien l'eût fait pressentir avait été pendant assez longtemps le sujet de toutes les conversations.

— Pourquoi la cousine de Bellocq a-t-elle quitté le pays ?

— Pourquoi la servante de Bellocq a-t-elle quitté le pays ?

— Ce n'est pas la même chose.

— Qui peut savoir ?

— Divine était enceinte.

— Êtes-vous certain que Marichette ne le soit pas?

— Elle ne se serait pas réfugiée chez Belloquet ?

— Qui vous dit que ce n'est pas sa cousine qui la garde pour déconsidérer Bellocq aîné quand la grossesse de la jeune fille sera apparente ?

— Cela serait fort.

— Pas au-dessus de sa force, cependant; elle est capable de tout pour se venger de son cousin.

— Si la jeune fille est enceinte ce n'est pas de son fait.

— Sans doute ; mais ce qui est bien de son fait, ce serait de vouloir exploiter la grossesse de Marichette dans l'intérêt de sa haine.

Comme il ne s'était trouvé personne d'assez hardi pour interroger franchement Simon Bellocq et lui demander les raisons du départ de Marichette, on s'était rabattu sur les commis, qui, semblait-il, devaient savoir quelque chose.

Avec Paulin, les questions n'avaient jamais été loin; il avait une manière de répondre qui coupait court à l'interrogatoire.

— M. Bellocq voulait faire de sa cousine une servante; cela n'a pas convenu à la famille, qui lui a repris la jeune fille.

Et c'était tout; il n'en disait pas plus long, pas plus qu'il n'en écoutait davantage.

Mais avec Victor Dedessuslamare on ne s'en tenait pas là, alors surtout que c'étaient des camarades ou des amis qui le questionnaient.

— Alors, c'est de ta faute si la cousine de Bellocq a quitté Saint-Maclou?

— Mais pas du tout.

— De qui serait l'enfant s'il n'était pas de toi?

— Qui a dit qu'il y avait un enfant?

— Enfin s'il y en avait un?

— Ces suppositions sont stupides.

A qui la responsabilité si elles se présentent à la pensée? Qui nous a dit qu'elle avait capitulé?

Victor n'avait pas attendu jusqu'à ce jour pour

regretter ce mot qui lui avait échappé dans un moment de forfanterie exaspérée par les doutes et les railleries de ses camarades, et plus d'une fois il avait cherché à les atténuer, puisque par malheur il ne pouvait pas les rattraper.

— Capitulé ! Je n'ai jamais dit ce que vous voulez me faire dire. Ce n'est pas parce que une honnête fille éprouve un sentiment tendre pour un homme qu'elle devient enceinte.

— Tu as dit qu'elle avait capitulé ; tu n'as pas parlé du sentiment tendre.

Et le malheureux timide avait beau se défendre, on lui cornait son mot aux oreilles :

— Capitulé ! capitulé !

On le poursuivait littéralement avec cette capitulation ; non seulement ceux à qui il avait fait cet aveu, mais encore ceux à qui il avait été répété. Tous, bien entendu, ne croyaient pas à la capitulation, mais aucun de ceux qui connaissaient Victor ne doutait de ses entreprises auprès de Marichette, et pour beaucoup c'était une explication suffisante pour justifier le départ de la cousine de Simon Bellocq.

— Elle a voulu échapper aux poursuites de ce grand niais, disaient les indulgents.

— Il n'est pas bien dangereux.

— Au moins est-il ennuyeux.

— Pourquoi ne l'a-t-elle pas fait renvoyer par son cousin?

— Elle a mieux aimé s'en aller ; d'ailleurs, il n'est

pas du tout certain que le cousin se serait privé des services d'un garçon qui lui est utile.

Quel que soit le besoin de commérage d'une petite ville et quelle que soit la malignité de gens qui n'ont du matin au soir qu'à s'occuper de leurs voisins, on aurait cessé bien vite de parler de Marichette si elle n'avait pas été la cousine de « *mon sieurre* » le maire de Saint-Maclou. Mais il y a des gens qui, quoi qu'ils fassent ou ne fassent pas, soulèvent le brouhaha autour d'eux, et le traînent à leur suite. Simon Bellocq était précisément de ces gens-là, et vingt fois, cent fois par jour, son nom revenait dans les conversations, à propos de choses graves qui étaient la fortune et la vie du pays, comme à propos de niaiseries. Qui n'avait pas affaire à lui ; à l'entrepreneur de voitures, au marchand de bois, au marchand de charbon, au marchand d'eau-de-vie, au maire, au conseiller d'arrondissement ? Bellocq, toujours Bellocq : et alors tout naturellement on revenait à Marichette.

Il n'y avait pas qu'entre soi qu'on parlât d'elle et de sa disparition inexpliquée ; à la pierre à poisson, devant trente ou quarante personnes, il avait été fait allusion plus d'une fois à cette disparition.

C'est que la pierre à poisson était le journal parlé de Saint-Maclou et un journal universel où Lichet, avec une liberté de langue, un esprit de plaisanterie et de critique qui ne s'arrêtaient devant rien, y traitait tous les sujets : les nouvelles politiques et administratives, les faits divers, les annonces. Le tambour de la ville n'était rien à

Saint-Maclou, Lichet était tout. Quand on avait une annonce importante à faire, ce n'était pas au tambour qu'on la donnait, c'était à Lichet. Alors, à la façon dont celui-ci sonnait la cloche pour l'ouverture de la vente, on savait qu'il ne serait pas question seulement de poisson ! c'était une musique que cette sonnerie que chacun traduisait : deux coups lents et espacés, annonce de messe et d'enterrement ; plusieurs petits coups joyeux et précipités, annonce drolatique que Lichet égayerait de ses plaisanteries. On accourait :

— Mettez le *pesson* sur la pierre, disait Lichet.

Et quand le pêcheur qui commençait la vente avait étalé un poisson sur la pierre, Lichet se mettait à crier :

— A combien, à combien, à combien, à combien ?

Comme une mécanique, il répétait précipitamment ces deux mots, jusqu'à ce qu'il vît assez de monde autour de lui ; alors il s'interrompait :

— C'est pas tout ça, attention. Je suis chargé de vous dire qu'il a été perdu une *cleffe*, — il décrivait la clé, énumérant les rues dans laquelle elle avait dû être perdue, — on est prié de me la remettre, il y aura *rrrécompense !* Maintenant au *pesson ;* à combien le cabillaud, à combien, à combien ?

Mais où il excellait, c'était dans les demandes de domestiques :

— C'est pas tout ça : j'ai à vous dire que madame Voisard demande une cuisinière. — Là, il faisait une pause et, par un jeu de physionomie qu'aurait envié un comique, il indiquait son opinion sur la maison Voisard, puis il reprenait : — La maison est bonne. Ici, nouvelle pause et nouveau jeu de physionomie qui disait : « N'y entrez-pas, mes pauvres filles. » Les gages sont élevés, disait la langue. — Seulement on est exposé à ne pas les toucher, disait le sourire des yeux et la moue des lèvres.

Et ainsi jusqu'à la fin, sans prononcer un seul mot contre personne, mais avec des roulements d'yeux, des mouvements de lunette, des haussements d'épaules, des renversements en arrière qui en disaient plus pour son public que les accusations les plus formelles.

Un jeudi que madame Morot était indisposée et ne pouvait pas descendre à Saint-Maclou, elle avait prié son fils, « s'il passait par hasard derrière la pierre », de lui acheter du poisson pous le lendemain vendredi, et Paulin, qui ne cherchait qu'à être agréable à sa mère et à lui rendre service, s'était arrangé pour passer à la pierre au moment de la vente.

Quand il était arrivé, Lichet criait pour attirer son public :

— A combien, à combien? mettez le *pesson* sur la pierre.

Le cercle s'étant formé Lichet avait cessé de crier à combien, et raffermissant sur son nez ses lunettes vertes :

— C'est pas tout ça, avait-il dit, je suis chargé de vous avertir que demain et jours suivants, à cause de l'arrivée d'un monsieur prêtre dans la paroisse, il y aura messe à six heures et demie.

Et comme quelques bonnes, parmi lesquelles se

trouvait celle de Bellocq aîné, avaient accueilli cette annonce en riant, il s'était fâché ; il était sacristain et ne permettait pas qu'on fût irrévérencieux pour les cérémonies du culte ; c'était presque une injure personnelle qu'on lui faisait à lui, qui portait la vierge noire.

— V'là-t-il pas de quoi rire ! S'il y a des personnes que ça n'intéresse pas, — sa physionomie avait dit tout le mépris qu'il professait pour ces personnes-là, — il y en a d'autres, — il les avait assurées de son estime par une longue inclinaison de tête, — qui sont bien aises d'avoir ce renseignement ; c'est pour celles-là que je parle. Quant à celles qui *risent*, j'ai à leur dire qu'elles feraient peut-être bien de fréquenter les églises. Il y en a qui, si elles les avaient fréquentées, n'auraient pas été obligées de quitter le pays dans des positions... qu'on ne sait pas.

Cela jeté à la figure de la servante de Bellocq était clair pour les gens de Saint-Maclou ; c'était une allusion à Marichette qui avait quitté le pays dans une position... qu'on ne savait pas. Paulin l'avait compris ainsi, et son premier mouvement avait été de s'élancer sur Lichet pour l'étrangler ; heureusement la pensée de Marichette l'avait retenu : il ne la vengeait pas, il la perdait.

Déjà Lichet avait repris son boniment :

— Mettez donc le *pesson* sur la pierre. A combien, à combien ? A huit sous, le carrelet ; neuf sous, dix sous. C'est vu, bien vu. Pas de regrets, vendu.

Quelle meilleure justification du parti adopté par

Marichette que ces paroles de Lichet ! Elle avait senti qu'on l'accuserait, et elle n'avait pas voulu que ces accusations pussent atteindre son mari.

Ne méritait-elle pas qu'il l'aimât plus encore qu'il ne l'aimait ?

XXI

Depuis que Marichette avait quitté Saint-Maclou, il était rare que Paulin laissât s'écouler deux jours sans venir à Criquefleur.

A la vérité, il ne faisait que passer devant la maison; mais il voyait Marichette, leurs regards se croisaient, et cela suffisait pour qu'il ne désespérât point.

Le premier jour, Marichette avait hésité à lever la tête vers lui, car ce n'était pas de cette façon qu'elle avait compris que devait s'exécuter l'engagement qu'il avait pris; mais elle n'avait pas eu la force de résister à l'entraînement qui la soulevait, et le baiser qu'il lui envoyait, elle le lui avait rendu.

Puis s'était établie bien vite l'habitude qu'elle le guettât elle-même, toute sa vie tenant désormais dans ces courtes minutes. Et, comme elle ne savait jamais à l'avance à quel moment il apparaîtrait, du matin au soir, elle ne laissait personne passer dans la rue sans lever la tête. C'était en vain que sa cousine voulait la faire sortir; on ne pouvait l'arracher de sa place; il fallait qu'elle fût là l'attendant.

Que penserait-il s'il ne la trouvait pas, lui qui, pour l'apercevoir un instant, s'imposait une longue course? Que n'imaginerait-il pas? N'était-il pas assez malheureux? Et tout ce qu'elle avait d'amour dans le cœur, tout ce qu'elle éprouvait de gratitude pour son sacrifice, elle le mettait dans le regard qu'elle attachait sur lui.

— Voilà M. Morot, disait bien souvent Célanie pour l'avertir.

Mais cet avertissement était inutile, elle l'avait deviné avant que sa cousine, qui avait la vue perçante, l'eût aperçu.

Ils avaient quelquefois la bonne fortune que madame Bellocq était sortie; alors Marichette accourait sur le seuil de la porte aussitôt qu'elle le voyait venir; il passait plus lentement, et le regard qu'ils échangeaient était celui de deux amants en tête-à-tête.

Seule, elle se reprochait souvent cette faiblesse, ne sentant que trop cruellement que ce n'était point un acheminement à la séparation, si elle devait se produire. N'était-ce pas un crime de l'entretenir dans son amour, un manquement à la loyauté? Agissait-elle honnêtement en mettant cette adresse dans son regard, alors que peut-être elle était indigne de lui!

Quand le peut-être fut devenu l'horrible certitude, elle décida que quoi qu'il pût arriver, elle ne le verrait plus, ou plutôt que lui ne la verrait plus. Il n'y avait plus d'espoir à conserver, plus de rêves dans lesquels on pût se bercer et s'engourdir; elle était indigne de lui, de son amour comme de son estime; il ne pouvait plus désormais que la haïr et la mépriser. Ce serait un outrage de plus de montrer elle-même quelle misérable créature elle était maintenant : on cache sa honte, on ne l'étale pas.

Et alors que sa cousine croyait qu'elle réfléchissait aux moyens qu'on peut employer pour faire disparaître une grossesse fâcheuse, c'était à Paulin qu'elle pensait, c'était lui qui emplissait son esprit et son cœur.

— C'était fini!

A cette évocation, elle se sentait anéantie, haïe, méprisée par lui, et jamais il ne saurait comme il était aimé!

Comme elle l'avait vu la veille, elle n'avait pas à craindre qu'il passât ce jour-là, elle pouvait donc descendre auprès de sa tante. Mais, le lendemain, elle resta dans sa chambre toute la journée, en proie à la plus cruelle angoisse qu'elle eût encore supportée peut-être.

S'il ne devait pas la voir, elle n'avait pas de raisons pour ne pas le voir, elle, à condition d'être bien cachée. Elle s'installa donc derrière son rideau, de façon à embrasser la rue du regard.

Il n'avait pas d'heure précise pour passer, ne pouvant faire ce long détour que pendant sa tournée d'inspection des maisons en construction, entre Saint-Maclou et Criquefleur; mais c'était toujours dans l'après-midi, entre trois et cinq heures, qu'il apparaissait.

A deux heures et demie elle était derrière son rideau

attendant, dévorée par la fièvre, tremblante, défaillante et, à mesure que le temps s'écoulait, éprouvant un vague soulagement à se dire qu'il ne viendrait peut-être pas.

Enfin, comme quatre heures sonnaient, il parut, marchant comme à l'ordinaire d'un pas rapide et léger. Elle pouvait regarder avec d'autant plus de sécurité qu'il la croyait en bas, auprès de sa cousine et que c'était sur le bureau qu'il tenait ses yeux attachés, non sur la fenêtre où elle était.

Il ralentit le pas, s'arrêta ; puis ne l'ayant pas vue, il leva la tête, évidemment pour la chercher ; vivement elle se jeta de côté et il ne l'aperçut pas. Quand elle put risquer un œil entre le rideau et la muraille, elle vit qu'il s'éloignait à pas lents et hésitants, en homme incertain et perplexe qui ne sait ce qu'il doit faire. Il continua ainsi jusqu'à une certaine distance, puis brusquement il tourna sur lui-même et revint en arrière.

Alors se répéta ce qui avait eu lieu la première fois : même arrêt, même examen, et quand il leva les yeux vers sa chambre, elle dut encore se jeter de côté.

Allait-il entrer dans la maison et interroger madame Bellocq sur cette absence ?

Cette question était si pleine d'angoisses, qu'elle suffoqua et qu'un sanglot s'échappa de sa gorge contractée.

Elle attendit, écoutant ; mais les bruits de la maison, ne montant pas jusqu'à elle, ne pouvaient rien lui apprendre.

Ce fut seulement quand, au bout de quelques minutes, elle le vit s'éloigner la tête penchée, qu'elle comprit qu'il avait eu le courage de ne pas entrer. Il partait. Hélas! que pensait-il d'elle? Après la lettre qu'elle lui avait écrite, après leur entretien au milieu des rochers, n'était-il pas en droit de croire qu'il n'était plus aimé?

Telle était l'horreur de sa situation, qu'elle en était réduite à se dire que pour lui c'était encore le moins cruel; s'il admettait qu'elle pouvait ne plus l'aimer il l'oublierait peut-être, il se consolerait. Tout n'était-il pas préférable à l'horrible vérité?

Quand, au bout d'un certain temps, elle vint rejoindre sa tante, celle-ci lui annonça qu'elle avait vu passer Paulin.

— Le pauvre garçon, dans quel état il était! Tu n'as donc pas de cœur de ne pas le prendre en pitié?

Le prendre en pitié, elle savait maintenant ce que sa cousine entendait par là : c'était le tromper, accepter de devenir sa femme.

Elle ne répondit rien.

Mais il arriva un moment où il fallut qu'elle parlât.

De peur que Paulin ne changeât l'heure à laquelle il venait à Criquefleur, elle était restée le lendemain dans sa chambre, et les jours suivants, n'osant même pas regarder par la fenêtre, travaillant sur sa table à des écritures qu'elle avait emportées, et un jour sa tante l'avait interrogée à propos de cette manie de ne plus se montrer dans le bureau.

— Si tu es malade, je comprends que tu restes dans ta chambre; mais si tu ne l'es pas, pourquoi ne descends-tu pas? Tu n'as pas la prétention, je pense, de cacher ta grossesse à tout le monde. Il viendra un moment où elle ne sera malheureusement que trop évidente. Un peu plus tôt, un peu plus tard, peu importe. D'ailleurs, tu as encore du temps devant toi, avant qu'elle crève les yeux.

Il fallait parler cette fois :

— Ce n'est pas du monde que j'ai souci, dit-elle.

— Alors?

— C'est de Paulin; je ne veux pas qu'il me voie.

— Il ne saura donc jamais?

— Mes yeux ne lui auront rien dit.

— Et s'il entre pour m'interroger? car depuis qu'il passe sans te voir, il me semble tous les jours qu'il va se précipiter dans le bureau. C'est un miracle qu'il se retienne. Qu'est-ce que tu veux que je lui dise, s'il me demande pourquoi tu n'es pas là?

— La vérité.

— Merci, elle est jolie à dire, ta vérité.

— Faut-il donc que je la dise moi-même?

— Il me semble que c'est ton affaire.

— Oh! ma cousine.

— Dame! si tu avais voulu... si tu voulais, il est temps encore.

Dans son désespoir elle eut un élan de résolution farouche.

— Jamais! s'écria-t-elle.

L'accent de ce cri exaspéra Célanie :

— A ton gré, répliqua-t-elle en sifflant ses paroles, c'est ton affaire, ce n'est pas la mienne. Si ce garçon se suicide, tu sauras à qui la faute.

Et comme Marichette ne répondait rien, Célanie attendit un moment; puis, comme le silence continuait :

— Ne compte pas sur moi pour avertir ce garçon, dit-elle.

— Je ne compte sur personne, répondit Marichette; mais je croyais que puisqu'il vous avait inspiré une si vive sympathie, vous auriez pitié de lui.

— En as-tu pitié, toi?

L'entretien en resta là.

Pourquoi Célanie aurait-elle accepté la lourde tâche de prévenir ce garçon que Marichette ne voulait pas épouser parce qu'elle était enceinte? Il faudrait des explications; il y aurait des plaintes, des cris, des larmes, des désespoirs. Et justement elle avait horreur de toutes ces expansions. Assurément elles ne pouvaient pas l'émouvoir bien profondément; elle la laissait froide, cette voleuse d'héritage; de même que cet amoureux naïf l'intéressait fort peu. Mais enfin il n'en était pas moins vrai que tout cela l'humiliait; cette fille qui allait avoir un enfant était sa cousine. Elle voulait bien un procès qui déshonorerait le Corsaire, mais elle ne voulait pas avoir l'embarras et la honte d'avouer ces choses-là elle-même.

Paulin avait donc continué de passer, tantôt tous les jours, tantôt tous les deux jours, selon qu'il était plus ou moins profondément désespéré, et jamais il n'avait aperçu Marichette.

Plus d'une fois il avait paru vouloir entrer, mais le regard que madame Bellocq lui avait alors lancé l'avait toujours cloué sur le seuil.

XXII

Un matin, Simon Bellocq entra dans ses bureaux, où Paulin et Victor étaient déjà au travail, avec l'air plus brusque et plus dur encore que de coutume. Mais ils ne s'en inquiétèrent pas autrement, étant depuis longtemps habitués à ces façons de garde-chiourme. D'ailleurs il pouvait y avoir des raisons pour justifier ce mécontentement. La veille, l'huissier Caillot était venu le voir, et ils étaient restés enfermés portes closes pendant plus d'une heure : sans aucun doute, il y avait quelque affaire importante qui allait mal ; à la vérité, le contre-coup de cette contrariété tomberait sur eux, mais ils en avaient reçu bien d'autres.

La bourrasque ne se fit pas attendre :

— Pourquoi n'êtes-vous pas encore parti ? demanda-t-il à Paulin.

Jamais Paulin ne répliquait à son patron, jamais il n'entamait une justification, jamais même, quand il avait vingt bonnes raisons, il n'essayait un mot de défense ; seulement il avait une manière de répondre qui plus d'une fois avait interloqué Bellocq.

— Vous n'avez rien à me dire ? demanda-t-il.

— J'ai à vous dire que vous devriez être au chantier des Vaches-Noires, répliqua Bellocq, furieux de cette réponse.

— Voici des lettres à signer.

— Mettez-les sur mon bureau, vous les enverrez à votre retour.

Paulin s'en alla sans attendre davantage, et Victor se dit que c'était maintenant son tour sans doute.

— Il veut être seul, se dit-il, il va m'envoyer n'importe où.

En cela il se trompait. Paulin parti, Bellocq ferma la porte à clé derrière lui, ce qui ne se faisait jamais ; puis, entrant dans son bureau il appela Victor, qui arriva convaincu qu'il allait avoir à subir une forte algarade. Qu'avait-il fait? Il n'en savait rien. Mais avec ce terrible patron il n'était pas nécessaire d'avoir fait quelque chose pour être secoué d'une main rude.

— Depuis quelque temps, commença Bellocq, je suis beaucoup plus content de vous ; vous avez du zèle, de l'exactitude, et vous prenez intérêt à mes affaires comme si elles étaient les vôtres.

Victor se demanda s'il rêvait, car justement depuis quelque temps il était dégoûté de tout, de la vie qui ne lui donnait pas ce qu'il voulait, des hommes qui le raillaient — et ce dégoût se traduisait à chaque instant dans son travail par des inexactitudes, des oublis, des négligences, des retards.

— J'ai pensé que cela méritait récompense, car je ne suis pas de ces patrons qui exploitent leurs employés; je sers qui me sert, vous devez savoir cela.

— Il est vrai, et c'est reconnu par tout le monde.

— Les affaires que je fais avec Criquefleur ont augmenté depuis ces dernières années, de telle sorte que j'ai résolu de fonder là une succursale de ma maison où se fera exactement le même commerce qu'ici : les bois, les charbons, les matériaux de construction, les liquides, de façon à épargner aux gens de Criquefleur et d'au delà le dérangement de venir à Saint-Maclou, ce qui en arrête plus d'un. Cette succursale, je vous en offre la direction.

— A moi, monsieur! s'écria Victor ébloui.

— Vous connaissez ma manière de traiter les affaires mieux que personne; vous êtes en relations avec tous mes clients. D'autre part, je veux m'acquitter envers vous des services que vous m'avez rendus; cette proposition ne doit pas vous surprendre.

— C'est de la joie, monsieur, ce n'est pas de la surprise.

— Comme vous serez à peu près votre maître à Criquefleur, vous ne pouvez pas rester simple commis; en plus de vos appointements fixes vous aurez donc un tant pour cent sur ce que vous ferez; nous règlerons cela plus tard, d'après le chiffre d'affaires que vous réaliserez.

Bellocq parlait en ne quittant pas Victor des yeux et en suivant sur son visage ainsi que dans toute sa personne le trouble de joie que ses paroles produisaient à mesure qu'elles se précisaient; évidemment ce garçon n'avait jamais prévu qu'une si belle chance pouvait lui tomber du ciel et il perdait la tête.

— Eh bien ! êtes vous content ? demanda Bellocq d'un ton bonhomme.

— Comment me sera-t-il possible de vous prouver ma reconnaissance ! C'est l'avenir assuré pour moi ; c'est plus que je n'avais jamais espéré.

Si Victor l'avait osé, il se serait jeté sur les mains de Bellocq pour les lui embrasser. Intéressé dans la maison Bellocq ! Voilà qui lui donnait une position dans le monde. On ne le raillerait plus. Ce n'était pas seulement la fortune ; c'était plus, c'était mieux : la considération, l'honneur. « Mon associé, M. Bellocq aîné ! » Comme ils allaient crever d'envie ceux qui se moquaient de lui. Et les femmes ! Comme son patron, il aurait toutes celles qu'il voudrait. Où n'arriverait-il pas, lui qui ne serait pas un parvenu ? Avec son éducation, sa tournure, ses manières, le monde était à lui.

Bellocq, qui voyait son exaltation, n'avait garde de la troubler, devinant très bien que tout ce qu'il pourrait dire ne serait rien à côté de ce que ce naïf se disait lui-même.

— Il faudra beaucoup d'activité, dit-il enfin.

— J'en aurai.

— L'ardeur, la persévérance, la complaisance que vous auriez si vous commenciez sans le sou.

— J'en aurai ; ne craignez rien, je serai digne de votre confiance.

— Il vous en faudra plus qu'à un autre.

Étonné de ce mot qui tombait sur son enthousiasme comme une douche glacée, Victor le regarda sans comprendre.

— J'ai beaucoup hésité, continua Bellocq, avant de me décider à vous faire cette proposition.

— Je ne vous en suis que plus reconnaissant encore.

— Franchement vous ne le serez jamais assez, car vous n'êtes pas sans torts graves envers moi.

— Des torts graves!

— Et il faut toute l'estime que j'ai pour vos qualités de travailleur, toute la sympathie que vous m'inspirez pour que j'aie passé sur ces torts.

— Qu'ai-je donc fait? s'écria Victor, qui ne se sentait pas coupable de torts si graves que ceux qu'on lui reprochait.

— Vous avez tenu certains propos qui n'allaient à rien moins qu'à déshonorer ma famille.

Victor fut anéanti.

— Ne niez pas, continua Bellocq d'un ton sévère, vos camarades seraient là pour vous donner un démenti : le clerc de Caillot, le fils de Philippe et d'autres encore; vous voyez que je suis bien informé.

Victor avait eu le temps de se remettre du coup qui l'avait étourdi.

— Il n'y a pas un mot de vrai dans ce qu'on a pu vous dire, s'écria-t-il, je vous le jure.

— Cependant...

Victor étendit la main droite dans un élan irrésistible :

— Par ce qu'il y a de plus sacré au monde, s'écria-t-il, je vous jure qu'il n'y a pas un mot de vrai dans ces propos.

— Je veux le croire, mais enfin ils ont été tenus.

— Ils ont été tenus... sans l'être ; c'est-à-dire qu'entre jeunes gens on se laisse aller à des paroles sans conséquence, vous savez cela comme moi ; mais je vous jure que mademoiselle Marichette est innocente et que je n'ai pour elle que des sentiments de respect, du plus profond respect, qu'elle mérite, je vous l'affirme.

— Il n'en est pas moins vrai que moi, chef de la famille, je me trouve accorder une faveur... très grande à un homme qui aurait pu déshonorer une personne de cette famille.

— Tout ce que je pourrai faire pour racheter... cette imprudence, je le ferai. Vous n'avez qu'à parler, je suis prêt à tout.

— Et que voulez-vous faire ? Ce n'est pas avec ce que vous direz maintenant que je pourrais répondre aux membres de ma famille qui me reprocheront d'avois récompensé le calomniateur de ma cousine, au lieu de le renvoyer de chez moi.

— Mais puisqu'il n'y a rien de vrai dans ces... plaisanteries.

— Vous appelez des plaisanteries des propos qui pourraient vous conduire en police correctionnelle! J'avais bien pensé à exiger de vous une lettre d'excuse...

— Ce n'est pas à vous de l'exiger, c'est à moi de vous la proposer.

Bellocq continua :

— Dans laquelle vous m'auriez exprimé tous vos regrets, et j'aurais été ainsi couvert jusqu'à un certain point, car enfin, on peut ne pas garder rancune à qui se repent sincèrement.

Victor s'assit à la place occupée naguère par Marichette, et prenant une feuille de papier sans en-tête, il saisit une plume :

— C'est pour moi un devoir de l'écrire cette lettre; dictez-la, monsieur.

— Pour cela, non; écrivez si votre conscience vous oblige à le faire, mais écrivez librement, ce que vous voudrez; que faut-il, d'ailleurs, quelques lignes : « Monsieur, j'apprends que des propos tenus sur le compte de mademoiselle Marichette dans des réunions de jeunes gens, sont revenus à vos oreilles ; je tiens à vous en exprimer tous mes regrets et à vous présenter mes excuses les plus sincères. »

A mesure que Bellocq parlait, Victor écrivait

— Je dois maintenant affirmer, il me semble, dit-il, que ces propos n'ont pas le sens qu'on a pu leur attribuer.

— Si vous voulez. Cependant, se donner à soi-même un démenti écrit, c'est bien grave. Je ne veux pas que vous vous déshonoriez, vous qui allez être mon second!

Victor était resté hésitant, la plume en l'air.

— Puisque je ne vous le demande pas, dit Bellocq, de plus en plus bonhomme.

Victor n'eut pas le courage d'insister.

— Au fait, se dit-il, puisqu'il ne le demande pas!

— Maintenant, reprit Bellocq, terminez par une formule de politesse, signez et datez.

Mais comme Victor allait mettre la date, Bellocq, penché par-dessus lui, l'arrêta :

— Ne mettez pas la date d'aujourd'hui, dit-il, vous auriez l'air de m'écrire cette lettre pour me payer le service que je vous rends en vous donnant un intérêt dans mes affaires ; antidatez-la de deux mois ; cela lui donnera plus de franchise.

XXIII

Ce fut une traînée de poudre. Le lendemain de cet entretien, tout le monde savait dans un rayon de dix lieues que Bellocq aîné, le maire de Saint-Maclou, était cité en justice « pour avoir fait un enfant à sa cousine. »

Est-ce possible !

Quel scandale !

— Cela va être drôle.

Il y eut cependant des personnes qui prirent sa défense : madame Voisard la première ; Voisard ensuite, quand sa femme eût parlé, et quelques autres, soit parce qu'elles avaient peur de n'être pas du côté de Bellocq, soit tout simplement par goût de contradiction.

— Ne voyez-vous pas, dit madame Voisard, que c'est une machination inventée par madame Belloquet, qui a attiré cette jeune fille chez elle parce qu'elle la savait enceinte, et espérait mettre cet enfant sur le compte de M. Bellocq ?

Mais cette explication avait été difficilement acceptée, car, si l'on admettait que madame Belloquet voulût tourmenter son cousin, et satisfaire ainsi sa haine, on ne voyait pas du tout l'intérêt qu'elle avait à imposer un enfant à un homme dont ses enfants à elle pouvaient hériter un jour.

Partout on ne parlait que de ce procès, et bien des bouches, closes jusqu'à ce jour par la terreur qu'inspirait Simon Bellocq, s'ouvraient, — prudemment il est vrai, avec ces allusions et ces réticences, ces sourires et ces clignements d'œil, ces mots à double sens où excellent les paysans normands, mais enfin elles s'ouvraient, et il aurait fallu être aveugle pour ne pas voir le soulagement et les espoirs qui se cachaient sous ces propos : — Enfin ! il y avait même des ambitieux qui adroitement demandaient quel homme capable on choisirait pour maire et pour conseiller d'arrondissement si Bellocq aîné était obligé, par l'éclat et le scandale de ce procès, à donner sa démission. Assurément ils étaient convaincus qu'il en sortirait à son honneur, mais il était prudent de chercher dès maintenant ; ils ne se présentaient pas, cependant s'il le fallait, ils se dévoueraient.

Si peu communicatif que fût Paulin, il n'avait pu rester en dehors de tout ce tapage ; étant en relations avec des gens qui espéraient apprendre quelque chose de lui, — les commis ne sont-ils pas les premiers à connaître les affaires de leur patrons ! on l'avait tâté.

En arrivant, le lendemain de l'assignation, sur un chantier où les entrepreneurs étaient réunis, on ne lui dit rien, — ils étaient trop avisés, ceux que Simon Bellocq employait ou exploitait, pour se compromettre : mais quand l'un d'eux se trouva en tête-à-tête avec lui, il fut moins réservé : « Quand il n'y a pas d'espions ou de témoins, on peut causer, n'est-il pas vrai ? »

Et le patron ?

— Quoi, le patron ?

— Oh ! rien, bien sûr. Ce n'est pas moi qui cause. Ce que je veux dire : Il va bien le patron ?

— Pourquoi n'irait-il pas bien, un homme comme lui ?

— Au fait, un homme comme lui. Il ira toujours bien. En voilà un qui n'a rien à craindre.

Et un clignement d'œil avait souligné le mot : « En voilà un qui n'a rien à craindre. » On se comprenait. Pas besoin d'en dire davantage : « Un homme comme lui n'avait rien à craindre, ni d'un procès, ni de personne ; le mieux était donc de paraître le respecter. »

— Il a tout de même de la malice, ce Paulin, se dirent ceux qui avaient essayé de le faire parler, il n'en lâche pas trop ; pour sûr que l'affaire du patron est bonne, sans quoi il causerait.

Mais madame Morot n'avait pas eu la réserve de son fils quand on lui avait parlé du procès de Simon Bellocq ; elle avait eu la curiosité de savoir, et elle n'avait que trop su.

— Marichette enceinte !

C'était donc là l'explication de cette mystérieuse fuite à Criquefleur et de la rupture avec Paulin, à laquelle elle n'avait jamais rien compris, et qu'elle aurait depuis longtemps éclaircie, si son fils lui avait permis d'aller voir Marichette chez madame Belloquet, comme elle en avait eu l'intention.

C'était à la sortie de la messe qu'elle avait appris cette nouvelle extraordinaire, et en bonne mère qu'elle était, elle avait beaucoup plus pensé à son fils qu'à Marichette. Quel coup pour lui ! Il était déjà si sombre, si triste. Il avait maigri, ses yeux s'étaient enfoncés. C'était à peine si l'on pouvait lui arracher une parole. Lui, autrefois si assidu au travail, il s'en allait maintenant sur la falaise, ou bien il restait assis pendant des heures dans la cour à ne rien faire, regardant au loin sans voir, indifférent à ce qui se disait, à ce qui se faisait autour de lui. Il ne fallait pas que ce fût par une autre que par elle qu'une chose aussi terrible lui fût dite sans ménagements. Et elle avait monté la côte, marchant à perdre haleine.

Elle ne l'avait point trouvé à la maison, car le temps n'était plus où pendant que sa mère était à la messe, il restait à entretenir le feu tout en travaillant ; maintenant il s'en allait sur la falaise, à un endroit d'où l'on apercevait Criquefleur, et il se promenait là, les yeux fixés sur la maison où elle était, d'esprit, de cœur avec elle.

Cependant, averti par les cloches de la fin de la messe, il n'avait pas tardé à arriver. A la façon dont sa mère le regarda, il comprit qu'il se passait quelque chose de grave, et, comme il vivait dans la fièvre de l'angoisse, tout de suite il l'interrogea.

Elle eût voulu le préparer, le ménager; mais il la pressait de telle sorte, qu'il fallait répondre.

— C'est ce que j'ai appris en sortant de la messe qui m'a bouleversée, dit-elle.

— Qu'as-tu appris ?

— Le procès qu'on fait à M. Simon Bellocq.

C'était la quatrième ou la cinquième fois que depuis la veille il entendait parler de ce procès.

— En quoi cela nous touche-t-il ? demanda-t-il.

— C'est pour nous, pour toi, mon pauvre garçon, la chose la plus affreuse, et il te faudra tout ton courage pour la supporter.

— Marichette ! Qu'arrive-t-il à Marichette ?

— Eh bien, oui, c'est d'elle qui s'agit.

— Parle, parle donc !

— Je le voudrais; j'ai peur ; mon pauvre enfant, mon enfant ! Ah tu ne méritais pas ça !

— Mais quoi ?

— Eh bien ! ce procès...

— Parle-moi de Marichette.

— Justement, c'est elle qui fait ce procès à M. Simon Bellocq.

— Mais c'est absurde, Marichette ne fait pas de procès.

— Enfin que ce soit elle directement ou son cousin Belloquet agissant pour elle, toujours est-il qu'ils font un procès à M. Simon Bellocq... à cause...

Elle s'arrêta, n'osant continuer.

— A cause ? s'écria Paulin.

— Enfin pour qu'il répare le préjudice qu'il lui a causé, en la mettant dans la position... où elle est.

— Mais quelle position?

— La position d'une fille enceinte.

— Enceinte! qui enceinte?

— Marichette.

— Marichette enceinte! Mais c'est fou. Si c'était une autre que toi qui dises cela je l'étranglerais.

— C'est bien pour cela que j'ai couru, afin de te le dire moi-même.

— C'est une calomnie, une ignoble méchanceté de toutes ces bêtes de femmes qui ne savent qu'inventer.

— Ce n'est pas une bête de femme qui me l'a dit; c'est madame Caillot elle-même, la femme de l'huissier qui a assigné M. Simon Bellocq; elle a lu l'assignation.

Paulin se tenait la tête à deux mains.

— Et puis, continua madame Morot, est-ce qu'il n'y avait pas dans tout cela un mystère qui devait éclater un jour? Est-ce que tu pouvais être tranquille? Est-ce que tu pouvais attendre en te disant: cela finira bien?

Il abaissa ses mains et montra son visage convulsé:

— Et pourtant je me le disais, murmura-t-il, en se laissant tomber sur une chaise, anéanti.

— Tu te le disais mais tu n'étais pas tranquille; tu dépérissais tous les jours; cette attente t'aurait tué.

— Et ce coup ne me tuera-t-il pas mieux encore?

— Ne dis pas ça, mon garçon; on ne meurt pas

parce qu'on est trompé, pour la perte d'une femme qui n'était pas digne de vous.

— Marichette pas digne de moi! tais-toi, maman.

— Mais elle est enceinte.

Paulin resta un moment écrasé ; puis tout à coup se relevant :

— Eh bien, quand cela serait! s'écria-t-il.

— Cela est malheureusement, et tu comprends qu'une fille enceinte n'est pas une honnête fille.

— Qui sait ce qui a pu se passer!

— Justement, qui sait comment peut se laisser entraîner une fille pauvre qui veut se faire épouser par un homme riche ?

— Il ne s'agit pas d'entraînement ; tu as vu Marichette, tu la connais, n'est-ce pas l'honnêteté même ?

— Je le croyais.

— L'innocence, la pureté, la franchise, la loyauté.

— Il est vrai.

— Eh bien! alors, quand on est ainsi, se laisse-t-on entraîner par des calculs?

— Que veux-tu que je te dise : elle est enceinte, et c'est M. Simon Bellocq qui est le père de son enfant.

— Et c'est là précisément ce qui permet de craindre toutes les infamies.

Vivement il prit son chapeau qu'il avait jeté sur une chaise.

— Que veux-tu donc? demanda madame Morot.

— Aller à Criquefleur.

— Quoi faire?

— Savoir.

— Quand tu apprendrais ces infamies dont tu parles, cela empêcherait-il qu'elle fût enceinte? elle est perdue pour toi.

— Ce n'est pas à l'avenir que je pense, c'est au passé, à notre amour, à ma foi en elle.

Il fit quelques pas pour sortir ; puis, revenant à sa mère, il la prit dans ses bras et l'embrassant avec une étreinte désespérée :

— Ah ! maman !

XXIV

Comme tous les dimanches après déjeuner, madame Belloquet était assise sur un banc à barreaux verts placé à côté de la porte d'entrée de son bureau : elle était là en grande toilette, la toilette des dimanches : robe de taffetas noir, col et manches de dentelles, chaîne d'or au corsage, bracelets aux poignets, bagues aux doigts ; les enfants endimanchés aussi jouaient dans la rue ; et autour d'elle trois voisines dans leurs plus beaux atours, faisaient cercle en discourant avec une animation tout à fait extraordinaire.

C'est que ce qui se passait devant elles était extraordinaire aussi et réellement de nature à provoquer les discours.

De l'autre côté de la rue, et juste en face, des ouvriers étaient occupés à peindre sur la façade d'une grande maison une enseigne, dont la première ligne était seule achevée :

SIMON BELLOCQ

tandis que, sur la porte de cette maison, un serrurier achevait de visser une belle plaque de cuivre toute flamboyante sur laquelle on lisait le même nom :

SIMON BELLOCQ

— Ainsi, disait l'une des voisines, il vient vous faire concurrence à votre porte.

— C'est hier, répondit une autre, qu'il a loué la maison de ce pauvre Nicolle, et déjà les ouvriers sont à l'ouvrage. Ne dirait-on pas que Nicolle a fait faillite à point pour lui céder ses magasins ? Quand mon mari m'a dit que Simon Bellocq avait signé ce bail, j'ai cru qu'il rêvait.

— C'est la réplique au procès que le conseil de famille de notre cousine lui intente, dit Célanie; comme si nous étions responsables de ce procès, il veut se venger de nous. Est-ce assez misérable !

Personne ne répondit : puisque Bellocq venait s'établir à Criquefleur, il fallait avoir de la méfiance ; avec un homme comme lui on ne pouvait pas savoir ce qui arriverait.

— Je comprends pourquoi cette pauvre jeune fille reste enfermée, dit une autre; je me demandais comment elle ne quittait plus sa chambre, elle que nous voyions toujours près de vous à son arrivée ici; elle n'ose pas se montrer. Pauvre enfant ! Est-ce horrible, un pareil malheur !

— Cela lui sera mauvais de ne pas sortir.

— Que voulez-vous que je lui dise pour la décider ? demanda Célanie. Quand elle ne voit personne, elle est moins malheureuse ; au moins elle n'a pas à rougir.

— Et si elle devient malade de ne pas sortir?

— Et si elle se tue de désespoir?

— Hélas! mon Dieu, en est-elle là?

— Qui ne perdrait pas tout courage dans sa position?

A ce moment elles virent Paulin apparaître au bout de la rue; il marchait à pas rapides.

— Ah! voilà le commis de M. Bellocq, dit l'une d'elles.

— Il paraît que ça presse.

Mais elles se trompaient; Paulin ne tourna même pas la tête du côté de la maison que son patron faisait aménager; il vint droit sur madame Belloquet.

— C'est à vous qu'il a affaire, ma chère.

— Nous vous laissons.

Mais ce fut à regret qu'elles s'éloignèrent et lentement. Que pouvait vouloir à madame Belloquet le commis de Bellocq? Au point où en étaient les choses n'y avait-il pas dans cette visite de quoi provoquer la curiosité?

La voix de Paulin était si profondément altérée que Célanie comprit plutôt qu'elle n'entendit qu'il lui demandait un entretien particulier; elle passa devant lui et le conduisit dans la salle où déjà elle l'avait reçu, curieuse, elle aussi, de savoir ce qu'il voulait.

Il resta un moment sans parler, paralysé par l'émotion bien plus que par l'embarras de ce qu'il avait à dire.

— On vient de m'apprendre qu'on fait un procès à M. Simon Bellocq, dit-il enfin, et avant de rien croire j'ai voulu vous demander... si cela était possible.

Elle laissa tomber ses bras sans répondre autrement.

— Alors, c'est vrai?

— Hélas !

— Je vous en conjure, madame, répondez-moi sans pitié : le doute me rend fou.

— C'est vrai.

— Et la cause de ce procès est celle qu'on dit?

Il était tremblant, décoloré en posant cette question et c'était en sifflant que les mots passaient à travers ses dents serrées.

Puisqu'il demandait la vérité, il n'y avait qu'à la lui dire. Le temps n'était plus où Célanie bâtissait de si beaux projets de vengeance sur le mariage de Paulin avec Marichette. Ce mariage était désormais impossible. Et Paulin l'acceptât-il encore quand même et malgré tout, qu'elle, de son côté, n'en voudrait plus. C'était par le procès qu'elle avait la certitude d'arriver maintenant à son but, non par le mariage. Par ce procès elle inspirait une haine féroce à Simon contre Marichette, et le mariage avec Paulin ne pourrait rien ajouter à cette haine. A la vérité il pouvait être une consolation pour Marichette; mais ce n'était pas là une considération qui pouvait la toucher. Que lui importait que Marichette fût ou ne fût pas consolée ! Son intérêt n'était-il pas, au contraire, qu'elle fût désespérée ? Peu à craindre les désespérés : ou ils meurent à la peine, ou ils disparaissent; ils se sauvent, ils se cachent; ils font le plongeon et se noient sans qu'on entende plus jamais parler d'eux.

— Vous êtes bien certain, n'est-ce pas, dit-elle d'un ton désolé, que lorsque je me suis ingéniée à vous rapprocher de Marichette et à assurer votre mariage, j'ignorais ce qui s'était passé ? Je croyais qu'il n'y avait eu entre elle et ce misérable que la scène du carreau cassé. Malheureusement avant celle-là il y en avait eu une autre ou d'autres. Vous comprenez ?

La question était au moins inutile, car à la pâleur de Paulin il était facile de voir qu'il comprenait : il ne respirait plus.

— Qu'est-il alors arrivé? dit-elle en continuant, je ne sais pas au juste...

Après un court moment d'hésitation, il jeta ses deux mains en avant comme pour lui fermer la bouche, et le geste était si parlant qu'elle ne put pas se tromper sur son sens.

— Vous ne voulez pas savoir, dit-elle, vous avez raison; que ce soit comme ceci ou que ce soit comme cela, ce n'est pas ce qui peut changer les choses et faire que la pauvre enfant ne soit... enceinte.

Toute cette phraséologie entortillée avait dû le préparer à cette conclusion; cependant, en recevant ce coup, il chancela et pâlit encore au point qu'elle crut qu'il allait avoir une défaillance.

Elle fit un pas vers lui.

— Allez-vous donc vous trouver mal? demanda-t-elle.

Ces quelques mots le relevèrent; il ne devait pas s'abandonner et donner sa douleur en spectacle.

— J'aurais été coupable envers mon amour d'admettre... — Il chercha son mot, ne pouvant pas, malgré son bouleversement, se décider à parler tout haut de grossesse — ... d'admettre ces choses d'après des bruits venant on ne sait d'où; voilà pourquoi j'ai voulu m'adresser à vous.

— Hélas! mon pauvre monsieur, je ne puis vous dire que la vérité.

Il fit quelques pas vers la porte, puis revenant :

— J'ai encore une prière à vous adresser, dit-il, c'est à propos de cette visite.

— Croyez bien que je vous plains de toute mon âme, et que ce que je pourrai faire pour vous prouver ma sympathie, je le ferai.

— Eh bien, je voudrais qu'elle ne sût pas que je suis venu.

— Je vous promets de ne pas le lui dire.

— Adieu, madame.

Comme il passait devant les voisines qui l'avaient vu entrer et qui guettaient sa sortie, celles-ci conclurent de son attitude affolée et de sa marche désordonnée qu'il avait dû se passer des choses bien graves entre lui et madame Belloquet; aussi toutes d'un même mouvement revinrent-elles en hâte autour du banc aux barreaux verts où Célanie ne tarda pas à les rejoindre avec un visage compassé qui n'annonçait rien de bon pour la satisfaction de leur curiosité.

— Alors la paix n'est pas faite? demanda l'une d'elles.

— Pas du tout.

Ce fut tout ce qu'elles purent en tirer.

Cependant Paulin avait continué son chemin, marchant dans son cauchemar sans rien voir, sans rien entendre autour de lui, et il avait ainsi gagné le haut de la falaise. Là, il se laissa tomber sur l'herbe, écrasé. L'endroit était désert; en cette journée du dimanche, il n'y avait personne aux champs, il pouvait pleurer à son aise et s'abandonner à la prostration qui anéantissait tout en lui : force physique et volonté, le corps et le cœur.

Ce fut le soir seulement qu'il rentra. Sa mère, qui l'attendait dans une angoisse mortelle, fut épouvantée en apercevant son visage convulsé.

Il vint à elle et l'embrassa :

— Maman, dit-il, je vais te causer un grand chagrin ; mais je suis certain que tu l'accepteras par tendresse maternelle, en comprenant combien j'ai besoin de cette tendresse ; il faut que nous partions d'ici ainsi qu'il avait été convenu autrefois. Je ne peux pas rester dans ce pays. Je ne peux pas voir... cet homme. Je ne peux pas écouter ceux qui me parleraient de choses que je ne peux pas entendre. Si tu ne veux pas que j'en meure ou que j'en devienne fou, il faut que je puisse me jeter dans le travail à corps perdu.

— Quand veux-tu que nous partions? dit-elle simplement.

— Demain.

— Nous partirons : justement la vache est vendue; je porterai les volailles demain au marché. Tu m'aideras ensuite à emballer ce que nous devons emporter.

Dans la nuit, au lieu de se coucher, il voulut écrire à Marichette : mais il ne put rien trouver à dire.

Ou elle était coupable, et alors elle ne méritait pas un adieu;

Ou elle ne l'était pas, et cet adieu serait une nouvelle douleur pour elle. C'était la fatalité qui les séparait : ni elle ni lui ne pouvaient rien contre cette fatalité, qui brisait leurs deux vies.

XXV

Depuis que Marichette se savait enceinte, elle ne quittait plus sa chambre qu'à l'heure des repas ; arrivant la dernière à table, se levant la première pour remonter l'escalier à la hâte, sans même se laisser retenir par les enfants qui voulaient jouer avec elle, et par Psit qui demandait à aller se promener.

Toute la journée elle travaillait à des écritures de commerce, mettant à jour ce que sa tante avait laissé en retard, ne s'arrêtant qu'après avoir achevé ce qu'elle avait emporté, alors que par peur de rencontrer quelqu'un elle n'osait descendre au bureau pour prendre de nouvelles lettres ou de nouveaux mémoires. Ne fallait-il pas qu'elle gagnât le pain qu'on lui donnait ? Et puis, cette besogne de copiste occupait son esprit et l'empêchait de s'abandonner à la rêverie.

Un autre travail, il est vrai, l'eût mieux occupée encore : celui de la layette de son enfant. Quand elle était petite fille, elle avait fait, avec les ouvrières du magasin de sa mère des layettes pour ses poupées, de ces layettes idéales comme seules en ont les poupées, et, aussi bien que la meilleure lingère, elle eût su tailler des brassières ou piquer des bavettes, non pour un joujou en porcelaine cette fois, mais pour une petite tête rose, celle du pauvre enfant qu'elle portait. Et elle se disait que ce qui avait été un jeu pour elle quelques années auparavant serait maintenant un soulagement aux lugubres pensées de sa solitude. Mais ce soulagement ne lui était pas et ne lui serait pas permis. Un jour il avait été question de layette entre elle et sa tante, et celle-ci s'était expliquée de façon à lui enlever toute espérance à ce sujet.

— Ne t'inquiète pas de la layette de ton petit, il me reste assez de pièces dépareillées de celles qui ont servi à mes quatre enfants pour que nous lui trouvions ce qui sera nécessaire. Il n'a pas besoin d'ailleurs de la layette d'un prince ; ce qui a été bon pour mes enfants sera assez bon pour lui.

Assurément, tout serait assez bon pour lui : c'était ce qu'elle se disait, ce qu'elle se répétait, la pensée qui hantait son esprit.

Et puis elle n'avait pas le droit de demander de la toile ou de la flanelle pour « son petit ». A quel titre? Les marchands la font payer, leur toile et leur flanelle. C'était une dépense qu'elle comprenait que sa tante ne voulût pas prendre à sa charge, comme c'était d'autre part une perte de temps. Ce n'était pas pour son enfant qu'elle devait travailler, c'était pour ceux qui l'avaient recueillie.

Le temps n'était plus où sa cousine aimait mieux la faire parler que travailler, comme il n'était plus aux cajoleries et aux paroles d'amitié. Il n'était plus question de « ma bonne petite » ni de « ma chérie » ; et c'était par un « Marichette » sec et dur que maintenant elle l'appelait.

Combien de défauts que Marichette ne se connaissait pas et que maintenant sa cousine lui révélait à propos de tout !

— Pourquoi ne repousses-tu pas ta chaise contre la table quand tu te lèves ? As-tu été habituée à avoir un domestique derrière toi?

— Est-ce que tu faisais des croûtes chez ta mère ? Chez nous on n'en fait point ; le pain coûte assez cher à gagner pour qu'on ne le gaspille pas.

— On ne fermait donc pas les portes chez ta mère? ici on les ferme, attendu que quand les carreaux sont cassés, il faut les faire remettre, et le verre coûte assez cher.

Ainsi pour tout et à chaque instant. Psit lui-même, « le joli chien », était devenu « une sale bête qu'on ne pouvait pas rassassier. »

Que l'amitié que sa cousine lui avait témoignée les premiers jours se fût changée ainsi en hostilité, Marichette ne le comprenait que trop. En arrivant elle était un objet de pitié. Maintenant elle était un objet de honte. Il n'y avait donc pas à s'étonner si elle humiliait sa cousine et si elle l'exaspérait. Et il n'y avait pas à s'étonner davantage si cette exaspération se traduisait en paroles cruelles. Une mère l'eût plainte, soutenue, consolée : Célanie n'était pas une mère.

Ce n'était que par la docilité, la soumission, l'applition et l'assiduité au travail qu'elle pouvait se faire tolérer dans cette maison, — petite pour qu'on ne la vît pas, silencieuse pour qu'on ne l'entendît pas, ne manifestant sa présense et son existence que par les minces services qu'elle pouvait rendre.

Dans ces conditions, comment aurait-elle pu se fâcher de quelques paroles dures, et comment n'eût-elle pas été décidée d'avance à tout endurer pour se faire supporter? C'était sa vie, c'était celle de son enfant.

Une seule fois elle eut un mouvement de révolte, et ses lèvres s'ouvrirent pour laisser échapper des plaintes : ce fut peu de temps après le commencement du procès.

Ni son cousin ni sa cousine ne lui avaient parlé de ce procès. A quoi bon? Elle n'était pas d'âge à ce qu'on la consultât; on agissait pour elle, dans son intérêt, pour son bien, comme pour celui de son enfant.

— Évitons-lui cette douleur, avait dit Sylvain.

— Évitons-nous ses cris et ses pleurs, avait dit Célanie.

Et tous deux, le mari et la femme, avaient été d'accord pour ne rien dire; il serait toujours temps de parler quand on ne pourrait plus se taire.

Mais les enfants n'avaient pas les mêmes raisons que leurs parents pour garder le silence. Souvent, quand Marichette avait quitté la table, le père et la mère parlaient du procès qui suivait son cours; ils écoutaient avec curiosité. Un procès tout simple n'aurait eu aucun intérêt pour des gamins de leur âge ; mais comme les noms de Simon et de Marichette étaient prononcés à chaque instant, ils espéraient trouver l'explication des choses mystérieuses qui se passaient autour d'eux : l'emprisonnement de Marichette dans sa chambre, le peu de temps qu'elle restait à table, sa tristesse.

— Est-ce que tu ne seras plus en prison, si tu gagnes ton procès ? lui demanda le petit Robert.

— Mais je n'ai pas de procès.

— Tu sais bien, ton procès avec le cousin Simon?

— Qu'est ce que tu me donneras si tu le gagnes ? demanda Pauline, qui, ressemblant à sa mère, voulait toujours qu'on lui donnât quelque chose.

Évidemment, ces enfants répétaient ce qu'ils avaient entendu. Marichette ne pouvait s'en tenir au mot qu'elle leur avait répondu et se le répéter à elle-même : « Je n'ai pas de procès; » elle devait savoir; il fallait qu'elle interrogeât sa cousine, si pénible que dût être pour elle cet entretien.

Le jour même elle lui répéta ce que les enfants lui avaient dit.

— Ai-je mal compris ? demanda-t-elle craintivement.

— Nous ne t'en parlions pas pour ne pas te tourmenter, répondit Célanie, mais tu as bien compris.

— Un procès ! s'écria-t-elle ; mais quel procès? C'est ce que je ne comprends pas.

— Un procès civil en réparation du préjudice que ce misérable t'a causé en exerçant sur toi une violence et un abus d'autorité.

C'étaient là, pour Marichette, des mots vides de

sens : procès civil, réparation du préjudice causé, abus d'autorité. Elle regardait sa cousine en se répétant machinalement ces mots.

— Mais mon cousin Sylvain m'avait promis qu'il n'y aurait jamais de procès, s'écria-t-elle désespérément.

— Ton cousin t'avait promis cela?

— Je vous le jure.

— Quand t'a-t-il fait cette promesse?

— Le jour de mon arrivée ici.

— Nous ne savions pas à ce moment que tu étais enceinte; le procès dont il était question alors, c'était un procès au criminel qui devait envoyer le Corsaire aux assises. Nous y avons renoncé par égard pour toi. Mais le procès civil est une autre affaire; c'est ton conseil de famille qui l'a décidé dans l'intérêt de ton enfant, comme dans le tien.

— L'intérêt de mon enfant! le mien!

— Que veux-tu en faire, de ton enfant?

— L'élever.

— Comment?

— En travaillant.

— A quoi?

— Je vous ai dit que j'avais un métier, je gagnerai assez pour nous deux.

— Tu gagnerais la misère, et tu retomberais à notre charge; nous avons nos enfants, pourrions-nous prendre le tien quand son père ne ferait rien pour lui? N'est-il pas raisonnable que ce soit celui qui fait la faute qui la paie? Si la loi était juste elle l'obligerait à t'épouser. Elle l'obligera à t'indemniser du préjudice qu'il t'a causé, et c'est là le but du procès ! tu vois donc bien qu'il est fait dans ton intérêt comme dans celui de ton enfant.

— Et ma honte, et celle de mon enfant, ce procès ne les fait-il pas publiques ?

— Si tu crois qu'il n'y a qu'à te cacher dans ta chambre pour que ta honte ne soit pas publique !

— Je ne demande rien à personne en me cachant dans ma chambre. N'est-ce donc pas la honte la plus cruelle pour moi comme pour mon enfant de demander quelque chose à *lui !*

Célanie haussa les épaules.

— Devant les tribunaux, étaler son malheur et sa misère ! continua Marichette.

Depuis le commencement de cet entretien, l'agacement de Célanie allait en croissant ; il était arrivé à l'exaspération : avait-on jamais vu idiote plus idiote ?

— Ah ! voilà ton grand mot lâché, s'écria-t-elle, incapable de se contenir plus longtemps, étaler son malheur, c'est là ce qui te blesse.

— A en mourir.

— Tu penses à ton Paulin. Il est bien temps vraiment ! Qu'est-ce que tu veux que cela fasse maintenant ? Ne sait-il pas comme tout le monde que tu es enceinte ? Au surplus, ne t'inquiète pas de lui : il a quitté Saint-Maclou avec sa mère ; la petite maison est fermée. On croit qu'il s'est sauvé à Paris. Franchement, il y avait de quoi se sauver plus loin encore.

XXVI

Sur la demande de Bellocq aîné, le tribunal avait ordonné une enquête.

« S'il est position délicate et pénible, avait plaidé l'avocat du maire de Saint-Maclou, c'est incontestablement la nôtre; nous ne pouvons nous défendre sans accuser, et celle que nos accusations vont fatalement atteindre est une jeune fille à laquelle nous avons prodigué nos soins, une orpheline que nous avons pieusement recueillie, que nous avons aimée d'une tendresse paternelle. — Mais si nous montrons que pendant le temps qu'elle a passé près de nous, cette jeune fille a mené une conduite d'une légèreté qui a provoqué des soupçons et des propos déplorables pour sa moralité, que restera-t-il des allégations sur lesquelles on appuie sa demande? Si nous prouvons son libertinage, n'aurons-nous pas par cela seul prouvé qu'on ne peut pas mettre à notre charge le préjudice dont une pensée de basse vengeance et de haine dénaturée veut nous faire responsables? »

Pendant cette enquête que Soupardin avait suivie

adroitement, sans se montrer et sans intervenir jamais d'une façon directe, il s'était produit des dépositions de témoins, celles des camarades de Victor Dedessuslamare, qui avaient expliqué la demande d'enquête faite par Simon Bellocq.

Soupardin en avait été un moment dérouté, et, malgré sa circonspection habituelle, il n'avait pas pu ne pas s'en expliquer à peu près franchement avec madame Belloquet.

— Voilà un calamiteux incident, avait-il dit en manœuvrant son portefeuille, ce qu'on appelle un incident calamiteux.

Lorsqu'il avait dit un mot qui le satisfaisait, il aimait à le répéter, seulement il cherchait à en varier la forme, et s'il avait mis tout d'abord l'adjectif avant le substantif, à la répétition il mettait le substantif avant l'adjectif; — cela était plus élégant et donnait de la variété au discou rs.

Mais Célanie n'avait pas partagé le désappointement de Soupardin. Pas du tout calamiteux l'incident. Loin de là. Si elle avait eu la rhétorique de Soupardin elle n'aurait pas hésité à le qualifier de propitiatoire. Comme il allait être furieux, le Corsaire, en apprenant qu'il avait eu des concurrents, car si pour Célanie les dépositions des amis de Victor étaient douteuses, il lui semblait qu'elles ne pouvaient pas l'être pour Simon; les hommes sont si bêtes pour juger les femmes, et celui-là particulièrement était toujours si inquiet, si soupçonneux, qu'il n'avait pas su assurément voir ce qu'était Marichette; des témoignages plus ou moins précis accusaient celle-ci, il allait les avaler, et rien au monde maintenant ne pourrait lui faire croire qu'il était le père de cet enfant. Et c'était quelque chose cela qui n'avait rien de calamiteux. Combien heureux, au contraire, à tous les points de vue, c'étaient trois résultats inespérés obtenus d'un même coup : — l'enfant ne serait jamais à craindre comme héritier ; — elle pouvait profiter de cette occasion pour risquer un rapprochement avec le Corsaire, ou tout au moins ouvrir une porte par où il serait possible de se tendre un jour la main ; — enfin elle pouvait renvoyer Marichette sans que son mari eût le droit de la défendre; plus besoin de la garder maintenant qu'elle était perdue à jamais dans l'esprit de Simon; elle pouvait aller où elle voudrait, crever de misère ou travailler à son gré; puisqu'elle parlait à chaque instant de gagner sa vie, c'était le moment.

Le plus pressé était de se débarrasser de Marichette; ensuite elle verrait à allonger la main du côté du Corsaire.

Quelle inspiration elle avait eue de vouloir ce procès !

Ne pouvant pas dire ses espérances à son mari, qui était arrivé, l'imbécile, à aimer Marichette comme sa fille, elle devait lui présenter ces dépositions comme un incident calamiteux.

Lorsque le soir de la visite de Soupardin, Sylvain était revenu de ses courses ordinaires, il avait tout de suite vu sur le visage de sa femme qu'il s'était passé quelque chose de grave.

Il avait voulu l'interroger, elle lui avait répondu qu'elle s'expliquerait après le souper, quand les enfants seraient couchés ; ce n'avait donc été que les portes closes et en tête-à-tête qu'elle lui avait dit avec désolation ce que Soupardin avait appris de l'enquête.

— C'est impossible, s'écria Sylvain, je ne croirai jamais cela de Marichette.

— Il ne s'agit pas de ce que tu croiras ou ne croiras pas ; il s'agit de ce qui se dit et de ce qui sera demain connu de tout le monde : Victor Dedessuslamare a avoué à ses amis, au clerc de Caillot, au fils de Philippe, qu'il était l'amant de Marichette.

— C'est un mensonge, une infamie.

— Soupardin ne l'a pas inventé !

— Il n'est pas question de Soupardin.

— Les amis de Victor Dedessuslamare n'ont pas inventé cela non plus pour les besoins de la cause, puisque ces propos remontent à une époque où Marichette était installée chez ton frère et où personne ne pouvait supposer que le procès s'engagerait un jour.

— Qui nous dit que ce n'est pas Victor Dedessuslamare qui s'est vanté ?

— Qui nous dit ? qui nous dit ?

— Mais tu ne vas pas croire que Marichette a été la maîtresse de ce garçon.

— Je ne crois rien.

— Mais tu sais bien que c'est l'honnêteté même.

— L'honnêteté d'une fille enceinte.

— Est-ce sa faute, la malheureuse ?

— Cela, c'est justement le point douteux. Moi

aussi, j'ai cru à l'honnêteté et à l'innocence de Marichette, et voilà pourquoi j'ai pris sa défense, pourquoi j'ai été indignée contre Bellocq, pourquoi je t'ai poussé à ce procès, car c'est moi qui t'y ai poussé, je le reconnais. Mais il y a des choses qui me sont revenues, depuis que Soupardin m'a raconté ces dépositions ; comme toi je ne voulais pas, je ne pouvais pas admettre...

— Quelles choses ?

— Elle t'a prié de ne pas faire ce procès. Pourquoi?

— Par honnêteté, par pudeur, par fierté.

— Tu as cru cela comme je l'ai cru moi-même. Mais qui nous dit que ce n'était pas par peur de ce qui arrive ? Intelligente et fûtée comme elle l'est, elle a prévu, sois-en sûr, que si ce procès s'engageait, il y aurait des investigations, des révélations, des découvertes fâcheuses, et tu vois qu'elle avait deviné juste.

— Jamais je n'admettrai cela.

— Quoi qu'il en soit, les choses sont ainsi ; nous avons chez nous, à notre table, avec nos enfants, une fille perdue de réputation.

— Ne dis pas cela, Célanie.

— C'est de mon devoir de mère de le dire; tu ne veux pas que je fasse passer Marichette avant mes filles, n'est-ce pas ? Ces dépositions créent une situation grave.

— Certainement il est à craindre que cela n'ait une mauvaise influence pour le procès.

— Ne dis pas que cette mauvaise influence est à craindre, dis qu'elle est certaine ; le procès est perdu, mais ce n'est pas le procès qui me préoccupe.

— Cependant...

— Je te répète qu'avant de penser à elle, nous devons penser à nos enfants.

— Mais que veux-tu donc? demanda-t-il effrayé.

— Marichette ne peut pas rester ici désormais.

— Où veux-tu qu'elle aille?

— Cela n'est qu'accessoire.

— Dans son état de grossesse, malheureuse comme elle est, désespérée comme elle le sera si ce procès lui donne tort ainsi que tu le prévois, alors qu'elle a besoin de soins et d'affection, tu voudrais la renvoyer! tu n'as pas réfléchi.

— J'ai beaucoup réfléchi, au contraire, et voilà pourquoi tu me vois si bouleversée, si angoissée. Tu ne diras pas que depuis que Marichette est chez nous je n'ai pas été bonne pour elle; je l'ai traitée comme si elle était notre fille.

Sylvain fit un signe d'assentiment.

— Mais la bonté n'est rien quand elle est un mouvement naturel. J'ai fait plus que d'avoir de la bonté. Alors que je comprenais toute la gravité d'un procès engagé par nous contre Bellocq, je n'ai pas hésité à te pousser à l'intenter au risque de compromettre l'héritage de nos enfants. Nous devions prendre la défense de cette pauvre fille coûte que coûte, et Dieu merci, le devoir parle assez haut en moi pour faire taire les autres voix, même celle de l'intérêt personnel, — si intéressée que je sois. Après un pareil sacrifice tu ne peux pas douter de mon attachement pour Marichette. Mais lui sacrifier maintenant la réputation et l'honneur de mes filles, les empêcher un jour de trouver à se marier parce qu'elles auront vécu dans la compagnie d'une malheureuse déshonorée, — cela jamais.

— Mais nous ne pouvons pas la mettre à la porte, c'est impossible, ce serait odieux; elle a besoin de nous: nous avons des devoirs à remplir envers elle; c'est affaire de conscience aussi bien que de cœur.

— Et qui parle de la mettre à la porte? Crois-tu qu'elle soit heureuse chez nous? Non, n'est-ce pas? Elle se cache, elle nous fuit parce qu'elle est fière et qu'elle rougit de sa honte. Crois-tu que quand elle saura que tout le monde connaît ces dépositions, elle ne rougira pas plus encore et ne désirera pas plus encore se cacher complètement? Dans ces conditions ne lui serons-nous pas aussi nuisibles qu'utiles, je te le demande? De même que je te demande si tu ne juges pas qu'il serait meilleur pour elle de vivre dans l'ombre d'une ville que dans la pleine clarté d'un village.

— Mais à la ville elle ne nous aurait pas, elle serait seule.

— Et si c'est la solitude qui peut adoucir sa honte? D'ailleurs il y a encore une autre considération. Il faut qu'elle travaille, il faut qu'elle élève son enfant; nous ne pouvons pas nous charger d'elle et de cet enfant à jamais. Elle a un métier aux mains. A la ville elle trouverait à l'exercer. Pense à cela. Il faut que Marichette quitte notre maison; elle la quittera.

XXVII

« Il faut que Marichette quitte notre maison. » Ce mot qui, tout d'abord, avait suffoqué Sylvain, lui parut moins horrible à mesure qu'il l'examina.

Il y avait du vrai dans ce que sa femme avait dit, beaucoup de vrai : Marichette n'était point heureuse chez eux. Pendant les premiers jours après son arrivée, elle avait trouvé le repos et l'affection, et elle en avait joui de façon à être réellement heureuse. Mais depuis, c'est-à-dire depuis que sa grossesse s'était déclarée, la situation avait changé. La honte de se montrer enceinte à des personnes qui la connaissaient et qui savaient dans quelles conditions elle l'était devenue ; d'autre part, les procédés de Célanie avec elle, tout cela l'avait jetée dans un chagrin farouche.

Il n'était pas aveugle et depuis un certain temps déjà il remarquait que Célanie n'était point avec elle ce qu'elle avait été autrefois : la sécheresse de la parole, les observations aigres, les remarques désobligeantes de sa femme qui se manifestaient à propos de tout l'avaient frappé et attristé, mais sans qu'il devinât d'où venait ce changement. Maintenant il en comprenait la cause, et il ne pouvait que la respecter : Célanie, mère avant tout et ne voyant que l'avenir de ses filles, était exaspérée par cette grossesse ; de là son irritation contre Marichette et à son insu, à coup sûr, sa dureté avec la pauvre fille.

Si cette irritation l'avait trop souvent entraînée alors qu'elle ne pouvait pas rendre Marichette responsable de cette grossesse, jusqu'où n'irait-elle pas maintenant qu'elle admettait ces propos de jeunes gens ? ce ne serait plus une existence difficile et pénible que Marichette aurait dans sa maison, c'en serait une tout à fait intolérable. Il connaissait sa femme, et mieux que personne il savait qu'il ne fallait pas l'exaspérer : bonne au delà de tout pour ceux qu'elle aimait, elle était impitoyable pour ceux contre lesquels elle avait des griefs.

Et il fallait bien qu'il s'avouât qu'elle en avait de graves contre Marichette, a propos desquels il n'avait rien à répondre. Que dire à une mère qui défend l'honneur de ses enfants ?

En réalité n'était-ce pas lui qui le premier avait eu l'idée d'envoyer Marichette dans une grande ville où elle pourrait se cacher, sans avoir à rougir de son état devant des gens qui la connaîtraient ? et ce que Célanie demandait maintenant, n'était-ce point précisément le retour à cette idée ? S'il l'avait lui-même proposée naguère, pouvait-il la combattre aujourd'hui, alors que tant de circonstances s'ajoutaient les unes aux autres pour imposer en quelque sorte ce départ : « Il faut qu'elle quitte la maison, et elle la quittera. »

Devait-il exposer Marichette à entrer en lutte avec sa femme ?

Longtemps il balança sur le parti à prendre, puis, à la fin, incapable de se décider, il voulut s'en remettre à Marichette elle-même en la faisant juge de la situation qu'il lui exposerait loyalement ; sans doute, ce serait une douleur pour elle, mais comment l'éviter ? Il n'en voyait pas le moyen. Ne devait-elle pas connaître la vérité, d'ailleurs ?

Depuis qu'elle était chez lui, il n'était monté qu'une fois la voir dans sa chambre, le jour de son arrivée précisément ; car, par cela seul qu'il était le cousin de son cousin, il observait envers elle dans ses démonstrations affectueuses une réserve dont jamais autrefois il n'aurait eu idée. Il la trouva, devant sa table, occupée à repriser une chemise d'enfant, sur laquelle elle opérait un travail de dentellière, tant la toile était usée.

— Ah ! mon cousin, dit-elle tout heureuse de le voir entrer chez elle, car elle n'éprouvait aucune honte près de lui, mais au contraire un sentiment de confiance et d'espérance comme si, dans sa présence seule, elle trouvait un soutien.

Et elle se leva vivement pour lui donner une chaise, marchant à jambes fléchissantes et en se balançant sur les hanches.

Sylvain resta un moment sans trouver ce qu'il avait à dire, paralysé aussi bien par l'embarras de la situation que par l'émotion qu'il éprouvait à la regarder les traits tirés, les yeux cernés, le visage pâle sur lequel se montraient çà et là, surtout aux paupières, des tâches bistrées.

— Alors tu es habile dans cet ouvrage ? dit-il en regardant la petite chemise qui avait servi à tous ses enfants.

— Maman trouvait que je cousais bien, mais je n'ai jamais été forte repriseuse.

— Elle t'avait appris son métier?

— Je travaillais avec elle, et comme elle se sentait mourir, elle avait tâché de m'enseigner tout ce qu'elle savait.

— C'était une habile lingère, n'est-ce pas?

— Elle vendait très bien ses modèles dans les magasins, et si elle avait pu travailler davantage, nous n'aurions pas été malheureux, mais la maladie l'arrêtait.

— Alors, tu gagnerais ta vie... s'il le fallait?

— Bien sûr.

Puis remarquant l'embarras de son cousin et comprenant qu'il y avait sous ses paroles autre chose que ce qu'elles disaient, elle l'interrogea.

— Voulez-vous que je travaille?

— Cela ne te déplairait pas ?

— Comment cela pourrait-il me déplaire de gagner ma vie et celle de mon enfant? Je l'ai demandé plusieurs fois à ma cousine.

— Et elle n'a pas voulu y consentir, parce que nous désirions te garder avec nous; mais les circonstances ne sont plus ce qu'elles étaient; il s'est passé des choses graves qu'il faut que tu apprennes, si douloureuses qu'elles puissent être pour toi.

— Et quoi donc encore? s'écria-t-elle épouvantée et d'avance découragée.

— Avant tout laisse-moi te dire que je n'en crois pas un mot, que tu es à mes yeux une brave et honnête fille, victime d'un affreux malheur, et que quoi qu'il arrive, quoi qu'on ait l'infamie d'inventer, je t'aimerai toujours tendrement.

Cela fut dit avec un élan de cœur qui amena une larme dans les cils de Marichette; elle n'était point gâtée par les témoignages de tendresse.

— Tu me crois, n'est-ce pas? continua Sylvain.

— Oh! oui, mon cousin, et ce que vous me dites m'est bien doux.

— Eh bien! la chose grave dont je te parle, c'est relativement à l'enquête qui a été ordonnée par le tribunal; on a interrogé des jeunes gens de Saint-Maclou, des amis de Victor Dedessuslamare et ils ont tenu des propos... fâcheux sur toi.

— Quels propos?

— Ils ont dit que tu avais eu des faiblesses pour Dedessuslamare.

— Moi!... Mon cousin, je vous jure que c'est faux! Par la mémoire de ma mère, je vous jure que je suis innocente.

— Tu n'as pas besoin de te défendre, mon enfant, je t'ai dit d'avance que je ne croyais pas un mot de ces propos; mais ce que je crois, moi qui te connais, n'est pas la même chose que ce que croiront ceux qui ne te connaissent pas; le jugement va donner une publicité terrible à ces propos, et tu te trouveras alors dans une position bien... embarrassante.

Elle avait caché sa tête entre ses deux mains.

— Non seulement cela nous désole, mais encore cela tourmente ta tante pour ses filles... Tu comprends ?

Elle abaissa les mains, mais sans relever la tête.

— Vous avez raison, mon cousin, je dois m'en aller ; je ne peux pas rester dans votre maison... pour les enfants.

Sylvain eut un mouvement d'émotion qui lui serra le cœur.

— Ma pauvre petite !

— Ne craignez pas, mon cousin, je travaillerai.

— Où veux-tu aller ?

— Je ne sais pas ; où vous me direz d'aller, si vous voulez bien me guider.

— Te guider, ma pauvre enfant, te soutenir de mon affection et de ma bourse. Sois sûre que si ton travail ne te donne pas ce que tu espères tu ne manqueras de rien. Je te le promets. Veux-tu aller à Rouen ?

— Si vous voulez.

— Aimes-tu mieux Caen ?

— Je ne connais ni Rouen ni Caen

— Justement ; tu seras là mieux cachée.

Elle resta assez longtemps absorbée dans sa réflexion, remuant les lèvres sans articuler des mots.

— Si j'osais... dit-elle enfin.

— Est-ce avec moi que tu peux ne pas oser ?

— Il me semble, autant qu'il m'est permis d'avoir

une idée, moi qui ne sais rien et qui suis si bouleversée, il me semble que je ne devrais aller ni à Rouen, ni à Caen...

— Aimes-tu mieux Paris ?

— Ni à Paris non plus, mais que je devrais rester ici, je ne dis pas à Criquefleur, ni à Saint-Maclou ; mais enfin dans le pays, quelque part où je trouverais à travailler. Je n'ai que vous, mon cousin, il n'y a au monde que vous qui m'aimiez ; si je m'éloigne qui est-ce qui me soutiendra? car c'est bien plus par l'affection, par un mot de tendresse que par de l'argent que j'ai besoin d'être soutenue. Je vais avoir des moments terribles ; si je sais que je ne dois pas vous voir, plus jamais vous voir, comment voulez-vous que je les traverse? J'ai peur.

— Pauvre petite !

— Et puis il y a encore une autre raison qui doit me faire rester dans le pays, il me semble au moins, car cela est bien confus dans mon esprit. Tout le monde va m'accuser, je ne peux pas me défendre, mais je peux pourtant prouver que je ne suis pas celle qu'on dit, celle qu'on croit ; seulement je ne peux faire cette preuve qu'ici, à la longue, par ma conduite, en montrant que malgré la faute qu'on me reproche je suis une honnête fille. Dans un village tout le monde a les yeux sur une malheureuse comme moi. On verra bien ce que je suis. Et il me semble que, cette preuve, je dois la faire non seulement pour moi, mais encore pour mon enfant, afin qu'il me juge plus tard, sur des témoignages certains, ce que je suis réellement, non ce que les apparences peuvent donner à croire.

— Tu es une brave fille ! s'écria Sylvain les larmes aux yeux.

— J'en aurais été une... peut-être.

— Enfin tu as raison ; il sera fait selon ton inspiration de brave et honnête fille. Je ne peux pas te dire tout de suite comment ni où. Mais je vais chercher, et nous ne serons pas séparés à jamais.

XXVIII

Ce n'était point parce qu'il ne savait pas à quelle porte frapper que Sylvain n'avait pas été plus précis avec Marichette ; mais c'était parce qu'il ignorait si l'on répondrait à son appel. Pourquoi lui donner une espérance si on devait le refuser ; elle était déjà assez malheureuse la pauvre fille, sans lui imposer une humiliation nouvelle : « On ne veut pas de toi, parce... » En ne citant à l'avance ni nom de personne, ni nom de pays, il pourrait en cas de refus se retourner et chercher ailleurs.

Celle à laquelle il comptait s'adresser était une lingère de Berneval-le-Malgardé, appelée mademoiselle Julienne, connue non seulement dans la contrée, mais encore sur toute la côte normande, dans les villes et les villages de bains où elle faisait d'importantes affaires avec les Parisiennes pendant la saison. C'était une vieille fille d'une cinquantaine d'années, fortement charpentée, résolue et barbue, qui avait tout l'air d'un gendarme habillé en femme. On prétendait que c'était une ancienne religieuse défroquée, mais cela n'était nullement prouvé, car lorsqu'elle était arrivée dans le pays quinze ans auparavant, personne n'avait pu savoir d'où elle venait. Elle avait commencé par ouvrir une petite boutique plus que modeste; puis, peu à peu, son commerce s'était développé. Elle travaillait avec autant de goût que de solidité, et comme avec cela elle se contentait d'un petit bénéfice, elle avait su se faire une clientèle dans le monde des baigneuses qui trouvaient chez elle une perfection de travail inconnue dans les grands magasins de Paris et les couvents. Quand le mois de juillet arrivait, elle partait avec une voiture de commis voyageur qu'elle conduisait elle-même, et jusqu'en septembre on la rencontrait sur toutes les plages à la mode, visitant sa clientèle qui l'attendait fidèlement.

Il était incontestable que si elle le voulait, mademoiselle Julienne pouvait donner du travail à Marichette; mais le voudrait-elle? Là était la question pour Sylvain. C'était une femme fantasque. Par bonheur, en travaillant pour elle, il avait pu lui rendre un service dont il n'avait point demandé le payement, et cela lui permettait de se présenter dans d'assez favorables conditions.

En quittant Marichette, il s'en alla à Berneval-le-Malgardé, où il trouva mademoiselle Julienne dans son magasin au milieu de quatre ou cinq ouvrières qui cousaient.

Quand il eut dit à la vieille fille qu'il désirait l'entretenir en particulier, elle le fit passer dans sa cuisine; mais avant de le laisser parler, il fallut qu'il acceptât un verre de liqueur; elle avait la prétention de préparer les liqueurs de ménage mieux que personne, et elle en avait une riche collection : cerises, prunes, cassis, rossolio, noyau, qu'elle offrait généreusement sans en prendre jamais elle-même.

— Si je donnerais de l'ouvrage à une ouvrière habile? dit-elle quand Sylvain lui adressa sa demande, mais certainement; elle ne serait pas habile que, présentée par vous, monsieur Bellocq, je l'accepterais quand même. Je sais ce que je vous dois, et je verrais à l'employer selon ses mérites. Un autre verre de cassis?

Cela était encourageant, mais le plus dur n'était pas dit ; il fallait maintenant nommer cette ouvrière et expliquer dans quelles conditions particulières elle se trouvait. Il le fit franchement, sans rien cacher et sans qu'elle l'interrompît une seule fois par un mot ou même par un signe, ce qui n'était pas sans l'embarrasser et sans l'inquiéter.

Quand il fut enfin arrivé au bout de son sujet elle se leva :

— Venez avec moi, dit-elle.

Et elle lui ouvrit la porte de la cuisine pour le faire passer dans un petit jardin enclos d'une épaisse haie d'épine taillée aux ciseaux. Il la suivit fort étonné. Elle le conduisit dans une assez belle pièce éclairée par une fenêtre et une porte-fenêtre donnant sur ce jardin et joignant la cuisine.

— Qu'est-ce que vous dites de cela? demanda-t-elle.

— C'est une belle chambre, répondit Sylvain, ne

devinant pas où elle voulait en venir et parlant pour dire quelque chose.

— Au midi, à l'abri du vent de mer, planchéiée sur cave, belle cheminée, est-ce trop d'en demander cent francs par an?

— Non, certes.

— Eh bien, elle sera celle de votre cousine, si vous voulez.

— Alors vous acceptez?

— Comment si j'accepte! Pour qui me prenez-vous, monsieur Bellocq? Est-ce qu'entre femmes on ne doit pas se défendre contre ces canailles d'hommes?

Ce que ces canailles d'hommes avaient fait à la vieille fille, on ne l'avait jamais su, comme on n'avait jamais rien su de ses années de jeunesse; mais quoi qu'il en fût, elle détestait tous les hommes et particulièrement ceux qui avaient une mauvaise réputation, comme Simon Bellocq.

— Votre cousin est un libertin, dit-elle en continuant, et c'est un devoir de venir en aide à la pauvre fille dont il a fait le malheur. On dit qu'il y a des gens qui ont peur de lui; moi, je ne le crains pas, pas plus qu'un autre, d'ailleurs. A cause de sa grossesse, je ne veux pas installer cette jeune fille dans mon magasin; il y a des dames que cela suffoquerait; mais elle travaillera dans cette chambre, en attendant qu'elle puisse se montrer. Si elle est ce que vous dites, je vous promets qu'elle gagnera bien sa vie et celle de son enfant. Une Parisienne qui sait travailler et qui veut travailler, c'est une perle. Par malheur, il arrive trop souvent que celles qui savent ne veulent pas. Un verre de noyau, n'est-ce pas?

Et il fallut que Sylvain rentrât dans la cuisine pour boire ce verre de noyau.

Il s'entendit alors avec mademoiselle Julienne pour qu'elle achetât les meubles indispensables à l'habitation de cette chambre, literie, chaises, table, quelques pièces de vaisselle.

Il aurait voulu laisser une certaine somme pour le payement de ces objets; mais dans son ménage, ce n'était pas lui qui avait le maniement de l'argent; c'était sa femme qui réglait tous les comptes et qui gardait soigneusement la clé de sa caisse.

— Je n'avais pas prévu cet achat, dit-il, je n'ai pas emporté d'argent.

— Ne vous inquiétez pas de ça, monsieur Bellocq, je me charge de tout, et, soyez tranquille, j'irai à l'économie; nous règlerons plus tard; je vais avoir des travaux à faire, ça entrera en compte.

Cette parole fut un soulagement pour l'embarras de Sylvain; il n'aurait pas à parler de ces acquisitions à sa femme. Certainement elle ne refuserait pas le nécessaire à Marichette; cependant, dans les dispositions où elle était présentement, il valait mieux éviter de la contrarier.

Il s'en revint rapidement à Criquefleur, tout fier d'avoir cette bonne nouvelle à apporter à Marichette : au moins il aurait la satisfaction d'avoir fait quelque chose pour elle.

Voulant l'avertir tout de suite, il rentra par les derrières, afin que sa femme ne le vît point, et avec précaution, en se cachant, sans bruit comme s'il était en faute, il monta l'escalier et se glissa dans la chambre de Marichette.

— C'est fait, dit-il joyeusement, tu pourras quand tu voudras entrer chez mademoiselle Julienne.

Et il lui expliqua ce qu'était mademoiselle Julienne, dans quelles dispositions celle-ci se trouvait à son égard, les arrangements qu'il avait pris pour son logement.

— Je crois que tu seras bien, dit-il.

— Oh ! mon cousin, vous êtes trop bon pour moi ! s'écria Marichette, profondément émue de cette marque de tendresse.

— Je serai content si cela te fait penser, quand tu seras seule, que tu peux compter sur mon affection. Seulement je te demande de ne pas parler du mobilier à ta cousine ; c'est inutile... et puis elle m'en voudrait de l'avoir privée du plaisir de s'occuper de ton installation... tu comprends.

Elle ne comprenait que trop ; mais c'était justement parce qu'elle comprenait que son cœur s'emplissait d'un doux sentiment de gratitude : — Comme il fallait qu'il fût bon et qu'il l'aimât pour avoir osé prendre une pareille responsabilité !

Maintenant que les choses étaient arrangées avec Marichette et qu'il avait la certitude qu'il ne serait pas question de l'achat du mobilier, Sylvain avait hâte de descendre auprès de sa femme, qui elle aussi, bien certainement, allait être satisfaite ; puisqu'elle tenait tant à ce que Marichette quittât sa maison, elle ne pouvait qu'être heureuse du résultat qu'il avait si rapidement obtenu.

Aux premiers mots qu'il lui dit; il fut stupéfait de l'effet qu'ils produisaient :

— Comment, tu as été voir mademoiselle Julienne !

— Où voulais-tu que Marichette fût mieux?

— Sans me consulter!

— Tu m'avais dit qu'il fallait qu'elle quittât la maison.

— Pour qu'elle allât à Rouen, au Havre, au diable, dans une ville où elle serait perdue et où nous n'entendrions plus parler d'elle.

— Marichette ne veut pas quitter le pays où elle a été accusée ; par sa conduite, elle montrera ce qu'elle est aux gens qui l'ont calomniée.

— Elle ne montrera rien du tout. Sais-tu ce qu'on dira? C'est qu'elle n'a pas voulu s'éloigner du pays où sont ses amants.

— C'est abominable!

— C'est comme ça; sans compter que si elle restait à Berneval nous aurions l'humiliation d'avoir à deux pas de nous une parente misérable et déshonorée, une ouvrière.

— Elle ne sera pas misérable, elle travaillera.

— Et à chaque instant il faudra que nous lui venions en aide à elle et à son bâtard; tu me feras le plaisir de retourner chez mademoiselle Julienne et de lui dire que Marichette n'entre pas chez elle.

Pour la première fois de sa vie Sylvain révolté persévéra dans sa révolte ; tout ce que sa femme dit ne réussit pas à ébranler sa résolution.

— Tu as voulu que Marichette quitte la maison, elle la quitte.

XXIX

En effet, elle la quitta le lendemain soir la maison de Criquefleur.

C'était Sylvain qui avait choisi cette heure de nuit pour la faire partir, afin qu'elle n'eût pas à souffrir de la curiosité des voisines, et il avait voulu la conduire lui-même dans son cabriolet, ce qui avait achevé d'exaspérer Célanie.

— Tu aurais dû organiser une procession, avait-elle dit rageusement, avec la croix et la bannière.

— Célanie, tu n'es pas juste.

— Enfin, elle va partir !

Cette pensée, qu'elle allait partir, avait empêché Célanie de lutter plus longtemps contre son mari. Tel qu'elle le voyait disposé, il ne consentirait à laisser Marichette aller au Havre ou à Paris qu'après des querelles et des scènes qui pourraient durer longtemps. Il faudrait inventer des combinaisons, batailler. En réalité, à quoi bon se donner cette peine ? En la laissant partir tout de suite, on en était débarrassé plus tôt. Et si elle pouvait être ennuyeuse à Berneval, en tout cas il n'y avait pas à craindre qu'elle devînt dangereuse comme héritière du Corsaire : le procès avait creusé entre eux un fossé que rien ne pouvait combler.

Quand Marichette entendit qu'on amenait le cabriolet à la porte du bureau, elle descendit de sa chambre, portant dans une serviette nouée par les quatre bouts la layette que sa cousine lui avait donnée. Elle trouva dans le bureau tout le monde réuni, son cousin, sa cousine et les enfants.

Elle vint à Célanie pour l'embrasser ; celle-ci lui tendit la main.

— Adieu, ma cousine, dit Marichette ; je n'oublierai jamais les bontés que vous avez eues pour moi.

— Si tu avais voulu, les choses auraient autrement tourné ; mais tu as mieux aimé avoir confiance en toi qu'en moi ; grand bien te fasse !

Les enfants n'avaient pas les mêmes raisons que leur mère pour se refuser aux embrassements de Marichette ; la petite Gabrielle se mit à pleurer et à crier :

— Je ne veux pas que Psit s'en aille.

Probablement parce qu'elle était la dernière sa mère montrait pour elle une faiblesse qu'elle n'avait pas pour les autres.

— Laisse Psit à Gabrielle, dit Célanie à Marichette, elle aime le chien, il lui manquerait.

— Mais c'est le chien de maman ! s'écria Marichette.

— C'est bien, emmène-le. Tu l'avais donné à M. Morot, tu le refuses à cette enfant, cela montre tes sentiments de reconnaissance.

— Monte, dit Sylvain pour couper court à ces adieux.

— Pardonnez-moi, dit Marichette à Sylvain lorsque le cabriolet roula, j'aurais voulu faire plaisir à Gabrielle et ne pas blesser ma cousine, mais je vais être si seule !

— La petite ne pensera plus au chien demain, toi tu y aurais pensé toujours.

Il n'y a que quatre kilomètres entre Criquefleur et Berneval ; ils furent rapidement franchis, malgré un violent coup de vent du nord-ouest qui soufflait en plein dans la capote du cabriolet, et les ornières de la route défoncée par les pluies d'hiver qui, en ce mois de décembre, avaient tombé sans discontinuer.

Il faisait nuit noire, sans une étoile au ciel chargé de nuages ; mais aux lueurs que les lanternes projetaient de chaque côté de la voiture, Marichette vit qu'ils entraient dans une rue de village ; c'était Berneval, où elle n'était jamais venue. Les maisons se tassaient, puis apparaissaient quelques boutiques aux façades plus ou moins mal éclairées ; une pharmacie inondait la rue de deux rayons éblouissants, l'un vert, l'autre jaune ; à côté un magasin, plus modestement éclairé, montrait un étalage blanc ; c'était là ; sur les vitres de la montre on lisait : *Julienne, lingère.*

Au bruit de la voiture, mademoiselle Julienne, qui la guettait, ouvrit la porte.

— Entrons par l'allée, dit-elle.

Et, passant la première, elle conduisit Marichette

et Sylvain dans la chambre de la cour, où brûlait une petite lampe à pétrole.

— Voici la chambre que votre cousin a arrêtée, dit-elle à Marichette d'un ton affable, et se tournant vers Sylvain : Vous voyez, monsieur Belloquet, que je n'ai pas fait de folies.

En effet, le mobilier était plus que simple ; mais il avait la propreté du neuf, et l'odeur du vernis des chaises se mêlait à celle de la cire vierge du traversin et de l'oreiller.

— Vous me donnerez demain un échantillon de votre savoir-faire, dit mademoiselle Julienne à Marichette.

— Je puis vous en donner un tout de suite.

Et Marichette, dénouant la serviette où se trouvait sa layette, prit une petite chemise neuve qu'elle avait taillée dans un vieux morceau de toile.

Vivement la lingère la saisit et, se campant son lorgnon sur le nez, elle l'examina sous la lumière de la lampe.

— Bien, dit-elle, très bien, le point est bon, petit, régulier ; seulement vous n'arrêtez pas avec assez de soin ; ce qu'il nous faut, c'est la solidité provinciale unie à l'élégance parisienne.

Laissant Marichette dans sa chambre, elle passa avec Sylvain dans la cuisine pour lui offrir un verre de cassis, car ne recevant que rarement des hommes chez elle, il fallait qu'aussitôt qu'elle en avait un elle lui fît consommer ses liqueurs.

— Elle est jolie comme un amour, dit-elle. Quel malheur ! Car je considère la beauté chez une fille comme une calamité quand ne s'y joint pas la fortune.

Avant de partir, Sylvain revint dans la chambre pour dire adieu à Marichette, et en l'embrassant, il lui glissa un louis dans la main.

— C'est pour tes premiers besoins, en attendant que tu gagnes, dit-il; je viendrai te voir souvent, aussi souvent que possible ; je te tiendrai au courant du procès.

— Je vous en prie, mon cousin, ne m'en parlez jamais.

Sylvain revint comme il l'avait promis, ne restant jamais plus de trois ou quatre jours sans voir Marichette, et chaque fois qu'il entrait il la trouvait installée devant sa fenêtre, travaillant avec Psit près d'elle.

— C'est une perle, disait mademoiselle Julienne en lui versant un verre de liqueur ; elle a une aiguille de fée ; avec cela travailleuse, appliquée, courageuse, intelligente, douce ; elle serait parfaite si elle était laide ; un nez cassé, un œil crevé, voilà une chance pour une fille pauvre.

C'était beaucoup pour lui de la voir ainsi installée, ayant près d'elle une brave femme qui l'avait prise en amitié, cependant il aurait voulu que pour l'accouchement Célanie vînt l'assister. Il eut même le courage de risquer cette demande ; mais il fut reçu de façon à ne pas la recommencer.

— Ce serait vraiment la place d'une femme honnête ! dit Célanie qui venait de charger Soupardin de glisser adroitement au Corsaire qu'elle avait mis

Marichette à la porte de chez elle quand elle avait connu la vérité.

Il faudrait donc que la pauvre fille accouchât toute seule, car il ne pouvait pas être près d'elle.

Un matin de février qu'il arrivait à Berneval, il vit mademoiselle Julienne qui, du seuil de sa porte, lui télégraphiait avec ses longs bras des signaux qui paraissaient importants. Il pressa le pas.

— C'est fait, dit-elle, quand il fut près d'elle. Ç'a été dur, et plus d'une fois je me suis demandé comment on pouvait s'exposer à ça volontairement. Il est vrai qu'elle ne s'y est pas exposée. Enfin c'est un garçon. Ne dites pas à la mère que c'est une grenouille au moins. Elle le trouve beau ! C'est un monstre. Et ce n'est pas une fille. Elle voudrait que vous fissiez la déclaration à la mairie. Mais elle n'osera pas vous le demander. Proposez-le-lui. Et puis il y a quelque chose aussi qui serait une grande joie pour elle, ce serait que vous fussiez le parrain.

— Je le serai.

— Si vous voulez de moi pour votre commère, je suis prête.

Ce fut en effet une douce joie pour Marichette quand Sylvain, l'embrassant, lui dit :

— Quel nom veux-tu que je lui donne au baptême, à ce petit ?

— Oh ! mon oncle, que vous êtes bon !

— Ne nous attendrissons pas, dis-moi le nom.

— Pierre, comme papa.

C'était justement parce qu'il était bon qu'il était

plein d'angoisse sur l'issue du procès, se demandant souvent avec un sentiment de remords quel serait le jugement. Car c'était lui qui l'avait voulu, ce procès, lui qui l'avait engagé. N'aurait-il pas dû prévoir que son cousin inventerait quelque machination diabolique pour se défendre et sortir à son honneur de cette affaire comme de tant d'autres ?

Il fut désastreux, ce jugement, aussi bien par son dispositif que par ses considérants :

« Attendu que la demande introduite au nom de la fille Marie Cabernet, si elle était admise, ne tendrait à rien moins qu'à saper par la base la disposition tutélaire aussi bien au point de vue moral qu'au point de vue social, qui prohibe la recherche de la paternité ;

» Que le caractère de quasi-délit sur lequel cette demande s'appuie pour réclamer des dommages-intérêts ne se rencontre pas dans la cause ;

» Qu'en effet, si l'on interroge l'enquête, elle n'apporte l'indication d'aucune manœuvre ou d'aucun abus d'autorité dont Marie Cabernet ait été victime de la part de son tuteur ;

» Qu'au contraire, de cette enquête et des pièces produites (les pièces produites c'était la lettre de Victor), il résulte la preuve d'une légèreté de mœurs et d'habitudes de libertinage à la charge de la fille Marie Cabernet ;

. . . .

» Par ces motifs, déclare la fille Marie Cabernet mal fondée dans sa demande ;

» L'en déboute ;

» Et la condamne aux dépens. »

Quand Sylvain, désespéré et honteux, rapporta ce jugement et ses considérants à mademoiselle Julienne, n'osant pas en parler à Marichette, la vieille fille ne manifesta aucune indignation.

— C'est bien fait, dit-elle, voilà une bonne leçon pour les filles ; seulement ils sont naïfs, les juges, avec leur disposition tutélaire de la morale et de la société. Le jour où l'on pourra obliger les hommes à reconnaître les enfants qu'ils font aux filles, ils n'en feront plus.

FIN DE LA TROISIÈME PARTIE

QUATRIÈME PARTIE

I

L'école avait été construite à l'époque où Berneval-le-Malgardé n'était qu'un petit village de pêcheurs, et on avait cru faire largement les choses en lui donnant les dimensions nécessaires pour recevoir soixante enfants, trente garçons d'un côté, trente filles de l'autre. C'était vingt places de plus qu'il ne fallait. Mais le village de pêcheurs était devenu une petite ville de bains; de riches maisons s'étaient élevées sur la côte, des rues successivement ouvertes s'étaient garnies de boutiques, de magasins, de chantiers ; la mairie avait été agrandie, l'église rebâtie, la cure réparée; les classes de la maison d'école seules étaient restées ce que ses constructeurs les avaient faites, trop grandes pour quarante enfants, trop petites, beaucoup trop petites pour cent vingt. On avait changé les dispositions des bancs, les mettant en long au lieu de les laisser en large ; on avait changé l'emplacement de la chaire, on avait tassé les enfants, on avait fait ouvrir en dehors la porte et les fenêtres, rien n'avait pu écarter les murs, si bien que dans chacune des deux classes, celle des garçons et celle des filles, il y avait vingt-cinq enfants qui restaient debout ou accroupis sur les talons de leurs sabots, pressés les uns contre les autres comme des sardines dans leur boîte.

Les enfants venaient de rentrer après la récréation de midi, et depuis dix minutes ils étaient en train de se tasser, se poussant, se bousculant sans que l'instituteur qui les surveillait, debout dans sa chaire, pût les faire se hâter un peu plus. Que dire pour mettre de l'ordre entre eux, quand précisément l'ordre était impossible ? C'était déjà beaucoup qu'il les empêchât de se battre et de rire quand un maladroit avait à moitié écrasé un grincheux et qu'il en était résulté une poussée sur tout le banc.

A la longue, le silence s'était jusqu'à un certain point établi.

— Je vais donner les places de la composition en orthographe, dit l'instituteur ; faites silence.

Et, prenant un papier, il lut :

— 1er, Pierre Cabernet, 0 faute ;

2e, Séverin Leperrelle, 2 fautes 1/2.

3e, Constant Héricey, 2 fautes 3/4.

A ce moment, la porte, tirée du dehors, s'ouvrit toute grande, et l'on vit apparaître sur le seuil un homme de haute taille, léger d'allure malgré ses cheveux grisonnants, habillé d'une longue redingote noire décorée à la boutonnière du ruban de la Légion d'honneur.

Il s'avança vers l'instituteur, qui était surpris dans sa chaire, et quand il ne fut plus qu'à deux pas de lui, il retira son chapeau :

— Je vois que vous ne me connaissez pas, dit-il : Simon Bellocq, maire de Saint-Maclou ; je viens visiter votre classe en ma qualité de délégué cantonal.

Précipitamment l'instituteur dégringola de sa chaire et saluant tout bas :

— Excusez-moi, monsieur l'inspecteur, de n'avoir pas l'honneur de vous connaître; je ne suis à Berneval, que depuis un mois, et les embarras d'une installation improvisée m'ont empêché de vous rendre mes devoirs comme je l'aurais voulu.

Puis se retournant vers ses élèves :

— Debout.

Il y eut une formidable bousculade, accompagnée d'un claquement de sabots, qui n'en finissait pas.

— C'est bien, c'est bien, dit Simon Bellocq, asseyez-vous.

Et la bousculade recommença avec l'accompagnement obligé des sabots.

— Vous voyez comme nous sommes à l'étroit? dit l'instituteur.

— J'en parlerai à *mon sieure* le sous-préfet.

L'instituteur fut légèrement suffoqué par cette manière de prononcer *monsieur*, mais il n'en laissa rien paraître; il avait vu bien d'autres délégués cantonaux qui avaient une singulière prononciation et qui posaient d'étonnantes questions aux élèves.

— Continuez votre classe, dit Bellocq.

— Je donnais les places de la composition en orthographe.

— Ils travaillent bien l'orthographe, ces enfants ?

— Assez bien, monsieur l'inspecteur.

— Ce n'est pas assez : c'est très bien qu'il faut ; l'orthographe est tout dans l'éducation.

— Quand je dis assez bien, c'est pour la moyenne de la classe ; mais, pour la tête, j'ai un sujet remarquable qui, dans une dictée de certificat d'étude, fait zéro faute et il n'a que dix ans, monsieur l'inspecteur.

— Où est-il?

— Cabernet, levez-vous. Le voici, monsieur l'inspecteur.

En entendant son nom, un enfant s'était levé, et il se tenait debout, les yeux abaissés ; mais sentant cependant que « M. l'inspecteur » l'examinait longuement. Il était grand pour ses dix ans, élancé, bien découplé. Le visage montrait une finesse de traits qu'on ne trouvait chez aucun de ses camarades, plus rougeauds, plus gars normands et qui n'avaient pas comme lui des yeux noirs avec des cheveux blonds; il se distinguait d'eux aussi par une tenue sinon plus élégante, au moins plus soignée. Ses sabots étaient cirés, et son col rabattu sur sa blouse de laine grise éclatait d'une blancheur que n'avaient plus en cette journée du vendredi les cols de chemise tordus et fripés depuis quatre jours déjà que montraient ou cachaient ses voisins.

— Si monsieur l'inspecteur veut bien regarder sa dictée, dit l'instituteur en mettant un cahier devant les yeux de Simon Bellocq, et lui poser quelques questions en analyse grammaticale ou logique, il peut répondre.

— L'écriture est bonne, dit Bellocq après avoir regardé le cahier; c'est net, c'est propre. Je vous félicite, mon garçon.

Mais l'instituteur n'était pas disposé à en rester là; il avait un élève remarquable, il tenait à le faire briller devant « monsieur l'inspecteur ».

— Monsieur l'inspecteur ne veut-il pas l'interroger?

— Interrogez-le comme si je n'étais pas là.

— Très bien. Pourquoi avez-vous écrit « *il jetterait* » avec deux *t*? demanda l'instituteur.

Le petit Cabernet avait pâli et ses lèvres s'étaient serrées.

— Ne vous troublez pas, dit Bellocq.

Alors l'enfant répondit :

— Les verbes terminés à l'infinitif par *eler* ou *eter* doublent les consonnes *l* et *t* devant un *e* muet.

— Bien, dit l'instituteur, mais je vois plus loin que vous avez écrit « tu *bourrèles* » avec un seul *l*, pourquoi?

— Les verbes *acheter, bourreler, geler, harceler, peler* ne doublent jamais les consonnes *l* et *t*.

— Vous voyez, monsieur l'inspecteur, dit l'instituteur d'un air triomphant, que c'est un élève qui aurait vraiment fait honneur à ce pauvre M. Landriot, que nous avons perdu. Maintenant, si vous voulez que de l'orthographe nous passions à l'histoire ?...

— Non, cela suffit.

— Nous en sommes à la guerre de Cent-Ans. Voulez-vous que je lui demande les dates des principaux événements de cette guerre, il peut répondre ?

— Non, dit Bellocq, avec un geste qui trahissait une certaine inquiétude.

A ce moment il y eut avec grand fracas un éboulement au bout de la classe ; les enfants qui se tenaient là debout, appuyés les uns contre les autres, venaient de se donner une poussée et trois ou quatre petits s'étaient étalés dans le passage au milieu des bancs.

Cela fit naturellement une diversion et la guerre de Cent-Ans fut oubliée.

Comme Bellocq était plus fort en calcul qu'en grammaire, il envoya quelques enfants au tableau et leur posa deux ou trois problèmes ; puis il leur fit lever les mains en l'air, et, allant jusqu'au bout du passage, il examina ces mains d'aussi près qu'il put. Il y en avait de noires comme si elles avaient pris un bain d'encre; il y en avait d'encroûtées, de crasseuses, de goudronnées, de terreuses; rares étaient celles qui montraient leur couleur naturelle.

« M. l'inspecteur » se fâcha :

— Vous n'êtes pas propres, dit-il durement, c'est honteux.

L'instituteur voulut prendre la défense de ses enfants :

— Nous manquons d'une fontaine, dit-il.

— On doit arriver à l'école les mains lavées.

— C'est vrai, monsieur l'inspecteur.

— Passez la visite tous les matins au moment de l'entrée en classe et punissez sévèrement ceux qui ont la figure et les mains sales. Au bout de peu de temps vous leur aurez imposé des habitudes de propreté qu'ils ne perdront plus.

Sur ce mot Bellocq remit son chapeau et sortit pour aller visiter l'école des filles ; l'instituteur l'accompagna jusque dans la cour, et là il se permit de le retenir un moment.

— Monsieur l'inspecteur, dit-il, c'est de Pierre Cabernet que je voudrais vous entretenir.

— Qui vous a chargé de cela? demanda Bellocq d'un ton rude et avec un regard soupçonneux qui enveloppait l'instituteur de la tête aux pieds.

— Personne, monsieur l'inspecteur, c'est de moi-même que vient cette intervention pour laquelle je serais heureux que vous voulussiez bien m'excuser. Je n'ai pas insisté devant lui sur ses mérites, parce qu'il est mauvais d'exciter l'orgueil des enfants. Mais celui-là est véritablement doué de qualités exceptionnelles : intelligence, volonté, application, il a tout pour lui. Vous avez vu comme il vous a répondu sur les verbes en *eler* et en *eter*. Bien certainement si ces qualités étaient cultivées dans un milieu où elles pourraient donner ce qu'elles promettent, c'est un enfant qui, devenu homme, ferait honneur à son pays, j'ose le dire.

— Et que puis-je à cela ? En quoi cela me regarde-t-il? Ce n'est pas mon affaire.

— Sans doute, monsieur l'inspecteur. Mais j'avais pensé que par vos relations, votre influence, vous pourriez peut-être lui faire obtenir une bourse dans un collège; c'est une idée qui m'est venue en voyant avec quel intérêt vous le regardiez. C'est un pauvre enfant qui est sans appui dans le monde. Sans doute il a sa mère qui tient un magasin de lingerie et qui est une personne bien méritante... au moins maintenant. Mais il n'a pas de père... en un mot et pour tout dire, c'est un enfant naturel. Que voulez-vous que fasse un bâtard dans le monde : la vie est rude pour lui. Alors j'avais pensé...

— C'est bien, je verrai.

Et Bellocq, laissant là l'instituteur, entra dans la classe des filles.

II

Quelquefois en sortant de classe, Pierre Cabernet, malgré les recommandations de sa mère, courait une bordée avec quelques-uns de ses camarades et prenait par la grève au lieu de rentrer par le chemin le plus court. Mais ce soir-là il résista aux invites de Séverin Laperelle qui voulait l'entraîner sur le rivage où son père devait en ce moment même flamber un cochon avec un feu de paille.

— Viens donc, godiche.

Mais le godiche avait autre chose en tête, si amusant que cela fût de voir brûler un cochon quand les poils grésillent sous la flamme et que le vent de la mer rabat et chasse la fumée en menaçant de brûler aussi ceux qui se sont approchés de trop près: c'était de rentrer à la maison pour raconter à sa mère que l'école avait reçu la visite de M. Simon Bellocq, de qui il avait si souvent entendu parler avec mystère, « le méchant cousin », comme disait Julienne.

Il prit donc le chemin le plus direct et se mit à courir, faisant sauter sur son dos le carton dans lequel étaient ses livres, et claquer ses sabots sur la terre gelée. Comme il approchait de la pharmacie qui joignait le magasin de sa mère, un chien noir et blanc vint au-devant de lui en trottinant de travers comme un crabe.

— Psit, Psit.

Et le chien, qui était vieux, se pressa un peu, frétillant de la queue, poussant de petits grognements de joie; arrivé près de son maître, il fit un effort pour se dresser et poser les pattes de devant sur lui.

— Courons, dit Pierre après l'avoir rapidement caressé, pendant que le chien aboyait à pleine voix.

Mais avant qu'il fût arrivé, la porte du magasin de sa mère s'ouvrit, et celle-ci parut sur le seuil, attirée par les aboiements de Psit. Bien que dix années se fussent écoulées depuis la naissance de son fils, elle avait gardé une étonnante jeunesse, et à la voir sans la connaître, on lui eût donné vingt ans, non les vingt-sept qu'elle allait avoir; c'était seulement dans ses yeux noirs plus profonds, que l'âge avait laissé sa marque et surtout le chagrin; mais pour la légèreté de l'allure, pour la finesse de la taille, pour le vaporeux de ses cheveux blonds, c'était la jeune fille qui, douze ans auparavant, était arrivée à Saint-Maclou, si misérable dans sa pauvre robe de deuil, mais en revanche si gracieuse et si jolie; seule, la misère l'avait abandonnée, et si elle n'était point élégante et coquette dans sa toilette, au moins y voyait-on le soigné et le confortable d'une femme à son aise.

A la façon dont elle embrassa son fils en le serrant

contre elle et en s'enfonçant la tête dans sa chevelure frisée, il était facile de deviner combien tendrement, combien passionnément elle l'aimait.

— Comme tu as couru, dit-elle ; entre vite.

Et elle l'attira dans le magasin dont elle referma la porte vivement.

Il n'avait pas changé non plus, le magasin, restant fidèlement ce qu'il était dix ans auparavant ; seulement, au lieu d'être rempli, comme à cette époque, d'ouvrières qui travaillaient derrière les comptoirs, on n'y voyait plus que mademoiselle Julienne qui trônait à la caisse, toujours aussi raide, portant la tête haute, mais à moitié aveugle, pour avoir usé ses yeux ; les ouvrières avaient été installées dans la pièce du rez-de-chaussée qu'avait occupée Marichette, et celle-ci était montée au premier étage dans une grande et belle chambre faisant face à celle de sa maîtresse, dont elle était devenue l'associée : mesdemoiselles Julienne et Cabernet, lingères.

— Viens ici, drogue, dit mademoiselle Julienne, embrasse-moi et raconte un peu quelle place tu as eue.

Si le mot de « drogue » n'était pas précisément aimable, l'accent dont il était prononcé avait une tendresse qui en faisait un mot d'amitié.

— *Pre*, marraine, dit Pierre.

— Ah ! *pre*, fit mademoiselle Julienne en se radoucissant, et combien de fautes ?

— Zéro faute, comme dit M. Ledru.

— Est-il beau, cet amour d'enfant ! s'écria la vieille

fille, et quand je pense qu'au temps où il était petit il ressemblait à une grenouille.

Marichette avait attiré son fils à elle, l'avait embrassé.

— Après vous, s'il en reste un morceau, dit mademoiselle Julienne.

Quand il eut été embrassé par sa mère et par la vieille fille, et qu'il put parler, il voulut dire ce qui l'avait fait rentrer si vite.

— Nous avons eu une visite à l'école.

— Monsieur le curé?

— Non, M. Simon Bellocq.

A ce nom ainsi prononcé par son fils, Marichette laissa échapper un cri.

— Et que voulait-il? demanda-t-elle anxieusement.

— Inspecter la classe comme délégué cantonal.

Marichette eut un soupir de soulagement.

— Est-ce qu'il t'a parlé? demanda mademoiselle Julienne.

— Il m'a interrogé sur les verbes en *eler* et en *eter*.

— Il savait ton nom?

— M. Ledru le lui avait dit.

— C'est tout? demanda Marichette.

— Il m'a dit que mon écriture était bonne; M. Ledru voulait qu'il m'interroge sur la guerre de Cent-Ans, il n'a pas voulu.

— Il t'a regardé? demanda Marichette.

— Beaucoup.

— Et puis?

— Il a grondé ceux qui avaient les mains sales, et il est parti.

— Tu sais, drogue, dit mademoiselle Julienne, que ta tartine de beurre t'attend dans la cuisine, tu peux aller goûter.

— J'y vais, marraine.

Et appelant Psit, il passa dans la cuisine, car il était sévèrement interdit de manger dans le magasin, et mademoiselle Julienne, qui passait tout à drogue, n'eût pas permis qu'il manquât à cette règle.

— Eh bien, allez-vous vous bouleverser, dit-elle à Marichette, lorsque Pierre eut refermé la porte, parce que ce petit s'est trouvé en présence de son... cousin. Cela devait arriver un jour ou l'autre ; vous voyez que les choses se sont bien passées. Ce coquin n'a pas plus fait attention à son... cousin qu'il ne fait attention aux autres enfants qu'il a çà et là dans le pays. Vous n'entendrez plus parler de lui.

Mais en cela elle se trompait. Comme elle disait ces derniers mots, la porte de la rue s'ouvrit et M. Ledru, l'instituteur, entra dans le magasin.

Comme tous ceux qui ont été rudement éprouvés, Marichette vivait toujours dans la crainte, et au lieu de penser au bon, son imagination inquiète se jetait toujours dans le pire.

— Est-ce que vous avez à vous plaindre de Pierre? demanda-t-elle.

— Pas du tout, mademoiselle, je n'ai qu'à me louer de lui sous tous les rapports : intelligence, travail, tenue. C'est même ce que j'ai dit à un personnage influent dont nous avons reçu la visite aujourd'hui,

M. Simon Bellocq, le maire de Saint-Maclou. Comme c'était mon devoir, je lui ai signalé l'élève Cabernet qui est un élève rare.

Cela n'était pas pour rassurer Marichette, que le nom seul de Simon Bellocq faisait trembler.

— Et même à ce propos, continua l'instituteur, je me suis permis de lui demander s'il ne voudrait pas user de son influence et de ses relations pour faire obtenir une bourse dans un collège à cet enfant, qui saura bientôt tout ce que l'enseignement primaire peut lui apprendre.

— Vous avez fait cela! s'écria mademoiselle Julienne.

— Je serais désespéré que vous vous trompassiez sur le mobile qui m'a fait agir, répliqua l'instituteur, qui loin de redouter les imparfaits du subjonctif, les recherchait au contraire. Si les bourses s'accordent généralement à ceux qui ont besoin de recevoir, je voudrais qu'elles s'accordassent aussi, mais exceptionnellement à ceux qui promettent de donner. C'est ainsi que j'ai présenté ma demande en faisant remarquer que le jeune Cabernet pouvait devenir un jour un homme utile pour son pays, si les qualités rares qui sont en lui, — je répète le mot, — étaient cultivées. Si je n'avais pensé qu'à moi, cette idée ne me serait pas venue, car un enfant comme votre fils, mademoiselle, est un élève qui peut faire honneur à un maître, mais je n'ai pensé qu'à lui et aussi à la patrie, me disant qu'il serait dommage que des qualités aussi rares, je répète toujours le mot, — ne se développassent point, ce qui n'est point possible dans notre modeste école de village.

Devinant à peu près ce que Marichette allait répondre, mademoiselle Julienne prit les devants.

— Et comment M. Simon Bellocq a-t-il accueilli votre proposition ? demanda-t-elle.

— Il en a paru tout d'abord surpris, je dirai même fâché.

Il m'a demandé qui m'avait chargé de la lui adresser. Je lui ai répondu, sans entrer dans les considérations que je viens de vous exposer, qu'elle était spontanée.

— Et alors?

— Il m'a dit qu'il verrait. C'est pourquoi, aussitôt ma classe finie, je me suis empressé de venir vous annoncer cette bonne nouvelle, afin que vous voyiez s'il ne serait pas à propos que vous fissiez une visite personnelle à M. le maire de Saint-Maclou.

Cette fois encore, ce fut mademoiselle Julienne qui prit la parole.

— Avant tout, dit-elle, nous devons vous remercier de votre sollicitude pour Pierre et pour nous ; soyez convaincu que nous vous en sommes vivement reconnaissantes ; malheureusement, comme vous ne connaissez pas le pays, il se trouve que votre intervention ne peut pas avoir les résultats que vous en attendiez. Vous n'êtes ni curieux ni bavard, n'est-ce pas, monsieur Ledru ?

— Par caractère et par profession, je hais les potins et les commérages ; quand on veut me raconter des histoires, je ne les écoute pas ; par le temps qui court, un instituteur est tenu à une grande circonspection.

— C'est ce qui fait que vous ignorez que mademoiselle Cabernet est la cousine de M. Simon Bellocq, qui a été un mauvais parent pour elle ; vous comprenez donc qu'il ne peut pas être bien disposé pour le fils de celle qu'il a persécutée.

— Quel impair ! s'écria-t-il.

Et après de longues paroles d'excuses et de regret, il se retira tout confus, se demandant si ces histoires, dont il avait l'horreur, n'avaient pas quelquefois du bon.

III

— Vous voyez comme nous ne devions plus entendre parler de lui, dit Marichette en revenant de conduire l'instituteur.

— Justement : il suffit qu'on lui ait demandé quelque chose pour qu'il fasse le mort.

— Je serais si malheureuse qu'il pût croire que cette démarche a été faite en mon nom !

— S'il est coquin, il n'est pas bête ; il aura vu tout de suite que ce brave M. Ledru est un naïf qui ne demande qu'à obliger.

— Je suis peut-être folle, mais dès là qu'il est question de lui, j'ai tout de suite peur, peur pour Pierre, peur pour moi.

— Quelle peur ?

— Je ne sais pas, toutes les peurs.

— Il n'est plus votre tuteur ; il a fait constater par jugement qu'il n'est pour rien dans la naissance de Pierre ; que voulez-vous qu'il puisse maintenant contre l'enfant et contre vous ?

Puis comme c'était là un sujet qu'elle tâchait toujours d'éviter, elle parla d'autre chose.

— Où est drogue? demanda-t-elle.

— J'ai entendu la porte de la cuisine.

— Alors il est dans l'atelier à faire encore perdre le temps aux ouvrières ; je vais aller le chercher.

Cela avait été prononcé d'un ton à effrayer une mère qui ne l'aurait pas connue ; mais Marichette, qui la connaissait précisément mieux que personne, ne montra pas le moindre émoi, sachant bien que Pierre n'avait à craindre que d'être embrassé.

La vieille fille se leva vivement : mais ce n'était plus son grand pas de gendarme d'autrefois : au contraire, elle marchait doucement, tâtant le carreau du pied et les murs de la main.

Elle ne s'était point trompée, Pierre était occupé à jouer avec deux des plus jeunes ouvrières et avec Psit, qui faisait le mort au milieu de l'atelier, une croix en calicot blanc posée sur son ventre noir.

— Eh bien ! drogue, demanda mademoiselle Julienne, qu'est-ce que tu fais encore dans l'atelier?

— Je viens chercher un morceau d'étoffe pour essuyer ma plume.

— Allons, prends-le, et rentre avec moi travailler.

C'était en effet l'habitude que tous les soirs Pierre, en revenant de l'école, se mît au travail dans le magasin entre sa mère et mademoiselle Julienne, et ce qu'il avait appris il le leur devait à l'une et à l'autre plus encore qu'au père Landriot, le précédent instituteur.

Il obéit, mais en lançant aux ouvrières un regard désolé qui disait combien il aurait mieux aimé rester à jouer avec elles, et suivant mademoiselle

Julienne, il vint prendre place devant le comptoir auprès de sa mère, sous la lumière de la lampe. A cette heure de l'après-midi et en cette saison d'hiver, il n'y avait pas à attendre des clientes ; mais le magasin n'en restait pas moins ouvert et éclairé jusqu'à huit heures du soir.

— Qu'est-ce que tu as à faire ? demanda mademoiselle Julienne.

— J'ai à repasser la guerre de Cent-Ans.

Et bravement il prit son *Histoire de France*. Assurément il aurait mieux aimé rester à jouer avec les ouvrières ; mais puisqu'il fallait se mettre à ses leçons, il s'y mettait. Sa mère travaillait, sa marraine travaillait, les ouvrières travaillaient : c'était la règle de la maison qu'il voyait observée depuis qu'il était en âge de comprendre ce qui se passait autour de lui ; il l'observait aussi.

Le silence du soir s'était fait dans le village, où l'on n'entendait plus qu'à de longs intervalles un bruit de sabots qui claquaient vite, car par le vent de mer qui soufflait âpre et glacial, chacun avait hâte de rentrer chez soi. Dans le magasin, le poêle ronflait, et quand le grondement du vent se calmait un peu, les ciseaux de Marichette, qui taillait des pièces de lingerie, grinçaient en glissant sur le comptoir ; la tête entre ses deux mains, penché sur son livre, Pierre lisait sa leçon ;. et mademoiselle Julienne, qui ne voyait plus assez clair pour tailler, coudre ou lire, tricotait.

Tout à coup, on entendit au loin, sur la terre solide et sonore, le roulement d'une voiture ; elle arrivait grand train. Brusquement elle s'arrêta devant le magasin.

— Qui peut venir par ce temps? demanda mademoiselle Julienne.

Cependant personne ne bougea ; si c'était une cliente, il serait temps de s'occuper d'elle quand elle serait entrée.

C'était Célanie Bellocq ; non plus l'élégante et coquette Célanie qu'elle était dix ans auparavant, mais une femme de quarante-cinq ans, vieillie, au visage amaigri, desséché et jauni, coiffée d'une capeline fripée, enveloppée dans un manteau râpé et démodé.

— Quoi, c'est vous, ma cousine! s'écria Marichette; puis tout de suite se reprenant pour corriger son exclamation, — par un pareil temps!

— J'ai trouvé une occasion et j'en ai profité ; nous nous voyons si peu.

Rien n'était plus vrai ; pendant cinq années Célanie n'avait pas voulu voir Marichette, une fille perdue, — et ç'avait été seulement quand cette fille perdue était devenue l'associée de mademoiselle Julienne qu'elle avait daigné lui faire une visite un jour en passant par Berneval, pour voir comment elle était installée et juger par elle-même si elle était vraiment aussi bien dans ses affaires que le prétendait Sylvain ; depuis elle n'était revenue que rarement et à de longs intervalles, sans jamais amener ses enfants ; sans jamais inviter Marichette à venir à Criquefleur.

Après l'échange de quelques paroles de politesse

banale, il s'établit un silence que mademoiselle Julienne, qui n'était cependant pas embarrassée pour échauffer la conversation, ne sut comment rompre.

Ce fut Célanie qui se décida à la fin.

— Est-ce que je pourrais te dire un mot? demanda-t-elle.

— Mais certainement.

Et s'adressant à son fils :

— Pierre, va donc un peu dans l'atelier.

Pierre ne se le fit pas dire deux fois, car il la détestait, sa cousine de Criquefleur, qui le regardait toujours avec des yeux féroces, et qui ne lui parlait que pour lui adresser des remarques désobligeantes ; il détala au plus vite.

Mademoiselle Julienne s'était levée pour le suivre, mais Marichette la retint.

— Restez donc ; ma tante sait que je n'ai rien de caché pour vous.

Mademoiselle Julienne hésita un moment ; puis comme Célanie n'appuyait pas ces paroles, elle sortit.

— Pourquoi voulais-tu m'obliger à parler devant cette vieille fée ? demanda Célanie à mi-voix lorsque la porte fut refermée.

— Vous savez bien que je n'ai pas de secrets pour elle, et que si ce que vous voulez me dire a une importance quelconque, je le lui répéterai ce soir. Cette vieille fée, comme vous l'appelez, a été et est une mère pour moi. Quand j'étais malheureuse, elle m'a accueillie ; elle m'a soutenue quand j'étais seule ;

elle n'a pas eu honte de moi, et publiquement elle m'a donné la main ; si j'ai pu gagner ma vie et celle de mon enfant, c'est à elle que je le dois ; quand je croyais que personne ne pouvait plus m'aimer, elle m'a aimée et soignée comme si j'avais été sa fille ; plus tard, d'ouvrière que j'étais, sans un sou de patrimoine, elle a fait de moi son associée.

Cela fut dit d'un trait, sans emportement, mais d'un tel élan de cœur, qu'il eût été difficile de l'interrompre, alors même que Célanie l'eût voulu. A la vérité, il ne semblait pas que telle fût son intention ; après avoir laissé échapper un mouvement de surprise au commencement, elle avait paru réfléchir comme si elle cherchait quelque chose plutôt que si elle écoutait.

— Puisqu'il en est ainsi, dit-elle en se levant, je n'ai qu'à repartir ; puisque c'est pour cette personne seule que tu as de la reconnaissance, il est inutile de parler de ce qui m'amenait ; tu me fermes la bouche ; c'est égal, je n'aurais jamais supposé cela de toi.

— Je ne vous comprends pas.

— Tu as, au contraire, très bien deviné ce que je voulais te demander et tu as pris les devants pour me fermer la bouche. Enfin, grand bien te fasse si tu crois ne devoir de la reconnaissance qu'à cette personne ; moi je m'imaginais que tu devais en avoir aussi pour ceux qui, avant cette personne, ont pu te rendre service, t'aimer, te soigner, te protéger, et cela sans aucun avantage pour eux ; bien au contraire, puisque, pour t'avoir recueillie et protégée ils se sont exposés à une guerre féroce qui les ruine ; car enfin si nous sommes mal dans nos affaires aujourd'hui c'est à cause de ce procès que nous avons engagé dans ton intérêt et qui nous a valu la terrible concurrence que nous a faite M. Bellocq. Je vois avec chagrin que cela n'a pas laissé de souvenirs dans ton cœur.

Marichette ne répliqua pas un mot, bien qu'il lui eût été facile de répondre en montrant qu'elle savait maintenant dans l'intérêt de qui ce procès avait été engagé.

— Adieu, dit Célanie.

— Vous avez tort de ne pas me dire ce qui vous amenait; j'aurais été heureuse de vous prouver que je ne suis pas ce que vous croyez.

— Cela ne t'aurait pas coûté bien cher...

— Peu importe.

— Et tu aurais pu prouver à ton oncle et à moi que tu avais des sentiments de reconnaissance dans le cœur ; cela lui aurait été doux, à ce pauvre homme, si rudement éprouvé. Enfin, voici ce que c'est : par suite de la concurrence que nous a faite M. Bellocq, qui nous a enlevé successivement tous nos clients, nous nous trouvons très gênés, si gênés que nous ne pouvons pas faire face à notre échéance de demain, et tu sais ce que c'est qu'une échéance manquée, c'est la faillite ; alors je venais te demander de me signer une valeur de mille francs qui tirerait ton oncle d'embarras ; tu ne courrais pas de risques, je payerais le billet dans trois mois ; je suis sûre d'avoir les fonds à ce moment ; tu me ferais le billet valeur en marchandises, je trouverais à l'escompter.

Marichette hésita un moment.

— Je ne vous ferai point de billet, dit-elle.

— Tu vois quelle fille tu es.

— ... Car je suis l'associée de mademoiselle Julienne et je ne veux pas l'engager ; mais je peux vous donner mille francs et je vais aller vous les chercher.

— Comme j'avais raison de dire à ton cousin que tu ne me refuserais pas ! s'écria Célanie en voulant se jeter dans les bras de Marichette.

Mais déjà celle-ci était occupée à allumer un bougeoir pour monter à sa chambre.

IV

Ce fut seulement quand Célanie, qui avait peur de manquer son occasion pour rentrer à Criquefleur, fut partie, que mademoiselle Julienne et Pierre revinrent dans le magasin.

— Heureusement elle n'a pas été longtemps ici, dit Pierre.

— Tais-toi, drogue, on ne parle pas ainsi de sa cousine.

— Elle n'est pas ma cousine ; si elle était restée, elle m'aurait encore regardé avec son méchant œil. Qu'est-ce que je lui ai ai fait ?

— Elle avait peur de manquer son occasion, dit Marichette, pour couper court à ces propos.

— Quand je pense, continua mademoiselle Julienne, qu'elle en est réduite maintenant à profiter d'une occasion pour sortir, elle qui se carrait avec tant d'arrogance dans ses voitures. Il y a une justice.

— Terrible, répliqua Marichette.

Mais ce fut tout, au moins pour le moment, car elle ne voulait pas répéter à la vieille fille, devant

Pierre, ce que Célanie lui avait dit, et comme il était certain que mademoiselle Julienne ne l'interrogerait pas, on pouvait attendre.

Ce fut seulement quand, après le souper, Marichette redescendit de coucher Pierre que, dans les magasins aux volets clos, elle raconta la visite de Célanie.

— Ma chère, vous êtes folle ! s'écria la vieille fille. Mille francs à cette méchante femme !

— Croyez-vous qu'il ne fallait pas qu'elle fût aux abois pour venir me les demander ?

— Cela, oui ; elle devait être enragée de colère et de honte. S'adresser à vous !

— Croyez-vous qu'ayant ces mille francs, je pouvais les refuser, alors que je savais que si je ne les donnais point, mon cousin Sylvain était mis en faillite ?

— Cela non.

— Alors ?

Mademoiselle Julienne réfléchit un moment, s'arrêtant de tricoter.

— Il y a plus de droiture dans votre esprit, dit-elle, et plus de bonté dans un petit coin de votre cœur que dans toute ma personne ; vous avez eu raison, mon enfant. Moi, je n'aurais pas pu résister à l'envie de l'humilier.

— J'avoue que l'idée ne m'en est pas venue.

— Parbleu, j'en suis bien sûre. Et ce qu'il y a de beau c'est que vous avez appris à la connaître. Mais quoi, vous êtes ainsi ! Et c'est ce qui fait justement qu'on vous aime ; non seulement moi, ce qui est bien naturel, puisque je vous vois tous les jours, mais encore ceux, sans exception, qui vous approchent. Ah ! ma chère, vous pouvez vous vanter d'avoir donné une fière leçon aux gens : débarquer dans un pays comme une fille perdue, et en dix ans arriver à se faire saluer bas par tout le monde, c'est ce qui s'appelle un triomphe.

Marichette ne l'avait pas interrompue, mais quand il y eut une pause, elle en profita pour dire ce qui la préoccupait.

— Ce qui me tourmente, c'est la position de mon cousin Sylvain ; est-elle réellement ce que sa femme a dit ?

— Il m'est revenu de mauvaises choses : les voitures des huissiers stationnent à sa porte.

— Il a été si bon pour moi !

— Que voulez-vous faire ?

— Il me semble qu'avant de se poser cette question, il faut savoir.

— Il faut lui écrire.

— Sa femme croirait que je veux lui demander des garanties.

Mademoiselle Julienne haussa les épaules avec un sourire affectueux, car c'était son habitude de toujours corriger par un mot ou un geste de tendresse la brusquerie ou la brutalité du premier mouvement qui lui avait échappé.

— Nous sommes censées ignorer qu'il a quitté le commerce des liquides, écrivons-lui pour commander un petit fût d'esprit-de-vin à liqueurs, il viendra nous dire pourquoi il ne peut pas nous le fournir, un jour qu'il passera par ici.

A neuf heures et demie, comme tous les soirs où l'on ne veillait pas, elles montèrent à leurs chambres qui se faisaient face, et Marichette entra doucement dans la sienne, marchant à pas ouatés pour ne pas réveiller Pierre qui couchait près d'elle.

Mais l'enfant ne dormait pas ; quand sa mère entra il se souleva vers elle.

— Es-tu malade ? demanda Marichette, toujours prompte à s'alarmer.

— Non, maman.

— Pourquoi ne dors-tu pas ?

— Je n'ai pas sommeil.

C'étaient là des réponses bien simples et toutes naturelles ; mais Marichette connaissait trop bien son fils pour les accepter ainsi et s'en contenter ; il y avait dans la voix de l'enfant un frémissement qui, pour elle, en disait plus que ses paroles.

Elle s'approcha pour l'embrasser, et faisant tomber la lumière de la lampe qu'elle tenait à la main sur lui, elle l'examina un court instant et se rassura : il n'était pas rouge, il n'avait pas la fièvre ; sans doute, c'était la visite de Célanie qui l'avait ému ; sensible comme il l'était, il n'y avait à cela rien d'étonnant.

— Dors, dit-elle en le caressant.

— Quand tu seras couchée.

Elle se hâta de se déshabiller et de se mettre au lit. Ce lit était contre celui de Pierre, de sorte que dans la nuit l'enfant ne pouvait pas faire un mouvement sans qu'elle l'entendît.

Elle l'embrassa de nouveau tendrement et lui recommanda de dormir tout de suite. Mais au bruit de sa respiration inégale, elle entendit qu'il ne dormait point ; il lui sembla même que tout bas, très bas, il prononçait parfois des mots inintelligibles, ou que tout au moins il remuait les lèvres, car la nuit noire ne permettait pas qu'elle le vît.

— Maman, dit-il au bout d'un certain temps, veux-tu que je tienne ta main ?

Elle lui donna sa main, ce qui était le grand bonheur de Pierre, sa récompense ou sa consolation, depuis que sa mère ne le prenait plus dans son lit.

— Qu'est-ce que tu murmurais tout à l'heure ? demanda-t-elle.

Il hésita un moment.

— Ma leçon d'histoire de France.

— Quand tu es dans ton lit, c'est pour dormir ; tu penseras à ta leçon demain.

— Je pensais à Dunois, dit-il en continuant comme s'il n'avait pas entendu la recommandation de sa mère ; c'est le grand général de Charles VII.

— Mais sans doute, répondit Marichette, surprise par la bizarrerie de cette question.

— C'était pourtant un bâtard ; on l'appelle toujours le Bâtard ?

Cette fois, ce ne fut plus de la surprise que Marichette éprouva, ce fut un coup d'angoisse. Où voulait-il en venir ? Que signifient ces questions ?

La main qu'elle tenait dans la sienne était toute froide.

— Alors on peut tout de même devenir un homme quand on est un bâtard ?

— Pierre, mon enfant, pourquoi me demandes-tu cela ? s'écria-t-elle épouvantée.

— Parce qu'à l'école ils me disent toujours : « Tu n'es qu'un bâtard, tu ne seras jamais qu'un bâtard. » Dunois aussi n'était qu'un bâtard.

C'était maintenant Marichette qui était glacée. Combien de fois s'était-elle dit : « Un jour viendra où mon fils me demandera compte de sa naissance ; » mais elle n'avait pas imaginé que ce jour viendrait si tôt. Quand il l'interrogerait, il pourrait comprendre ce qu'elle lui répondrait, il ne serait pas seulement un être de sentiment, il aurait de la raison. Mais voilà que cette question effroyable et terrible éclatait comme un coup de foudre dans la bouche d'un enfant.

Cependant Pierre continuait :

— Qu'est-ce qu'il faut que je réponde quand on m'appelle bâtard ?

Elle fut anéantie et ne trouva rien à dire.

— J'ai un père, n'est-ce pas ?

— Tout le monde a un père, murmura-t-elle pour dire quelque chose.

— Est-ce qu'il est vivant ?

— Il est vivant.

— Alors il a donc honte de nous, lui aussi, qu'il ne nous connaît pas ?

— M'as-tu jamais vu faire quelque chose de honteux ?

— Non, bien sûr.

— As-tu jamais rien fait de honteux, toi-même ?

— Non.

— Alors pourquoi veux-tu qu'on ait honte de nous ?

— Parce qu'à l'école ils me font honte.

Depuis dix ans Marichette n'avait pas éprouvé pareil supplice, pareille torture. Elle ne pouvait pourtant pas dire à cet enfant que son père était un misérable et lui expliquer le crime de sa naissance. Et d'autre part, elle ne pouvait pas lui imposer silence. Que ne penserait-il pas de ce silence ? Que n'imaginerait-il pas ? N'allait-il pas, lui aussi, avoir honte d'elle ! S'il cessait de l'aimer !

Elle se jeta sur lui et, le prenant dans ses deux bras, elle le serra longuement, l'embrassant et l'embrassant encore.

— Tu sens que je t'aime, n'est-ce pas ? s'écria-t-elle.

— Oh ! oui, maman.

— Tu sais que je ferais tout pour te rendre heureux ?

— Oui.

— Que je ne reculerais devant rien ; que je donnerais ma vie pour t'éviter un chagrin ?

— Oui, oui, maman.

Et à son tour ce fut lui qui l'embrassa.

— Tu comprends que tu n'es qu'un enfant, n'est-ce pas ? dit-elle.

— Oui, maman.

— Et que les enfants de dix ans ne peuvent pas savoir ce qu'on sait à vingt ; tu ne peux pas faire ce que fait un homme, parcourir une longue route ou soulever un gros poids.

— Oui, maman, c'est vrai.

— Eh bien, mon enfant, de même qu'il y a des travaux qui ne sont pas de ton âge, de même il y a des idées, des paroles qui ne sont pas de ton âge, non plus. Oui, il y a un mystère dont nous souffrons tous les deux ; toi, parce qu'on t'appelle bâtard et que tu te révoltes contre une injure que tu n'as pas méritée ; moi, parce que je ne peux pas me montrer à toi ce que je suis réellement. Cependant il faut que tu sois assez sage pour ne pas me demander de t'expliquer ce mystère, jusqu'au jour où tu seras en état d'entendre et de comprendre ces explications. Tu sais ce que c'est que la majorité ?

— C'est l'âge où l'on fait ce qu'on veut.

— Cette majorité s'étend à l'esprit aussi bien qu'à la volonté et à tout ; le jour où elle arrivera je parlerai franchement, et tu verras, — retiens bien mes paroles, — que si tu peux m'aimer, tu peux aussi m'estimer, et que je ne suis pas plus responsable que tu ne l'es toi-même de la situation que nous subissons.

V

Ce fut seulement trois jours après avoir reçu la commande de mademoiselle Julienne que Sylvain Bellocq vint à Berneval.

Un matin, comme elles allaient finir de déjeuner, une voiture s'arrêta devant la porte du magasin de lingerie. C'était une charrette à ridelles, attelée de deux chevaux, conduite par un homme vêtu d'un costume de velours à côtes, usé et poissé, tout couvert de sciure de sapin : Sylvain Bellocq lui-même, qui venait de faire une livraison de bois du Nord et qui, en passant, entrait chez Marichette. Pas décoré comme son aîné, le plus jeune des deux cousins, pas vêtu d'une bonne redingote ni coiffé d'un chapeau de soie ; pas fier et vainqueur dans son allure ; en tout, le costume comme l'attitude, un homme qui peine pour gagner difficilement sa vie, usé avant l'âge par le travail, écrasé et rapetissé par la mauvaise fortune, mais encore résolu pourtant et courageux quand même.

Après avoir chaîné une roue de sa voiture, il entra

dans le magasin, portant sous son bras un morceau de bois blanc, et comme la porte de communication de la cuisine était ouverte, de la table où elles mangeaient, elles virent tout de suite qui arrivait.

— C'est parrain ! s'écria Pierre en dégringolant de sa chaise.

— Ah ! mon cousin, dit Marichette allant au-devant de lui.

— Monsieur Sylvain, vous arrivez à point pour prendre un verre de noyau, dit mademoiselle Julienne.

Cet accueil ne ressemblait guère à celui qui avait été fait quelques jours auparavant à Célanie ; mais le mari était autant aimé de tous que la femme était redoutée par Marichette, détestée par Pierre, méprisée par mademoiselle Julienne.

— Vous n'avez peut-être pas déjeuné, mon cousin? dit Marichette.

— Justement je suis pressé de retourner à Criquefleur ; je viens de faire une livraison de madriers, il faut que je rentre.

— Pas avant d'avoir mangé un morceau, dit mademoiselle Julienne, qui se leva pour mettre le couvert de Sylvain.

— Qu'est-ce que tu as sous le bras, parrain ? demanda Pierre.

— Un morceau de bon bois que je t'apporte pour que tu creuses un bateau dedans ; je t'ai aussi apporté une gouge.

— Oh ! merci, parrain, et Pierre s'empara du morceau de bois et de la gouge avec une vivacité qui montrait le plaisir que lui faisait ce cadeau. Il allait se mettre tout de suite à l'ouvrage ; mais sa mère lui rappela que l'heure de rentrer à l'école approchait et qu'il fallait partir.

Il voulut se révolter en disant qu'il n'aurait pas vu son parrain, mais un regard de sa mère plus tendre que rigoureux le ramena à l'obéissance, et après avoir un peu tourné çà et là il se décida.

Cependant Sylvain s'était mis à table et mademoiselle Julienne lui avait servi un morceau de jambon.

— Il n'est pas au sel de Salies, dit-elle, ce qui, pour vous autres Béarnais, est incomparable, cependant je crois que vous le trouverez bon.

— Excellent, fit Sylvain en regardant alternativement Marichette et mademoiselle Julienne avec un air de satisfaction, vous me gâtez. Je n'ose plus entrer, et je serais peut-être passé tout droit si je n'avais pas eu à vous dire que je ne peux pas vous fournir l'alcool que vous m'avez demandé. J'ai depuis un certain temps déjà renoncé au commerce des liquides ; Simon me faisait une telle concurrence que je n'ai pas pu résister ; baisser les prix ne lui avait pas suffi, il avait encore obligé les commis à me faire une guerre acharnée ; c'étaient des contraventions à chaque instant, des amendes qui me ruinaient.

Il fit une pause, et avec un triste sourire :

— Qui m'ont ruiné. Oh! Simon a été implacable; partout où il a pu m'atteindre il m'a frappé comme si j'avais été un ennemi mortel, et pourtant j'étais son cousin, un cousin qui l'avait tendrement aimé. Nous avons eu tant de bonnes journées ensemble!

il n'a pas toujours été l'homme qu'il est maintenant. C'est l'âpreté au gain qui l'a gâté. Quand il a vu que la fortune le suivait où qu'il voulût aller et quoi qu'il fît, il s'est imaginé qu'il était d'une autre pâte, et il nous a ruinés.

Mademoiselle Julienne ouvrit la bouche pour dire que cette pâte n'était autre que celle dont sont fabriqués les coquins; mais Marichette qui la devina, fit un signe pour qu'elle ne parlât point. A quoi bon le contredire ? Cette indulgence attendrie par le souvenir des années d'enfance n'était-elle pas touchante, chez ce cousin qui avait été la victime de son aîné ? D'ailleurs il y avait pour elle un sujet plus urgent que celui-là : cette ruine qu'il avouait.

— Ne voyez, dans ma demande que l'intérêt et l'affection, dit-elle ; cette ruine dont vous parlez est-elle réelle ?

— Si elle ne l'était pas, crois-tu que j'abandonnerais le commerce des liquides comme j'ai abandonné celui des charbons et des ardoises, comme j'ai abandonné les voitures ? Crois-tu que c'est pour mon plaisir que je fais maintenant, à mon âge, mes livraisons de bois pour économiser un charretier, portant moi-même mes madriers sur l'épaule ? J'ai lutté tant que j'ai pu; j'ai été écrasé. Heureusement tout n'est pas encore perdu. J'avais désespéré de la saison prochaine et je croyais que je n'aurais pas de travaux de construction, car de ce côté aussi la concurrence de Simon a été si rude que, l'année dernière, je n'ai pour ainsi dire pas travaillé. Mais je vais avoir une maison neuve à Saint-Maclou même; l'affaire est conclue d'hier seulement. C'est ton ancien camarade chez Simon qui fait construire.

Son ancien camarade ! Marichette sentit son cœur bondir dans sa poitrine.

— Et naturellement, continua Sylvain, il ne s'est pas adressé à son ancien patron, qu'il connaît trop bien. Il m'a demandé de tes nouvelles.

Marichette était éperdue, tremblante d'émotion ; depuis dix ans, c'était la première fois qu'elle entendait parler de Paulin.

— Il a fait un bout de chemin depuis qu'il a quitté Saint-Maclou, poursuivit Sylvain. Il a voyagé ; il a eu de grands travaux à l'étranger où il a gagné de l'argent. Il va l'employer à faire construire une maison pour sa mère, à la place de leur chaumière qui a été si mal arrangée par leur locataire qu'elle tombe en ruine. Ce ne sera pas un château, bien entendu, mais une maison normande étudiée avec le soin d'un architecte qui travaille pour lui, et j'espère que son exécution m'amènera des clients. D'ailleurs si, comme cela est probable, M. Morot a des travaux dans la contrée, il me les donnera de préférence à tout autre entrepreneur, j'ai sa promesse ; c'est un honnête garçon à qui l'on peut se fier. D'autre part, les circonstances vont me devenir plus favorables, par cela seul qu'elles vont l'être moins pour Simon.

— Comment cela ? demanda mademoiselle Julienne, qui s'intéressait bien plus à Simon qu'à Paulin Morot.

— Vous savez que nous allons avoir des élections municipales, et, pour la première fois, Simon paraît sérieusement menacé. Jusqu'à présent il a fait à peu près ce qu'il a voulu, jusqu'à fourrer dans la boîte les bulletins qu'il lui fallait, prétend-on, et comme avec cela il était toujours au mieux avec l'administration, quelle qu'elle fût, impérialiste, républicaine, cléricale ou orléaniste, celle-ci le maintenait quand même maire de Saint-Maclou, et Simon maire, c'était la tyrannie qui mettait le pays entier entre ses mains. Mais il en a tant fait que peu à peu une opposition s'est formée contre lui ; tous ceux qu'il a opprimés, ruinés, déshonorés, exploités, se sont ligués contre lui.

— Une armée, interrompit mademoiselle Julienne.

— Justement, et une armée qui a des chefs intelligents et assez influents pour empêcher Simon de manœuvrer comme il l'a fait jusqu'à présent. S'il parvient à rester conseiller municipal, il est à peu près certain, maintenant que les maires sont nommés par le conseil, qu'il ne sera pas réélu maire. Et alors ce sera une débâcle, un effondrement comme après les révolutions ; tous ceux qu'il domine encore par la peur seront les plus acharnés contre lui.

— Il faudra voir cela, ce sera un spectacle curieux et moralisateur, dit mademoiselle Julienne en emplissant le verre de Sylvain.

— Vous comprenez bien que Simon est trop intelligent pour ne pas deviner ce qui se passe et pour n'avoir pas mesuré le danger. Il faut croire qu'il le juge grave, car il prend ses précautions.

— Il ne peut pas tuer ses électeurs.

— Non, mais il peut les abandonner, et je crois

que c'est sa pensée ; c'est dans cette prévision qu'il a acheté, il y a deux ans, les ruines du château de Bellocq, dans notre pays, et ma conviction est qu'il a l'intention de se retirer là s'il perd son influence à Saint-Maclou. Jamais il ne supportera de n'être rien là où il a été tout. A Bellocq, à l'abri des remparts qu'il relèvera, sur son roc, au milieu du gave dont les eaux l'entoureront, il jouera au seigneur avec cette joie orgueilleuse d'être un personnage dans le pays natal. Déjà il a fait étudier, par un des meilleurs élèves de Viollet-Le-Duc, la restauration du vieux château ; les plans sont dans son bureau, et l'année dernière, c'est dans cette prévision qu'il a acheté le mobilier du château de Hérauville, car il ne serait pas assez naïf pour emplir sa maison de Saint-Maclou de meubles de la Renaissance.

— Il est donc bien riche ? demanda mademoiselle Julienne.

— Il aurait trois ou quatre millions que je n'en serais pas surpris, il en avait un il y a quinze ans ; jugez de ce qu'il a gagné depuis, sans compter ce que ses divers commerces et le jeu lui ont rapporté. Dans six mois il peut être parti. Vous voyez donc que s'il m'est possible d'aller jusque-là, je suis sauvé, car j'hériterai forcément d'une partie de sa clientèle. Le tout est donc d'attendre.

— Si je pouvais vous venir en aide, mon cousin, dit Marichette, j'ai quelques économies, je serais heureuse de les mettre à votre disposition.

— C'est de tout cœur que je te remercie, mais je ne peux pas accepter ; ce serait un crime de risquer le peu que tu as eu tant de peine à gagner, l'avoir de ton enfant. J'espère qu'en nous restreignant nous arriverons à résister. Ce sera dur, car les huissiers sont terribles; mais il y a tant de ressource dans l'intelligence et l'énergie de Célanie! Ainsi la semaine dernière, elle a encore trouvé moyen de faire face à une échéance dont je désespérais. Comment? Je n'en sais rien. Mais quand je crois tout perdu, elle nous sauve. Ah! c'est une femme comme on n'en voit pas.

— Enfin, mon cousin, n'oubliez pas ce que je vous ai dit.

VI

Depuis dix ans Marichette n'avait pas une seule fois prononcé tout haut le nom de Paulin, mais combien de fois souvent l'avait-elle dit et répété tout bas !

Où était-il ? Que faisait-il ?

C'était la question qui hantait son esprit le jour, la nuit, et qu'elle ne pouvait chasser. Elle avait beau se dire que c'était folie à elle, sans cesse elle y revenait. Ces journées passées près de lui, n'était-ce pas le bonheur de sa vie, tout ce qu'elle savait, tout ce qu'elle saurait jamais de l'amour ? Elle ne pouvait pas plus arracher ces journées de sa mémoire qu'elle ne pouvait arracher son cœur de sa poitrine. Combien de fois se surprenait-elle à prononcer tout bas ce nom de Paulin qui, pour elle, était la musique la plus douce et la plus troublante, toute une évocation de souvenirs qu'elle revivait par la pensée : — l'arrivée de Paulin au bureau et le regard qu'ils échangeaient ; la jonchée de fleurs ; les dimanches passés à la chaumière de la côte de Criquefleur ; le nid de merles. Si elle avait osé elle serait retournée à Saint-Maclou faire un pèlerinage à cette chaumière ; mais comment? Il y a trois lieues de Berneval à Saint-Maclou ; elle n'avait pas, pour justifier une aussi longue promenade, de raisons à donner à mademoiselle Julienne qui ne savait rien de Paulin et ne connaissait même pas son nom que personne ne prononçait jamais à Berneval.

Parti pour Paris avec sa mère, le silence s'était fait sur lui et l'oubli. Paulin Morot? Qui ça, Paulin Morot? Ancien commis de Bellocq, ce n'était pas un titre suffisant, excepté pour les entrepreneurs peut-être qui avaient travaillé sous sa direction; et justement elle n'avait pas de relations avec les entrepreneurs. Tandis que mademoiselle Julienne courait toute la côte pendant l'été avec sa voiture, elle restait au magasin, où n'arrivait pas le nom de Paulin.

Au contraire, il y en avait un qui, pour son supplice et sa honte, avait empli ses oreilles. Celui de Victor Dedessuslamare. A chaque instant Sylvain avait parlé de Victor qui, à Criquefleur, était l'âme damnée de Simon, vivant devant celui-ci dans une plate domesticité, prêt à tout pour plaire, et acceptant tout : rebuffades, injures, humiliations pour garder sa position ; malgré cela, congédié plusieurs fois, cependant, mais toujours rentré en grâce, comme s'il y avait entre eux quelque lien secret que rien ne pouvait briser.

Quand son cousin lui avait dit que Paulin avait demandé de ses nouvelles, les questions lui étaient montées aux lèvres; mais, pour les avoir refoulées en ce moment, elle ne les avait pas supprimées.

Était-il marié?

Avait-il des enfants?

Il avait gagné de l'argent. Sans doute, elle était heureuse de savoir cela; cependant, ce n'était pour elle qu'un point accessoire. Jamais elle n'avait douté qu'avec son intelligence et toutes les qualités qu'elle lui reconnaissait largement il ne dût faire bonne figure dans le monde; mais l'argent n'était pas tout pour elle, comme il ne devait pas être tout pour Paulin, elle en était certaine.

Si c'était avec une ardente curiosité qu'elle examinait ces questions, au moins était-ce sans aucun sentiment de jalousie. Comment eût-elle pu être jalouse? Elle n'avait aucun droit sur Paulin; elle n'en aurait jamais. Qu'elle l'aimât toujours, qu'elle dût l'aimer tant que son cœur battrait, cela était tout naturel. Mais lui, combien de raisons avait-il eues pour ne plus l'aimer? Combien pour la mépriser et la haïr?

Et cependant, revenant dans le pays où ils s'étaient aimés, il s'informait d'elle!

Prend-on souci de ceux qu'on hait ou qu'on méprise?

Il y avait dans ces interrogations de quoi troubler sa vie si calme depuis dix ans, et aussi de quoi remplir ses heures de travail, quand, assise derrière son comptoir, l'aiguille en main, elle pouvait laisser courir son esprit.

Comme elle rêvait ainsi dans le magasin où elle était seule, le lendemain du jour où son oncle lui avait parlé de Paulin, la porte de la rue fut poussée et sur le seuil apparut un homme d'une trentaine d'années, blond de cheveux et de barbe, mais le teint bistré par un soleil plus chaud que celui de la Normandie, haut de taille, l'air affable et doux, coquettement chaussé, élégamment habillé par un bon tailleur, portant à sa boutonnière une rosette aux couleurs tendres des ordres étrangers.

Lui ! Au moment même où elle avait son nom sur les lèvres, elle le trouvait devant ses yeux.

Il s'était arrêté; mais, après un court moment d'hésitation, il vint à elle, les deux mains tendues.

— Est-il possible, dit-il, qu'après plus de dix années je vous retrouve telle que vous étiez lorsque nous nous sommes quittés, aussi...

Il allait dire : « aussi charmante », mais il s'arrêta :

— Aussi jeune, comme si le temps n'avait pas marché pour vous ?

Marichette se tenait debout, éperdue, frémissante, ne sachant si elle devait mettre ses mains dans celles qu'il lui tendait, ne sachant que répondre, ne sachant quelle contenance prendre. Heureusement Psit lui vint en aide pour la tirer d'un embarras qui la paralysait : au moment où Paulin était entré il dormait dans son coin et, en chien de magasin qu'il était, habitué à l'allée et venue des clients, il n'avait pas bougé ; mais, aux premiers mots, il avait vivement levé la tête pour écouter ; puis, tout à coup, s'élançant avec des aboiements, il s'était jeté sur Paulin.

— Comment ! c'est toi, Psit ! s'écria celui-ci en le caressant ; tu me reconnais. Ah ! pauvre vieux chien ; il est encore vivant, il ne m'a pas oublié ; vous voyez, il ne m'a pas oublié.

— Comment vous aurait-il oublié ! dit-elle avec un accent qui signifiait clairement qu'on ne l'oubliait pas quand on l'avait aimé.

Paulin le comprit ainsi, et il la regarda de façon à la troubler plus profondément encore ; mais cette fois, ce fut lui qui lui vint en aide.

— Vous ne vous attendiez pas à me voir aujourd'hui, n'est-ce pas ? demanda-t-il.

— Ni aujourd'hui... ni jamais.

— Il en aurait été ainsi sans doute si je n'avais pas eu un entretien avec M. Sylvain Bellocq, qui m'a appris des choses... que j'ignorais.

Elle n'osa pas lever les yeux, et pour dissimuler sa confusion elle lui demanda s'il ne voulait pas s'asseoir. Il prit une chaise et s'assit vis-à-vis d'elle, de sorte que, bien qu'étant en face l'un de l'autre, ils étaient séparés par le comptoir sur lequel Marichette avait jeté son ouvrage.

Alors il continua :

— Si je vous dis que depuis dix ans je n'ai rien su de ce qui se passait à Saint-Maclou et à Criquefleur, vous le comprendrez, n'est-ce pas ? surtout si j'ajoute que je n'ai pas su parce que je n'ai pas voulu savoir. J'étais parti désespéré, à moitié fou. Tout ce qui devait me rappeler mon désespoir m'épouvantait ; j'avais peur de devenir tout à fait fou. Il a fallu que dix ans passent sur mon chagrin pour que j'ose revenir à Saint-Maclou, et encore n'y suis-je revenu que pour ma mère, afin de la ramener finir sa vie dans son pays.

Elle crut qu'elle pourrait échapper à ces paroles qui la bouleversaient, en mettant l'entretien sur madame Morot, mais après avoir répondu que sa mère était toujours en bonne santé et qu'elle avait bien supporté ces dix années, il revint à ce qu'il voulait dire.

— C'est par votre cousin Sylvain que j'ai appris la vérité, toute la vérité.

— Je vous en prie, interrompit-elle en détournant la tête, ne parlons pas de cela ; rien ne peut m'être plus cruel, et nous n'avons ni l'un ni l'autre à revenir sur ce qui est passé et sur ce qui est irréparable.

— Au moins deviez-vous savoir comment et pourquoi, depuis dix ans, vous n'avez pas entendu parler de moi. Qu'avez-vous dû penser ?

— Que vous me méprisiez.

— Et vous avez pu vivre avec cette pensée?

— Que pouvais-je? Je ne savais même pas où vous étiez. Et quand je l'aurais su, qu'aurais-je pu faire ? Que j'aie été ou que je n'aie pas été coupable, il n'en était pas moins vrai que nous étions séparés à jamais. Il y avait un abîme entre nous que nous ne pouvions ni l'un ni l'autre franchir. Quand je vous aurais donné la preuve que j'étais victime de la fatalité, cela n'eût pas supprimé cette fatalité. Mais, laissons cela qui ne peut être que cruel pour tous deux, et dites-moi ce que vous avez fait pendant ces dix années. Pour moi ma vie s'est écoulée ici, dans ce magasin, d'où je ne suis pas sortie, travaillant auprès d'une excellente femme, mademoiselle Julienne qui a été pour moi une mère.

Il fit le récit qu'elle lui demandait : après trois années d'études à Paris, on lui avait offert une situation en Turquie; il était parti emmenant avec lui sa mère qui avait voulu le suivre; il avait eu la chance de réussir, et s'il n'avait pas fait fortune, au moins avait-il gagné une certaine aisance qui lui permettrait de ne plus séjourner que quatre ou cinq mois en Turquie ; le reste du temps il le passerait à Paris où à Saint-Maclou auprès de sa mère, pour laquelle il allait construire une maison dont il avait donné les travaux à M. Bellocq jeune.

A ce moment Psit, qui était resté la tête posée sur les genoux de Paulin courut à la porte joyeusement.

— C'est mon fils qui revient de l'école, dit Marichette.

C'était en effet Pierre qui arrivait; lorsqu'il entra Paulin se leva avec un mouvement dont Marichette ne comprit que trop bien la signification.

Ce n'était pas seulement la fatalité qu'il y avait entre eux, c'était aussi cet enfant.

VII

Elle était formidable, l'opposition qui, à Saint-Maclou, s'était formée contre Simon Bellocq, et telle qu'il semblait difficile qu'il en triomphât; car ce n'était pas seulement le maire qui s'était rendu impossible, c'était aussi l'homme qui s'était fait haïr ou mépriser. Chacun avait un grief contre lui : celui-ci pour la politique, celui-là pour une affaire personnelle. Sur tous les électeurs de la commune, on n'en trouvait pas dix qui n'eussent à se plaindre de lui; et, chose plus grave, en dehors de ceux qui étaient sous sa main, tous avaient l'audace de se plaindre haut; le temps était passé des mots à double entente et des sourires prudents. Maintenant on ne se gênait plus pour déclarer « qu'il fallait faire sauter le maire ».

Rien ne pouvait mieux donner une idée de cette hostilité que la façon dont Lichet parlait maintenant à sa pierre à poisson, de Simon Bellocq. C'était le véritable thermomètre de l'opinion que Lichet : vous étiez puissant, il se mettait à plat ventre devant vous; vous deveniez faible, il ne manquait pas une occasion de vous envoyer le coup de pied de l'âne. Pendant vingt ans, malgré sa liberté de langage et son esprit de critique, Lichet n'avait parlé qu'avec un respect craintif de Bellocq, qu'il appelait « *Mon sieurre* le maire » gros comme le bras. Mais quand il avait commencé à voir qu'il était sérieusement question de faire sauter « le maire », il avait changé d'attitude et de langage. Autrefois quand il le nommait, il portait la main à sa casquette. Maintenant, non seulement il ne le nommait plus, mais s'il portait encore sa main à sa casquette, c'était pour enfoncer celle-ci sur sa tête d'un air de défi ou de pitié : *mon sieurre* le maire n'existait plus pour lui ; il était remplacé par un être vague et de peu d'importance qu'il appelait l'autorité.

— Allons mettez le *pesson* sur la pierre ; à combien, à combien? dépêchez-vous donc, j'ai une annonce à vous faire de la part de l'autorité.

A la façon dont il prononçait l'autorité, tout le monde se mettait à rire.

— Si vous vouliez bien ne pas rire quand je parle de l'autorité, — même prononciation accompagnée d'une grimace comique. — Y a-t-il rien de plus respectable que l'autorité? — nouvelle grimace plus accentuée. — Vous savez que si vous vous moquez d'elle, je ne suis pas avec vous, — et son jeu de physionomie indiquait son opinion sur l'autorité. — A combien, à combien? Allons, *voyons* : vaut-elle dix sous? Pas l'autorité, la limande. A dix sous, à dix sous, à dix sous! Pas de regret? Vendu.

C'était lentement qu'elle s'était formée cette opposition, mais continûment, et chaque jour avait ajouté sa pierre à l'avalanche qui maintenant, suspendue sur Simon Bellocq, menaçait de l'écraser.

Elle avait commencé par les petits, qui, pendant de longues années terrorisés, s'étaient laissé écraser sans oser se défendre et se plaindre. On sait que les maires réunissent en leur personne plusieurs fonctions : ils sont officiers municipaux, officiers de l'état civil, agents du gouvernement, et, concurremment avec les juges de paix, juges de certaines contraventions. Bien que la loi ait pris soin de spécifier et de limiter ces contraventions, Bellocq n'avait tenu aucun cas de ces prescriptions, et tout ce qu'il pouvait juger, crime ou délit, il le jugeait ou, plus justement, il l'arrangeait par une transaction. Vous aviez laissé divaguer vos poules, vos vaches ou vos cochons : on dressait un procès-verbal contre vous, et vous étiez condamné par le maire à payer une amende, qui se partageait entre celui qui avait souffert du dommage causé par les bêtes en état de divagation et l'agent qui avait constaté la contravention : dix francs pour le propriétaire du champ, deux francs pour le garde champêtre. — Vous aviez fait du tapage au cabaret : deux francs pour l'agent, cinq francs pour le bureau de bienfaisance. — Vous aviez abandonné votre voiture devant un café : un franc pour l'agent, dix francs pour l'église. — Enlevé des terres dans un chemin de la commune : cinquante francs d'amende pour acheter une horloge publique. — Vol de pommes, 25 francs d'amende. Ainsi de tout. C'était ce que Bellocq appelait une administration paternelle. Mais si cette administration donnait satisfaction aux agents de la police municipale qui se faisaient un supplément d'appointements de huit à dix francs par jour, et aussi au bureau de bienfaisance, ou à l'église, elle mécontentait singulièrement les administrés qui, n'étant pas jugés loyalement, criaient à l'arbitraire et à l'injustice. Ils étaient rares ceux qui croyaient à l'horloge publique, et au contraire nombreux étaient ceux qui disaient tout bas qu'ils payaient le mobilier du maire.

Après les petits étaient venus les grands, ceux que Bellocq, qui faisait toujours passer son intérêt personnel le premier, avait gênés ou ruinés.

Lorsqu'on avait dû construire un chemin de fer du littoral, le tracé raisonnable de la ligne traversait Saint-Maclou, c'est-à-dire qu'on établissait une station à l'entrée même du pays, qui tout naturellement supprimait les voitures de correspondance. Or, comme ces voitures appartenaient toutes à Bellocq aîné, cette suppression lui aurait causé un sérieux préjudice. Il avait si bien fait, il avait mis en jeu tant d'influences, que ce tracé raisonnable avait été abandonné pour un autre plus économique, qui passait à trois kilomètres de la ville, au beau milieu d'un vaste herbage acheté récemment par le maire de Saint-Maclou, qui trouvait à cet arrangement un double avantage : il gardait son service de voitures, et il vendait son herbage dix fois ce qu'il lui avait coûté à la Compagnie, qui était obligée de le lui prendre tout entier pour y établir sa station. Quelle clameur dans le pays quand on avait su comment ce maire paternel défendait les intérêts de sa commune!

Aux petits et aux grands s'étaient jointes les femmes, non seulement les bonnes âmes qui le méprisaient ou le détestaient pour ses mœurs, mais encore toutes celles, — et elles étaient nombreuses — qui avaient des griefs contre lui. En tête de ces dernières était madame Voisard qui, veuve enfin et n'ayant pas réussi, comme elle l'avait espéré, à se faire épouser, s'était acharnée contre son ancien amant qui n'avait pas voulu devenir son mari et lui faisait ouvertement une guerre d'autant plus dangereuse qu'elle connaissait mieux que personne ses côtés faibles et savait où le frapper pour le blesser. Combien de timides, qui seraient peut-être restés neutres, avait-elle ameutés et groupés contre lui.

Tous les moyens lui étaient bons et avec un esprit de vengeance féminine qui ne recule devant rien, elle en inventait à chaque instant de nouveaux, sans prendre souci qu'ils fussent bas ou lâches; s'ils atteignaient celui qu'elle poursuivait, ils étaient bons. Pendant un mois on avait lu sur toutes les portes et sur tous les murs blancs cette inscription à la pierre rouge : « Les enfants naturels du maire de Saint-Maclou n'ont qu'à se présenter chez lui : il veut les reconnaître. » Bellocq avait mis toute sa police en chasse pour effacer ces inscriptions et découvrir le coupable. Elle n'avait rien trouvé. L'inscription effacée le soir était rétablie le lendemain. Au bout d'un mois elle avait été remplacée par une autre qui plus laconique pouvait être écrite en plus gros caractères :

« La cagnotte du maire. »

Pour les étrangers cela n'avait aucun sens; mais pour les habitants de Saint-Maclou et pour Bellocq lui-même c'était une cruelle injure.

Trois années auparavant, un spéculateur parisien avait fait construire à Saint-Maclou, par Bellocq, sur un terrain appartenant au même Bellocq, un magnifique casino-hôtel qui avait coûté quinze cent mille francs, et qui, mis en faillite au bout de dix-huit mois, avait été acheté par Bellocq pour six cent mille francs. Bien entendu, le maire de Saint-Maclou n'avait pas entrepris lui-même l'exploitation de son hôtel; il l'avait affermée; mais son fermier n'était réellement qu'un gérant et c'était dans la poche du maire que tombaient tous les bénéfices de cette exploitation, aussi bien que ceux de la maison de jeu qu'il avait ouverte dans le casino, en même temps qu'il faisait fermer tous les autres tripots de la ville. Que d'histoires à raconter aux étrangers qui demandaient ce que signifiait l'inscription : « La cagnotte du maire, » et même que de propos entre soi ! Il y en avait qui prétendaient que c'était Bellocq qui allait lui-même ouvrir les serrures des cagnottes des tables de jeu avec une clé de sûreté, et on le guettait, espérant toujours le surprendre dans cette opération.

Bellocq était trop fin pour ne pas sentir les sentiments d'hostilité qu'il avait amassés contre lui, et alors même que les inscriptions de madame Voisard ne lui auraient pas crevé les yeux, mille petits faits lui auraient appris combien étaient sérieux les dangers qui le menaçaient.

Un autre que lui aurait peut-être cherché à ramener, par des concessions, ceux de ses adversaires avec lesquels il pouvait croire une entente possible ; mais, justement, il n'avait jamais fait de concession, et pour lui il n'y avait pas de distinction à établir entre un adversaire et un autre : dès là qu'on se mettait en opposition avec lui on était son ennemi; il courait droit sur lui, tête baissée, comme un taureau furieux. Au plus fort des deux.

Jusqu'à ce jour cette tactique lui avait réussi, et ceux de ses ennemis qu'il n'avait pas jetés les quatre fers en l'air, il les avait mis en déroute. Lui réussirait-elle toujours? Ce n'était plus un ennemi qui lui faisait face, c'était vingt, c'était cent qui l'enveloppaient et l'attaquaient.

Mais cela ne le rendait ni plus prudent, ni plus patient; jamais, au contraire, il ne s'était montré aussi violent; la moindre contradiction le mettait hors de lui; pour tout il partait en guerre, et à la plus légère insistance, sa réponse ordinaire était :

— N'essayez pas de résister, je vous brise.

Et comme on savait que l'effet suivrait de près la menace, on cédait le plus souvent, en se disant que le jour approchait où l'on pourrait enfin se venger avec un simple petit carré de papier, sûrement et sans danger.

Il y en avait qui, regardant en dessous sa face congestionnée par la colère, murmuraient tout bas :

— Ce ne sera pas toi qui me briseras, ce sera moi qui te ferai sauter, et tu en crèveras.

VIII

Enfin arriva le jour des élections au conseil municipal. Ordinairement, pour ces élections comme pour toutes d'ailleurs, c'était à grand' peine qu'on pouvait constituer le bureau ; chacun avait des empêchements. Seul, Bellocq était toujours prêt à remplir son devoir, disait-il ; — introduire des bulletins faux dans l'urne, disaient ses administrés. Ce jour-là, au contraire, il y avait foule à la mairie bien avant l'ouverture du bureau. Il fallait prendre ses précautions.

Ce sentiment de défiance s'affirma franchement au moment où Bellocq ouvrit le couvercle de la boîte aux bulletins pour montrer qu'elle était vide. Alors un électeur s'avança au bureau et, introduisant sa main dans la boîte, il frappa deux ou trois coups au fond.

Il fit cela sans parler, mais en regardant Bellocq d'un air goguenard qui en disait long, comme en disaient long aussi les sourires qui lui répondaient.

A voir la face rouge de Bellocq et les yeux furibonds qu'il roulait, on put croire qu'il allait faire un éclat ; mais il se contenta de hausser les épaules, ce qui fut pris pour un acte de faiblesse.

— Comment, il ne se fâche pas !

Alors il n'y avait pas à se gêner, et ceux-là mêmes qui avaient tremblé en entendant les coups frappés au fond de l'urne prirent un air de défi. Il reculait ; on pouvait se jeter sur lui.

Un autre électeur, sans sortir du groupe qui l'entourait, prit la parole. Il avait été récemment condamné par le maire à une amende au profit de la fabrique, et cette condamnation, méritée cependant, l'avait mis en état de rage furieuse ; il voulait tuer le maire, crever ses chevaux, brûler ses maisons.

— C'est-y pour insulter les électeurs qu'on hausse les épaules ?

— On peut bien se défier, dit un autre.

— Ce ne serait pas la première fois qu'on fourrait des bulletins dans la boîte, dit un troisième.

— Ça s'est vu.

— Pas loin d'ici.

Du coup Bellocq éclata.

— Le premier qui trouble l'ordre, je le fais empoigner, cria-t-il de sa voix formidable que la colère rendait tremblante.

Ce fut assez ; tout le monde garda le silence, mais les sourires continuèrent : on l'avait bravé ; la danse avait commencé.

Bellocq connaissait trop bien ses administrés pour ne pas comprendre ce que présageait cet esprit de révolte ; mais d'autre part il était trop profondément infatué de son mérite, trop pénétré de l'importance des services qu'il avait rendus pour se l'expliquer.

— Qu'ont-ils donc, les imbéciles ? se demandait-il.

Et, assis dans son fauteuil, il examinait chaque électeur qui lui remettait un bulletin pour tâcher de deviner si c'était un ami ou un ennemi, car les relations passées n'avaient plus de signification : l'heure présente était tout. N'était-il pas absurde véritablement que ce petit carré de papier eût le pouvoir de causer une pareille angoisse à un homme comme lui !

Mais les regards qu'il rencontrait n'étaient pas pour le rassurer ; à côté des prudents qui n'exprimaient rien, combien d'autres dardaient sur lui les flammes de la vengeance !

— Enfin nous te tenons, coquin ; tu vas payer.

Pour ceux-là il n'y avait pas besoin de la traduction de la parole, ils n'étaient que trop précis, et, non seulement il ne pouvait pas répondre, mais encore il fallait qu'il prît ce bulletin d'un air indifférent et que de sa propre main, sans trembler, sans s'indigner de tant d'ingratitude, il jetât sa condamnation dans l'urne.

Si encore il avait trouvé un appui auprès des assesseurs qui siégeaient à côté de lui au bureau ; mais, tout au contraire, ils le traitaient comme s'il avait eu la peste, ne lui parlant pas, s'éloignant de lui.

Quand la porte de la salle de vote s'ouvrait, il entrait des rumeurs vagues qui sortaient des cabarets dans lesquels les électeurs étaient réunis, et Bellocq se demandait si c'était son eau-de-vie ou celle de ses adversaires qui soulevait ce tapage.

Habituellement, lorsque l'heure du déjeuner approchait, il fallait la croix et la bannière pour trouver des assesseurs qui voulussent bien rester au bureau ; chacun avait des raisons impérieuses pour rentrer chez soi : l'un était indisposé, l'autre avait des invités qui l'attendaient. Ce jour-là, non seulement il y eut plus d'assesseurs qu'il n'en fallait, mais encore il y eut des surveillants volontaires qui ne voulurent pas quitter la boîte des yeux, et qui restèrent quand même dans la salle.

Bellocq avait présidé bien des élections dans sa vie, aucune ne lui avait paru aussi longue que celle-là ; c'était à croire que cette journée d'hiver grise et froide ne finirait jamais ; pas un mot pour le distraire ou lui faire passer le temps, et toujours, toujours la même pensée :

— Était-il possible que ces gens eussent oublié tout ce qu'il avait fait pour eux ?

Car s'il avait parfaitement oublié ce que la mairie avait fait pour sa fortune, par contre il n'avait oublié aucun des services qu'il avait rendus à la commune, « ma commune », comme il disait orgueilleusement.

Malgré tous les symptômes inquiétants qui à chaque instant et de tous côtés l'assaillaient, il ne pouvait pas admettre que cela fût possible, — ou bien alors ce serait à désespérer de la société. Qu'il y eût de l'opposition, il le pensait, de même qu'il s'attendait à des défaillances chez ceux qui étaient ses obligés; mais que cette opposition et ces défaillances formassent une majorité contre lui, il ne pouvait pas le croire.

Qu'il n'arrivât pas en tête de la liste, rien n'était plus naturel : il avait des ennemis qui cherchaient à se venger lâchement, il ne le voyait que trop ; mais quand il ne serait que l'avant-dernier, cela lui suffirait pour se faire nommer maire ; et une fois maire, il aurait encore trois ans d'autorité dans la main; ceux qui l'avaient bravé n'auraient qu'à trembler : au bout de ces trois ans il donnerait sa démission fièrement, abandonnant à leur bêtise ces misérables.

Enfin l'heure du dépouillement sonna, et les tables s'organisèrent avec une rapidité qu'on n'avait jamais vue à Saint-Maclou ; et cependant jamais il n'y avait eu pareil entassement dans la grande salle de la mairie.

On allait donc savoir.

Au vingtième bulletin, on était fixé : quinze voix contre le maire, cinq voix pour ; et alors s'élevait une rumeur joyeuse qui, pour un moment, suspendait le travail. Seul, Bellocq, malgré son expérience des élections, se faisait illusion, et avec la foi obstinée de ceux qui ont des oreilles pour ne pas entendre et des yeux pour ne pas voir, il se disait que ce n'était là qu'un hasard et qu'à coup sûr il allait reganger le terrain perdu.

Il ne le regagna point : le dernier des conseillers élus avait trois cents voix ; lui n'en avait que cent cinquante.

Ce ne fut plus une rumeur, ce fut une clameur qui fit trembler les vitres ; on criait, on riait, on chantait, on hurlait ; par les fenêtres ouvertes, on jetait à ceux qui stationnaient sur la place le résultat du vote, qu'accueillait une huée formidable.

Jusqu'à la fin Bellocq avait fait bonne contenance, la sueur roulait sur son visage ; ses mains tremblaient, mais enfin il se tenait, et d'autant plus raide, qu'il sentait tous les yeux ramassés sur lui ; il profita du brouhaha qui suivit la proclamation du scrutin pour disparaître et passant par son cabinet, il sortit par les derrières de cette mairie qu'il avait bâtie, où pendant si longtemps on avait tremblé devant lui, et où il n'était plus rien.

Comme on le guettait à la grand'porte pour lui faire une conduite charivaresque, il put sortir sans qu'on le vît et rentrer chez lui ; ce fut au moment où il passait son seuil qu'on l'aperçut, et alors un cri de victoire salua sa fuite, mêlé de sifflets, d'aboiements, de braiements, de chants de coq.

Il trouva son couvert mis ; son dîner l'attendait depuis trois heures. Machinalement il s'assit devant la table ; mais quand sa servante eut apporté la soupe, il ne pensa pas à manger. Comme cette salle était vide et ressemblait peu à ce qu'elle était lors des précédentes élections, quand elle s'emplissait de gens qui accouraient, empressés, pour le féliciter et le flatter. Au dehors retentissaient toujours les vociférations de ses vainqueurs.

La servante revint, apportant un plat de viande.

— Cette soupe est exécrable, dit-il en voyant

qu'elle examinait son assiette pleine; emporte-la.

Mais il ne toucha pas plus à la viande qu'il n'avait touché à la soupe; il ne pouvait pas desserrer sa mâchoire contractée par la rage, et un goût de fiel lui emplissait la bouche; les verres de cidre qu'il avalait les uns après les autres ne lavaient pas cette amertume : il lui semblait que sa langue gonflée était d'une grosseur extraordinaire.

Sa servante allait donc voir que la colère l'empêchait de manger, et le lendemain elle le dirait dans la ville, ce qui serait un triomphe de plus pour ces canailles. Si encore il avait eu un chien, il lui aurait donné ce plat; mais il n'avait jamais voulu de chien, ne sentant pas le besoin d'être aimé par une bête qu'il aimerait. Il mit une tranche de viande entre deux tranches de pain et, ayant fourré le tout dans sa poche, il monta à sa chambre.

Sur la place les réjouissances continuaient; on avait allumé des lampions, et des hommes et des femmes dansaient au violon, tandis que des bandes de gamins lançaient des pétards contre sa maison en poussant des cris sauvages. Comme il n'avait pas allumé de lumière et que la place était illuminée par les lampions, il reconnaissait les gens qui se montraient les plus tapageurs, Lichet en tête, soûl à ne pas tenir debout, dansant vis-à-vis de Benjamin, ses charretiers, ses postillons.

A un certain moment il vit un nommé Groseiller, qu'il avait récemment sauvé de la prison, se détacher de la bande et se diriger vers sa maison d'un air vainqueur et inspiré. Comme il ne pouvait pas se pencher par la fenêtre, il ne put pas suivre Groseiller jusque contre sa porte ; mais au bruit, il comprit ce que celui-ci faisait.

— Dans la cagnotte, criait Groseiller.

Cette fois, la colère l'emporta sur la prudence et Bellocq s'élança pour aller administrer une correction à ce lâche coquin ; mais il n'avait pas fait deux pas qu'il s'abattit tout d'une pièce sur le plancher.

XI

La chambre de Bellocq était au-dessus de la cuisine, où le bruit de la chute de ce grand corps retentit lourdement et se prolongea par les vibrations des cuivres accrochés aux murs.

La servante, effrayée, monta voir ce qui se passait; c'était une fille simple, dans le genre de Divine, qui tenait le même emploi que celle-ci et que tant d'autres avaient tenu.

Arrivée devant la porte, elle écouta et, n'entendant plus rien, elle frappa; aucune voix ne répondit. Alors elle entra, sa chandelle à la main.

Bellocq était étendu tout de son long sur le plancher, immobile comme une masse. Elle se jeta sur lui en l'appelant, et comme il ne répondait pas, comme il ne remuait pas, elle lui prit la main, qui obéit inerte au mouvement qu'elle lui imprimait.

— Ah! mon Dieu! il est mort! s'écria-t-elle.

Et s'imaginant que c'étaient les insurgés qui venaient de le tuer, comme ils allaient la tuer ellemême, elle fut prise de peur.

Ce fut au bout de quelques instants seulement

qu'elle se remit et comprit qu'on n'avait pu tuer son maître à travers les fenêtres fermées; peut-être n'était-il pas mort. Alors il fallait le soigner. Comment? Que lui faire? Elle était seule dans la maison.

Malgré sa peur des insurgés, elle se décida à sortir pour aller chercher du secours; ce qu'elle fit en passant par la porte de derrière.

En arrivant dans la rue elle se trouva en face de Benjamin et de Lichet.

— Allez vite chercher le médecin, dit-elle au facteur, M. Bellocq vient de tomber, il ne remue plus; je ne sais pas s'il n'est pas mort.

— Comment, Bellocq est mort! s'écria Lichet.

Puis tout de suite il fit part de cette nouvelle à ses voisins, tandis que Benjamin, lâchant son ami, se mettait à la recherche du docteur Dassier, qui avait remplacé Voisard.

En un instant Lichet avait été entouré; mais au lieu de répondre aux questions qu'on lui adressait, il avait entonné sur un air de psaume un chant qu'il venait de composer :

Bellocq est mort,
Ses électeurs l'ont tué.

Et la foule le hurlait avec lui.

Le docteur Dassier n'avait pas été difficile à trouver; il était sur la place avec M. de la Broquerie, le juge de paix, et le pharmacien Nantou, regardant les danses et devisant tous les trois philosophiquement de la fragilité des grandeurs humaines et de l'inconstance des foules.

Avertis par Benjamin ils se hâtèrent tous les trois vers la maison, et, ayant fait fermer la porte pour arrêter les curieux, ils montèrent à la chambre où ils trouvèrent Bellocq dans le même état, étendu à la renverse au milieu de la chambre, la face injectée, vultueuse, les joues flasques, les traits sans expression.

— Et bien? demanda le pharmacien quand le médecin l'eut examiné.

— C'est une hémorragie cérébrale ; tenez-moi la cuvette, je vais le saigner.

Et il ouvrit largement la veine du bras.

Puis, pendant que le sang coulait, il engagea le juge de paix à essayer de faire cesser le tapage.

— S'il revient à lui, qu'il n'entende pas ces vociférations.

M. de la Broquerie descendit sur la place, et aussitôt on l'entoura.

— Taisez-vous donc, dit-il, M. Bellocq n'est pas mort. Avec vos cris, vous pouvez le tuer.

— Comment, Bellocq n'est pas mort? dit Lichet, que la peur dégrisa.

Et instantanément il cessa de brailler son psaume : il pourrait vouloir se venger, le Bellocq, s'il en réchappait ; le mieux était de ne pas se mettre trop en avant ; d'ailleurs il s'était assez amusé pour se reposer maintenant en allant « en boire une ».

Quand le juge de paix remonta, il trouva le médecin et le pharmacien en conférence dans le vestibule.

— En réchappera-t-il? demanda le juge de paix.

— Il est aussi difficile de répondre oui que de répondre non; la connaissance tend à revenir et la respiration à se régulariser, mais les phénomènes paralytiques se caractérisent; la situation est grave; il serait bon, semble-t-il, de prévenir la famille.

Mais le juge de paix et le pharmacien, mieux au courant des choses, ne furent pas de cet avis. Quels membres de la famille appeler? Belloquet? Sa femme? Marichette? Au cas où Simon Bellocq reprendrait sa complète connaissance, ne serait-il pas furieux de les voir dans sa maison? Au cas où il ne la reprendrait pas, ils n'auraient rien à faire auprès de lui. Il n'existait pas de liens de famille entre Simon Bellocq et ses parents, pas plus qu'il n'en existait de sentiment. Si la mort ouvrait la succession, il serait alors temps de les prévenir, et en les attendant on ferait le nécessaire, apposition de scellés, etc.

En rentrant avec le juge de paix, le pharmacien s'indigna contre l'imprudence de Bellocq :

— Si seulement il avait voulu prendre une purgation de temps en temps, il aurait pu se mettre à l'abri de cette attaque; mais outre que son avarice l'empêchait de se payer une bouteille d'eau de Sedlitz, c'était un homme qui ne croyait à rien... pas même à la pharmacie.

On parlait de lui comme s'il était déjà mort; cependant il ne mourut point de cette attaque; au bout de huit jours il était hors de danger, au moins pour le moment, mais la paralysie résultant de l'hémorragie cérébrale n'était pas guérie.

La première fois qu'il descendit à son bureau, les deux commis qui avaient remplacé Paulin et Victor se regardèrent stupéfaits en le voyant paraître : il marchait tout d'une pièce, raide comme un pieu, traînant une jambe sans lever le pied ; les muscles de son visage ne bougeaient pas; un de ses yeux était immobile et mort comme un œil de verre; sa langue s'embarrassait à chaque instant, incapable d'articuler certains mots.

Le signe de tête des commis était précis autant que clair.

— Fichu, le patron.

Le médecin ne lui avait permis de descendre à son bureau qu'à la condition expresse qu'il n'essaierait pas même de travailler, et il lui avait clairement expliqué que le seul moyen d'éloigner les récidives, c'était d'éviter les excès, les fatigues, les colères, tout ce qui pouvait provoquer l'afflux du sang au cerveau.

Mais si Bellocq ne croyait pas à la pharmacie, il ne croyait guère plus à la médecine, ayant pour l'une comme pour l'autre l'indifférence dédaigneuse d'un homme qui n'a jamais été malade et qui ne s'est jamais intéressé à un malade.

— Tout ça est pour me faire peur et se rendre indispensable, se disait-il avec sa défiance habituelle.

Aussitôt qu'il fut, tant bien que mal, installé à sa place, il appela ses commis pour se mettre au travail avec eux sans se fatiguer et donner lui-même une solution aux affaires arriérées qu'ils n'avaient pas pu décider en son absence.

Mais à la première qu'ils lui exposèrent, il fut surpris de voir qu'elle était terminée.

— Comment vous êtes-vous permis de prendre cette résolution? demanda-t-il de sa voix embarrassée et avec un accent de mécontentement.

— Ce n'est pas nous, c'est M. Victor.

— Comment Victor!

A la seconde, à la troisième, les réponses furent les mêmes.

— Ce n'est pas nous, c'est M. Victor.

Ce n'était plus du mécontentement, c'était de la colère qu'éprouvait Bellocq.

— Victor! Mais de quoi se mêlait-il? Comment se permettait-il une pareille liberté? Se croyait-il donc déjà maître de la maison?

A cette pensée, Bellocq oublia les recommandations du médecin, et de son bras qui n'était pas paralysé, il donna un coup de poing sur son bureau.

Mais soit effet purement matériel du contre-coup, soit effet de la colère, il sentit le sang lui monter à la tête, sa vue se troubla, ses oreilles bourdonnèrent.

Instantanément il fut pris d'une terreur folle, s'imaginant qu'il allait avoir une nouvelle attaque.

— Allez-vous-en, dit-il aux commis, laissez-moi, emportez ces papiers; ne me parlez pas.

Et, se levant péniblement, il alla à la fenêtre qu'il ouvrit pour respirer, tandis que ses commis se demandaient s'il ne venait pas d'être pris d'un accès de folie.

Comme il restait ainsi, regardant dans la rue, il

vit le doyen se diriger vers sa maison? Venait-il chez lui? Cette idée le troubla. On le croyait donc bien malade, que le curé lui faisait visite; car il n'avait pas avec le nouveau doyen les relations amicales qu'il avait eues avec le vieux, tombé à la fin de sa vie dans une indulgence sénile. Agé d'une quarantaine d'années, rigide dans ses principes, réservé dans sa conduite, le nouveau curé n'avait eu avec son maire, depuis qu'il était à Saint-Maclou, que des rapports officiels, et seulement ceux qui étaient indispensables.

C'était bien une visite.

— Monsieur... le maire, allait dire M. le doyen, mais il s'arrêta à temps; mon cher monsieur Bellocq, je n'ai pas voulu venir vous voir pendant que vous étiez malade pour ne pas vous inquiéter; mais maintenant que vous êtes en voie de rétablissement, je ne suis plus tenu à la même discrétion. Je me suis entretenu de vous avec notre excellent docteur, et j'ai su que, parmi ses prescriptions, il y en avait une qui exigeait que dans vos sorties vous fussiez toujours accompagné, et que, chez vous, on ne vous laissât jamais seul.

— Il est vrai.

— C'est ce qui m'a décidé à vous faire cette visite. Je n'ai pas à vous dire, n'est-ce pas, que j'ai vu avec un profond chagrin la guerre qui a été dirigée contre vous et qui s'est manifestée par certaines inscriptions sur les murs. Mais, malgré la lâcheté de ces inscriptions, ne trouvez-vous pas qu'elles étaient, jusqu'à un certain point, un avertissement de la divine Providence, et dans l'angoisse salutaire de la maladie, ne vous êtes-vous pas dit quelquefois qu'elle vous traçaient la route à suivre? Vous êtes seul dans la vie, sans tendresse autour de vous, sans affection, et cela au moment même justement où vous avez besoin d'affection. Ne vous semble-t-il pas que vous devriez appeler près de vous ceux qui vous doivent précisément tendresse et secours? Ne sentez-vous pas que ce serait une expiation dont il vous serait tenu compte à l'heure du jugement?

Et sans trop appuyer, sans préciser, sans prononcer aucun nom, le doyen développa son idée.

X

Il en avait été longtemps, pour Bellocq, de la religion comme de la pharmacie et de la médecine : il n'avait pas plus cru à l'une qu'à l'autre. Mais c'était à l'état de bonne santé qu'il avait vécu dans cette incrédulité, alors qu'il n'avait besoin ni des unes ni des autres, et qu'il les défiait en se moquant d'elles.

Malheureusement ce n'était plus son cas ; il ne pouvait plus défier rien ni personne, et il avait autant besoin de la médecine et de la pharmacie que de la religion.

En médecine il ne savait que ce que l'expérience personnelle lui avait appris par des faits qui s'étaient passés sous ses yeux : un de ses amis qui avait eu une attaque d'apoplexie et qui ne s'était pas soigné, était mort à la seconde, au bout de trois mois ; — celui-ci, qui avait suivi le même système, était mort en six mois ; — celui-là, au contraire, qui avait pris toutes les précautions ordonnées par les médecins, avait vécu dix ans après sa première attaque. Dix années de vie assurées, c'était tout ce qu'il demandait présentement, le bail qu'il était prêt à signer, dût-il en payer le loyer par quelques sacrifices. C'est lâche d'avoir des faiblesses quand on est fort; mais quand la maladie remplace la force, il faut savoir se résigner.

En religion, il raisonnait de même et était tout disposé à se laisser guider par les exemples dont il avait été témoin. Des gens qui le valaient bien pour l'intelligence et le caractère, qui avaient mené une joyeuse existence, n'avaient pas hésité à écouter les prêtres quand l'âge et la maladie étaient venus. Pourquoi ne ferait-il pas comme eux? Il n'était pas de ceux qui ouvrent les fenêtres quand il tonne; au contraire, il les fermait, parce qu'enfin on ne peut pas savoir.

La peur qu'il avait éprouvée en sentant sa tête se troubler au moment où il voulait travailler avec ses commis avait plus fait pour lui inspirer la foi dans la médecine et la religion que les exhortations les plus éloquentes et les plus persuasives; évidemment il était atteint, et ce serait folie à lui de ne pas prendre ses précautions d'un côté comme de l'autre; les précautions n'ont jamais fait mourir personne et elles ont sauvé bien des gens.

L'avertissement du doyen le prenant dans ces dispositions devait produire sur lui de l'effet, et ce fut ce qui arriva. Au lieu de hausser les épaules comme il l'aurait fait quinze jours auparavant et de rire de ses paroles, il les accueillit sérieusement et les pesa.

Il était incontestable que s'il avait toujours quelqu'un de dévoué pour le soigner et l'aider en écartant de lui le danger aussi bien que la fatigue, cela pouvait lui faire gagner les dix ans qu'il espérait.

Seulement ce quelqu'un n'était pas facile à trouver. Un commis? Il n'y fallait pas songer; l'exemple de Victor tâchant déjà de s'établir en maître dans la maison était là pour l'avertir. Un commis, quel qu'il fût, Victor ou un autre, voudrait se faire valoir, se pousser, se rendre indispensable, sans compter que sûrement il chercherait à exploiter à son profit les secrets qu'on devrait lui confier ou qu'il devinerait. Une femme? Jamais il ne se livrerait poings et mains liés à une femme qui l'exploiterait et le tyranniserait; il les connaissait les femmes, des Célanie, des madame Voisard.

Un enfant?

C'était là ce que le doyen lui avait suggéré; mais n'était-il pas vraiment naïf, ce pauvre curé, de s'imaginer qu'il allait maintenant appeler près de lui ses enfants naturels pour se faire soigner par eux? Où diable les retrouverait-il, ses enfants naturels, où les chercherait-il? Et quand il les retrouverait, où les logerait-il? Sa maison n'était pas une caserne. D'ailleurs ce serait un singulier moyen d'assurer sa tranquillité; combien de ces enfants faits à des filles de rien et dont il ne s'était jamais occupé étaient forcément devenus des vauriens et des brigands de la pire espèce?

De ces enfants il n'en voyait qu'un qui répondit aux exigences de la situation, ce petit qui l'avait frappé par son intelligence lorsqu'il avait visité l'école de Berneval, le fils de Marichette et le sien, il pouvait le croire; précoce, cet enfant, instruit, capable d'écrire correctement une lettre, de faire un calcul, doux, timide, encore assez jeune pour n'avoir ni volonté, ni rouerie, élevé par une mère qui l'avait surveillé de près.

S'il le prenait avec lui, celui-là, la médecine comme la religion seraient satisfaites.

Il est vrai que la mère, telle qu'il la connaissait, ne consentirait jamais à le lui donner, pas plus qu'à le lui vendre; mais heureusement il avait un moyen de l'avoir quand même et malgré elle, c'était de le reconnaître légalement; s'il ne le tenait pas de la mère, il le tiendrait de la loi, ce qui valait mieux et présentait plus de sécurité. Reconnu, il serait à lui, et alors même que la mère serait assez niaise pour vouloir le garder, on ne trouverait pas de juges assez peu intelligents pour hésiter entre une mère qui n'avait rien à donner à son fils, et un père qui offrait une fortune considérable à ce fils; avant tout, on devait faire passer l'intérêt de l'enfant, et il n'était pas contestable que cet intérêt le mettait aux mains du père. L'enfant lui-même le comprendrait; et si, par impossible, on essayait d'agir sur lui, pour le ramener à sa mère, il répondrait qu'il restait avec son père qui, par la reconnaissance légale, lui avait assuré la moitié de sa fortune, et qui, par testament, lui donnerait l'autre moitié. Ce serait à lui expliquer, et une fois qu'il se serait rendu compte de la situation, il serait solidement tenu par l'amorce du testament.

Qu'importait que dix ans auparavant il eût contesté en justice la filiation de cet enfant; alors il était abusé par de faux rapports; maintenant, mieux éclairé, il avouait son erreur, et ce qui était plus digne encore, il la réparait.

Puisqu'il ne pouvait pas emporter sa fortune avec lui dans l'autre monde et qu'il lui fallait un héritier, mieux valait celui-là qu'un autre; au moins il lui serait bon à quelque chose, ce qui est rare chez un héritier.

Bellocq pesa sa résolution pendant deux jours; puis un matin, après déjeuner, faisant atteler une voiture fermée de peur du froid, lui qui n'avait jamais eu souci du froid et du chaud, et prenant un de ses commis avec lui, il se fit conduire à Berneval.

Cette fois, en le voyant entrer, M. Ledru, au lieu de rester dans sa chaise, se précipita au-devant de « monsieur l'inspecteur », extrêmement flatté de recevoir une seconde visite suivant la première d'aussi près, et se disant que sans doute sa recommandation en faveur de Pierre Cabernet n'avait pas été aussi maladroite que la mère et mademoiselle Julienne l'avaient cru.

La demande que lui adressa « monsieur l'inspecteur » d'entretenir Pierre Cabernet un moment en particulier le confirma dans cette idée, et ce fut glorieusement qu'il conduisit « monsieur l'inspecteur » et Pierre dans une des salles de la mairie, où il les laissa seuls.

Pierre était fort ému, mais en même temps il était aussi surpris de voir « son méchant cousin » qui, la première fois, lui était apparu fort et alerte, marcher avec tant de lenteur et s'exprimer si difficilement.

— Tu sais qui je suis? demanda Bellocq.

— Oui, vous êtes le cousin de maman.

— On ne t'a jamais dit que j'étais plus que ton cousin?

Pierre le regarda stupéfait, cherchant à comprendre ces paroles étranges pour lui.

— Non, dit-il.

— Sais-tu qu'il y a eu autrefois des difficultés entre ta mère et moi?

— Oui.

— Quelles difficultés?

— Je ne sais pas; on ne parle jamais de vous à la maison.

— Eh bien, ces difficultés se sont produites à propos de ta naissance, et ce sont elles qui m'ont empêché de te reconnaître plus tôt pour mon fils.

Pierre resta un moment pétrifié.

— Je serais votre fils? murmura-t-il enfin.

— Oui, et je suis décidé à te donner mon nom et ma fortune. Ne serais-tu pas heureux d'être riche, c'est-à-dire de faire ce que tu voudrais, d'aller où tu voudrais, d'avoir ce que tu voudrais : des chevaux, des voitures, des propriétés, d'être le premier dans le pays, de n'avoir qu'à parler pour te faire obéir?

Pierre réfléchit longuement et à le regarder il était facile de deviner qu'il suivait sa pensée intérieure, bien plus qu'il n'écoutait.

— Si j'étais votre fils, est-ce que je serais toujours bâtard? dit-il.

— Non, tu sais bien qu'on n'est pas bâtard quand on a un père.

— Alors, je ne serai plus bâtard? répéta-t-il d'un air fier.

— Non, bien sûr; tu serais estimé, honoré, envié comme un garçon riche.

— Mais puisque je suis votre fils, pourquoi n'avez-vous pas été mon père plus tôt?

Bellocq eut un moment d'hésitation; la logique de cet enfant était embarrassante.

— C'est précisément à cause de ces difficultés entre ta mère et moi, dit-il.

— Ah!

— Et puis je ne te connaissais pas; je ne savais pas que tu étais un garçon intelligent, un bon garçon.

Pierre réfléchissait toujours.

— Mais si je suis votre fils, dit-il obéissant à ses réflexions, je serai toujours celui de maman.

Bellocq eut encore un mouvement d'embarras; c'était là une question qui compliquait singulièrement la situation et qui dérangeait son plan.

— On ne cesse jamais d'être le fils de sa mère.

— Ah! bien alors.

— Maintenant que nous nous sommes entendus, rentre en classe et envoie-moi M. Ledru; nous nous reverrons bientôt.

M. Ledru arriva au plus vite.

— Ce n'est pas à l'instituteur que j'ai affaire maintenant, dit Bellocq, c'est au secrétaire de la mairie, pour le prier de dresser un acte par lequel je reconnais pour mon fils naturel Pierre Cabernet; mon commis et mon cocher serviront de témoins.

M. Ledru se demanda s'il rêvait.

— Ah! monsieur l'inspecteur, s'écria-t-il, combien je serais fier, si en appelant votre attention sur cet enfant, j'avais pu, pour une faible part, contribuer à...

— Justement vous y avez contribué, répondit Bellocq, lui coupant la parole.

L'acte dressé en présence du maire qu'on avait envoyé chercher, Bellocq remonta en voiture sans revoir Pierre; la question de l'enfant relativement à sa mère ne permettait pas qu'il l'emmenât comme il en avait eu tout d'abord l'idée; il chargerait le doyen de cette négociation et s'épargnerait ainsi les criailleries de la mère.

En passant par Criquefleur il s'arrêta un moment à sa succursale pour prouver à Victor qu'il était encore bien vivant et qu'il fallait compter avec lui : une petite algarade ferait du bien à ce garçon qui n'était que trop porté à s'émanciper.

XI

Aussitôt que Pierre avait vu M. Ledru entrer dans la salle de la mairie, il avait filé pour courir chez sa mère lui porter cette grande nouvelle.

— Plus bâtard !

Comme elle allait être heureuse !

Il avait couru si fort qu'en arrivant il était à bout de souffle.

— Qu'as-tu ? demanda sa mère qui était seule dans le magasin.

— Mon cousin Simon...

Il s'arrêta pour respirer.

— Parle donc, s'écria Marichette, épouvantée.

— Il est venu à l'école... Je ne serai plus bâtard.

Cette fois ce fut Marichette qui ne put pas prononcer un mot.

— Il m'a fait venir dans une salle de la mairie, continua Pierre, et là il m'a dit que c'étaient des difficultés qu'il avait eues avec toi qui l'avaient empêché de me reconnaître pour son fils, mais que maintenant qu'il savait que j'étais un bon garçon, il voulait me donner son nom et sa fortune, et que je ne serais plus un bâtard. Alors je lui ai demandé si, parce que je serais son fils, je ne serais plus le tien, et il m'a dit qu'on ne cessait jamais d'être le fils de sa mère. Tu vois, je ne serai plus bâtard.

Et dans son effusion de joie, il embrassa sa mère à pleins bras.

— Et après? demanda Marichette consternée.

— C'est tout, il m'a dit de lui envoyer M. Ledru, et alors j'ai filé pour venir te conter cela ; ah ! j'ai joliment couru. Ah ! j'oubliais, il m'a dit aussi que nous nous reverrions bientôt.

Marichette ne savait que penser, et malgré la confiance qu'elle avait dans l'intelligence de son fils, elle se demandait si ce qu'il lui racontait était possible. Donner son nom et sa fortune à Pierre ! Mais c'était absurde, au moins pour le nom, puisqu'il y avait un jugement qui déclarait qu'aucuns liens de filiation ne pouvaient exister entre Simon Bellocq et l'enfant de Marie Cabernet. Était-il donc devenu fou? Elle avait appris l'attaque d'apoplexie qui l'avait frappé, et elle se demandait si ce n'était pas sous l'influence du délire qu'il était venu à Berneval, et qu'il avait eu avec Pierre cet entretien, poussé par le remords sans doute.

— Comment est-il M. Bellocq? demanda-t-elle.

— Comme ça, répondit l'enfant en imitant la démarche de Bellocq, et il parle comme ça.

Évidemment c'était de la folie, et Marichette, se rassurant jusqu'à un certain point, renvoya son fils à l'école, en lui recommandant de ne parler à personne de ce qui s'était passé.

Aussitôt que l'enfant fut parti, Marichette appela mademoiselle Julienne et lui répéta le récit de Pierre ; mais, à sa grande surprise, celle-ci, au lieu de montrer de l'inquiétude, claqua des mains :

— Le coquin est fou, s'écria-t-elle, fou à lier, et comme la folie s'est déclarée brusquement ainsi que l'attaque elle-même, il ne pourra plus faire son testament ; vous voilà héritière de deux millions. Mes compliments, ma chère.

Mais il n'était pas dans le caractère de Marichette de s'envoler ainsi sur les ailes du caprice ; elle avait trop souffert par son cousin Simon pour admettre que rien de bon ou d'heureux pouvait venir de lui.

— Si vous vouliez, dit-elle, nous irions voir M. Ledru.

— Volontiers, à la sortie de la classe.

Mais l'angoisse de Marichette ne pouvait pas attendre jusque-là; elle fit si bien qu'elle décida mademoiselle Julienne à aller tout de suite à l'école.

— C'est absurde, dit la vieille fille, mais à votre place je ferais sans doute comme vous.

Quand elles entr'ouvrirent la porte de l'école, l'instituteur se dérangea tout de suite pour venir au-devant d'elles et dans la cour il salua Marichette avec toutes les démonstrations de la satisfaction la plus vive.

— Je suis heureux, mademoiselle, d'être le premier à vous féliciter pour le grand acte qui vient de s'accomplir.

Elles le regardèrent stupéfaites ; mais, tout à son compliment, il ne remarqua rien et continua :

— M. Bellocq a bien voulu me dire que, par le rapport que je lui avais fait sur votre fils, j'avais contribué pour une part à la résolution que cet acte vient de consacrer.

— Mais de quel acte parlez-vous donc ? s'écria mademoiselle Julienne.

— De l'acte de reconnaissance que M. Bellocq vient de signer.

Elles ne comprenaient pas encore.

— La reconnaissance de qui ? demanda mademoiselle Julienne.

— Comment ! s'écria l'instituteur, vous ne savez pas encore que M. Simon Bellocq vient de reconnaître pour son fils Pierre Cabernet ? Je suis vraiment heureux d'être le premier à vous l'apprendre.

Elles se regardaient stupides d'étonnement.

— J'ai moi-même dressé cet acte, continua l'instituteur.

— Mais M. Bellocq ne peut pas reconnaître un enfant qu'un jugement a déclaré n'être pas son fils, dit mademoiselle Julienne.

— On peut toujours reconnaître un enfant, affirma l'instituteur d'un air entendu.

— Mais alors M. Bellocq serait fou ! s'écria mademoiselle Julienne.

— Je ne pense pas, et même je crois, dit l'instituteur, qui s'était fait raconter l'histoire de la naissance de Pierre, je crois que, mieux éclairé par ce qu'il a appris de la mère et de l'enfant, il est venu à des sentiments plus sages et plus humains.

Marichette s'était remise peu à peu de l'anéantissement du premier coup, et la lumière s'était faite dans son esprit bouleversé.

— Il veut nous enlever Pierre, dit-elle en s'adressant à mademoiselle Julienne.

— C'est là précisément ce qui constitue sa folie, répondit la vieille fille.

Puis, se tournant vers l'instituteur :

— Vous ignorez, sans doute, que M. Bellocq a été frappé récemment d'une attaque d'apoplexie ; il n'a plus sa raison.

Cela troubla l'instituteur. Aurait-il reçu l'acte d'un aliéné ?

Avant qu'il fût revenu de sa surprise, elles l'avaient quitté.

— Je vais aller à Saint-Maclou, dit Marichette lorsqu'elles eurent fait quelques pas.

— Que voulez-vous ?

— Défendre Pierre. Croyez-vous que je puisse attendre en me croisant les bras ? Il n'y a pas à s'y tromper : il veut l'enfant.

— Mais s'il est fou ?

— Et s'il ne l'est pas ? Il a vu que Pierre était un enfant intelligent. Il a calculé qu'il pouvait tirer parti de lui, s'en servir. Et il veut l'avoir. Voilà ce qui explique cette reconnaissance.

— Elle est absurde.

— Qui peut savoir ? Vous mettez votre confiance dans la loi, moi je ne la mets qu'en moi. Je dois défendre mon fils, je le défendrai. Jamais je n'accepterai qu'un pareil homme ait autorité ou influence sur lui. Ne voyez-vous pas qu'il serait perdu ? Je vais à Saint-Maclou.

— J'irai avec vous.

— Alors partons.

Il fallait une voiture ; ce fut vite fait d'en trouver une, le char-à-bancs du boulanger.

Pendant qu'on attelait le cheval, mademoiselle Julienne rentra à la maison pour prendre des manteaux, car le froid était âpre et on ne pouvait pas savoir à quelle heure on rentrerait.

Bien que mademoiselle Julienne ne vît guère plus loin que les oreilles du cheval, elle prit le fouet et les guides ; Marichette verrait pour elle. Elles partirent.

Le soleil commençait à baisser, tout pâle, dans un ciel brouillé ; mais elles avaient encore près de deux heures de jour, c'est-à-dire plus qu'il ne leur fallait de temps pour arriver à Saint-Maclou. Elles reviendraient comme elles pourraient.

— Pierre vous a dit, n'est-ce pas, demanda mademoiselle Julienne, que Bellocq voulait lui donner sa fortune ; c'est sans doute par cet appât qu'il espère vous prendre.

— Et voilà pourquoi je dois lui dire qu'il ne me prendra pas, sa fortune fût-elle dix fois plus grosse. Quel usage ferait-il de cette fortune, le pauvre enfant, quand il aurait reçu les leçons de son misérable père !

— Bien, bien, dit mademoiselle Julienne, vous êtes un brave cœur.

Elles ne tardèrent pas à apercevoir les premières maisons de Criquefleur dont les toits d'ardoises réfléchissaient les rayons obliques du soleil couchant.

— Vous presserez le cheval en passant devant la maison de mon cousin Sylvain, dit Marichette.

Mais il ne put pas en être ainsi ; au moment où elles allaient arriver à la maison de Sylvain Bellocq, une voiture de matériaux sortait du chantier de Bellocq aîné et avec son attelage de cinq chevaux barrait la route, de sorte qu'au lieu de presser leur allure elles durent la ralentir. A ce moment, Célanie, qui, de son bureau les avait vues, sortit sur son trottoir et les arrêta.

— Est-ce possible ! dit-elle en s'approchant de leur char-à-bancs.

— Quoi ? demanda mademoiselle Julienne.

— Descendez, dit Célanie.

— Nous n'avons pas le temps, répondit Marichette.

— J'ai à te parler, insista Célanie, il faut que je te parle.

— Eh bien, parlez, répliqua mademoiselle Julienne.

— Il y a quelques instants Simon Bellocq s'est arrêté à sa succursale, et pendant qu'il était avec Victor Dedessuslamare, un de ses commis qui l'accompagnait a raconté qu'ils revenaient de Berneval, où Simon avait reconnu à la mairie Pierre pour son fils.

— C'est justement pour cela que nous allons à

Saint-Maclou, répondit Marichette ; il ne m'enlèvera pas mon enfant.

— Tu vas faire cela? s'écria Célanie à qui la surprise arracha cette exclamation.

Mais tout de suite elle se remit :

— Ne te trouble pas, dit-elle, il ne peut pas t'enlever ton enfant; pas plus qu'il ne peut le reconnaître. Si cette reconnaissance a vraiment été faite...

— Elle a été faite, dit mademoiselle Julienne.

— L'acte est nul. Simon est fou. Nous allons le faire interdire. Tu peux, si tu le veux, te joindre à nous.

— Je n'ai souci que de Pierre.

— Justement, c'est un moyen pour qu'il ne te le prenne pas.

— Ce n'est pas cela qui presse pour le moment, dit mademoiselle Julienne. Au revoir, madame.

Elle toucha le cheval qui partit

XII

— Croyez-vous qu'il soit réellement fou? demanda Marichette, lorsqu'elles furent sorties du village.

— Ordinairement je ne crois rien de ce que me dit madame Bellocquet, et même je suis toujours disposée à croire le contraire de ce qu'elle dit; mais, dans le cas présent, il est probable qu'elle prend son désir pour la réalité. Ne voyez-vous pas qu'elle ne pense qu'à faire annuler le testament de Simon Bellocq, si, comme cela est probable, elle est déshéritée? Voilà pourquoi elle vous demande de vous unir à elle pour poursuivre l'interdiction de votre cousin. Ce serait une grosse affaire si l'interdiction était prononcée, puisque cela supprimerait non seulement le testament qu'il a pu faire depuis sa maladie, mais encore la reconnaissance de Pierre. Que cette reconnaissance soit maintenue, Pierre hérite de la moitié de la fortune de Simon Bellocq, et votre cousin Sylvain et vous, vous vous partagez l'autre moitié. Qu'elle soit, au contraire, annulée et vous avez, votre cousin Sylvain et vous, la totalité de cette fortune à vous partager en deux parts égales, c'est-à-dire que vous avez chacun une moitié au lieu d'un quart.

— Je ne peux pas croire qu'il soit fou.

— Il y a un moyen bien simple de le savoir, c'est d'interroger son médecin : je connais M. Dassier; allons chez lui en arrivant; je suis certaine qu'il nous répondra franchement.

En effet, ce fut franchement et nettement que le médecin déclara que Simon Bellocq n'avait jamais été fou, et que rien n'indiquait qu'il fût menacé de folie, au moins pour le moment.

Mademoiselle Julienne eût voulu que le médecin leur dît quelles probabilités il y avait pour que Simon Bellocq mourût prochainement; mais ce fut en vain qu'elle le pressa; il refusa de répondre.

— Avec des soins, des précautions, de la prudence, il peut vivre longtemps.

En chemin elles avaient agité la question de savoir comment elles agiraient pour arriver sûrement auprès de Simon Bellocq, sans courir la chance de rester à la porte s'il ne voulait pas les recevoir, ce qui était possible; et il avait été décidé qu'elles ne se feraient pas annoncer; elles iraient de l'avant; il y avait dans Marichette une résolution désespérée qu'aucun obstacle n'arrêterait.

En passant devant la maison, elles virent que les trois bureaux étaient éclairés, ceux des commis et celui du patron; il était donc probable que Bellocq était dans le sien, car lorsqu'il était absent, on faisait des économies d'éclairage.

— Tenez bien mon bras, dit Marichette.

— Vous tremblez?

— Oui, de honte, à la pensée de rentrer dans cette maison maudite; mais ne craignez rien, devant lui je ne verrai que Pierre.

Elles entrèrent dans le bureau qui était autrefois celui de Paulin, et elles y trouvèrent un commis travaillant sous une lampe.

— M. Bellocq est chez lui? dit Marichette.

— Oui, mesdames.

Elles n'en demandèrent pas davantage; allant de l'avant comme il avait été convenu, Marichette ouvrit la porte de communication avant que le commis fût revenu de sa surprise.

Bellocq était à sa place habituelle, lisant dans un vieux livre que Marichette reconnut pour le vieux Code qu'elle avait vu si souvent entre ses mains autrefois.

Il avait levé la tête, et il les regardait étonné, ne comprenant rien évidemment à cette intrusion violente.

— Vous ne me reconnaissez pas, dit Marichette, en serrant le bras de mademoiselle Julienne; je suis Marichette.

De sa bonne main, Bellocq souleva l'abat-jour de la lampe, de manière à ce que la lumière frappât en plein le visage de Marichette.

— Tu n'as pas changé, dit-il.

— Vous savez ce qui m'amène.

— Je pense qu'il s'agit de Pierre.

— Je viens vous demander pourquoi vous avez reconnu Pierre.

— Pour l'avoir.

— Chez vous, près de vous?

— Sans doute, puisqu'il est mon fils.

— Si vous croyez qu'il est votre fils, pourquoi l'avez-vous repoussé il y a dix ans?

— Parce que j'ai été, à ce moment, abusé par de faux rapports ; mais maintenant que je sais que j'ai été trompé, je le reconnais pour mon fils.

— Il ne le sera jamais.

Bellocq eut un mouvement d'impatience; ce froncement de sourcil et ce serrement de dents qu'elle avait vus si souvent en lui quand il rencontrait de la contradiction ; mais il ne s'emporta pas.

— Ne m'exaspère pas, dit-il, cela serait dangereux pour ma santé; si tu as un peu de raison, tâche plutôt de comprendre la situation; en reconnaissant cet enfant, j'en fais mon héritier.

— Que m'importe! Croyez-vous que je veuille le vendre? J'aime mieux qu'il perde votre fortune que de perdre sa bonté, sa droiture, son honnêteté.

Mademoiselle Julienne pressa le bras de Marichette.

— Bien, bien, disait cette pression.

Du coup, Bellocq se fâcha.

— Je t'ai déjà dit, s'écria-t-il d'une voix plus libre, de ne pas me pousser à bout; la colère m'est mauvaise, évite-la-moi. Tu sais que quand j'ai résolu une chose, rien ne me fait changer. J'ai décidé de prendre Pierre avec moi, je le prendrai. J'ai besoin de lui. Il faut qu'il apprenne à faire valoir sa fortune. Si tu avais la sottise de me le refuser, la loi me le donnerait. Je l'ai reconnu pour mon fils, il est mon fils.

— Il ne l'a jamais été, il ne le sera jamais.

— Qui l'a fait?

— En quoi l'accident de sa naissance l'a-t-il fait votre fils? Il n'est pas plus votre fils qu'il n'est celui du médecin qui l'a mis au monde.

Une nouvelle pression de bras approuva Marichette : — Bien.

— En quoi avez-vous été son père! continua Marichette. Quand vous a-t-il trouvé près de lui? Que lui avez-vous donné? L'avez-vous soigné quand il avait besoin de soins? Avez-vous formé son esprit, son intelligence ou son cœur? Qu'y a-t-il de vous en lui? Rien, Dieu merci!

Cette fois, la pression du bras de mademoiselle Julienne fut plus forte encore et plus longue; — ce n'était plus bien, c'était très bien, très bien qu'elle disait dans sa fière surprise. En voulant accompagner Marichette, elle avait douté de celle-ci, non de sa tendresse maternelle, ni de son intelligence, mais de son énergie. Comment cette pauvre fille, qui avait tant souffert par ce misérable homme dont la réputation de brutalité et de violence n'était que trop connue, se tiendrait-elle devant lui? N'aurait-elle pas besoin d'être encouragée et soutenue? Mais voilà que la pauvre fille tenait tête à ce violent et le dominait : bien, très bien. C'était non seulement ce que Marichette disait que mademoiselle Julienne admirait, c'était aussi ce qu'elle ne disait pas. Quand il avait parlé de sa santé, Marichette n'avait pas répondu un mot; elle avait gardé un silence digne, tandis qu'elle-même, dans cette situation, n'aurait pas manqué de répliquer : « Si cette explication est dangereuse pour votre santé, tant mieux ! Qu'elle vous fasse crever, c'est tout ce que je souhaite. »

— Il n'est pas votre fils, affirma Marichette, il ne le sera pas, et, alors même que vous persisteriez à vouloir qu'il le fût, il ne pourrait jamais le devenir.

Pour cette fois, mademoiselle Julienne ne put se contenir, et une pression de bras ne lui suffit plus pour attester son admiration. Elle fit un pas en avant, et, étendant le bras :

— Heureusement ! dit-elle.

Bellocq ne parut pas plus faire attention à elle que s'il ne l'avait pas vue et entendue, et il continua de s'adresser à Marichette :

— Je ne veux pas te priver de ton enfant, dit-il, je ne l'empêcherai pas d'aller te voir ; il sera toujours ton fils.

— Qu'avez-vous fait de moi ? demanda-t-elle.

Il ne répondit pas.

— Une misérable, un objet de honte pour tous, une fille perdue, sans pitié de mon malheur, sans respect de vous-même, et je vous abandonnerais mon fils ! Que feriez-vous de lui ?

— Tu m'ennuies à la fin. Je te croyais plus intelligente ; tu étais une fille, ton fils est un garçon.

Mademoiselle Julienne éclata :

— C'est vous, monsieur Bellocq, qui n'êtes pas intelligent, s'écria-t-elle, permettez-moi de vous le dire. Comment ne comprenez-vous pas qu'une mère qui est une honnête femme ne peut pas vous donner son fils à élever, parce que...

Marichette lui coupa la parole et, s'adressant à Bellocq sur le ton de la prière :

— Vous n'avez pas eu pitié de moi, dit-elle; c'est bien, je n'étais rien pour vous sans doute. Mais cet enfant est votre fils; vous le savez, vous l'avouez; n'aurez-vous pas pitié de lui? Non pour moi, mais pour lui, ayez-en pitié. Laissez-moi l'élever. Vous avez vu que j'en avais fait un enfant doux et studieux que ses maîtres estiment. Laissez-moi poursuivre ma tâche; laissez-moi en faire un honnête homme. A la fatalité de sa naissance n'ajoutez pas des leçons et des exemples qui le perdraient. Je vous en supplie, par grâce, ne me le prenez pas.

—Tout cela, c'est de la sentimentalité bête, répondit Bellocq. Ton fils ne sera pas perdu près de moi. Je lui ferai une belle situation, et mes leçons ainsi que mes exemples ne lui apprendront qu'à accroître sa fortune. C'est un bâtard, j'en fais mon fils. C'est un crève-la-faim, j'en fais un riche. Si tu as vraiment un cœur de mère, pense à lui au lieu de penser à toi, et ne t'expose pas à ce qu'il t'accuse, quand il saura la vie, de l'avoir fait pauvre et bâtard et qu'il te maudisse au lieu de te remercier. Donne-le-moi de bonne volonté, sinon, je te le répète, la loi me le donnera. Consulte qui tu voudras, tout le monde te dira qu'à l'âge qu'a maintenant l'enfant et dans la position où je suis, ce sera à moi que les tribunaux le confieront.

— Et moi je vous dis que vous ne l'aurez jamais,

quand même je devrais me sauver avec lui au bout du monde.

Sur ce mot, Marichette, entraînant mademoiselle Julienne, elles sortirent.

Bellocq réfléchit pendant quelques minutes : puis sonnant son commis :

— Faites atteler *Favori* au coupé jaune, dit-il, et allez me chercher mon avoué. Une heure pour aller, une heure pour revenir, à huit heures vous pouvez être de retour. Je vous attends; dites à M. Pain que c'est pour une affaire de la plus haute importance et qui doit être décidée demain.

XIII

— Avez-vous parlé sérieusement? demanda mademoiselle Julienne lorsque, remontées dans leur char-à-bancs, elles se mirent en route pour revenir à Berneval.

— Comment sérieusement? demanda Marichette.

— En parlant de vous sauver au bout du monde avec Pierre?

— Sinon au bout du monde, au moins quelque part dans une grande ville où nous pourrons nous cacher et échapper à M. Bellocq. Voulez-vous que je le laisse s'emparer de Pierre!

— Cela non.

— Vous voyez qu'il le veut. Il a besoin de lui, comme il l'avoue. Et il en a besoin parce qu'il a peur de la mort et qu'il lui faut quelqu'un auprès de lui qui l'étourdisse et le rassure.

— C'est la punition de la Providence. Il a méprisé les affections de famille quand il était fort, maintenant qu'il est faible il se cramponne à la famille.

— Voyez-vous Pierre auprès de lui, apprenant à

faire valoir sa fortune? Quelles leçons recevrait-il! Il serait perdu, le pauvre enfant. Son père le façonnerait à son image. C'est déjà bien assez qu'il soit le fils d'un pareil père. J'aime mieux qu'il n'ait jamais cette fortune, que de la gagner à ce prix.

— Cependant...

— Eh quoi! s'écria Marichette, stupéfaite, me conseillez-vous donc de le lui donner?

Comme elles montaient la côte de Criquefleur au pas, mademoiselle Julienne abandonna les guides sur le dos du cheval et se tourna vers Marichette.

— Je ne vous conseillerai jamais cela, dit-elle. Si vous êtes la mère de Pierre, je suis sa grand'mère, et je veux comme vous son bonheur; comme vous, je veux qu'il soit un honnête homme; comme vous, je veux qu'il ne perde aucune de ses qualités. Je ne peux donc accepter qu'il vive auprès du Corsaire. Mais en plus de ce que je veux comme vous, je voudrais encore quelque chose que vous sacrifiez trop facilement.

— Quoi donc?

— Cette fortune que la reconnaissance faite par son père lui attribue. Avec l'insouciance de la jeunesse pour ce qui est argent, vous faites fi de cette fortune. Moi qui ai les préoccupations et l'expérience de la vieillesse, j'y pense; et je me dis que si Pierre pouvait avoir la fortune de son père, sans avoir son père avec, cela serait un avantage considérable, que nous n'avons pas le droit de sacrifier.

— Que voulez-vous donc faire?

— Je n'en sais rien; je voudrais seulement qu'avant de rien faire nous prissions conseil de quelqu'un qui pourrait nous guider, et voilà pourquoi je vous propose qu'en passant par Criquefleur nous nous arrêtions chez Soupardin. Si la loi donne des armes aux coquins pour attaquer, elle doit en donner aussi aux honnêtes gens pour se défendre.

— Je n'ai eu affaire à la loi qu'une fois dans ma vie, comment m'a-t-elle défendue ? Vous avez confiance en elle. Moi, j'ai peur d'elle. Je suis en danger, je me sauve.

— Comme vous ne pouvez pas vous sauver ce soir, rien ne vous empêche en passant de consulter Soupardin ; c'est un homme retors qui peut nous donner un bon conseil, que nous ne suivrons d'ailleurs que s'il nous convient.

— Je ferai ce que vous voudrez.

Et comme elles arrivaient au haut de la côte et que le cheval allait prendre le trot, elles cessèrent de parler. Une angoisse poignante serrait le cœur de Marichette. Et par un retour en arrière qui la reportait à dix ans, elle se demandait si cette route devait lui être toujours cruelle. C'était là que dix ans auparavant, dans ce trou du chemin, elle avait passé une terrible nuit quand elle s'était sauvée. Et maintenant, c'était pour son fils qu'elle tremblait. Devait-il donc, le pauvre enfant, être victime de ce misérable comme elle l'avait été elle-même ? A peu de distance pourtant, sur cette route fatale était la maison de Paulin. Mais dans sa vie de misère, combien avaient été courtes les heures de joie qu'elle avait passées là, — les seules heureuses qu'elle aurait jamais sans doute.

Soupardin demeurait toujours en face le porche de l'église de Criquefleur, et, depuis dix ans, rien n'avait été changé à son bureau de *mandataire*, pas plus qu'au magasin de mesdemoiselles Soupardin sœurs, qui continuaient à approvisionner les familles et à faire le commerce des épices. Au moment où Marichette et mademoiselle Julienne, qui avaient trouvé le bureau du *mandataire* fermé, entrèrent dans le magasin, les deux sœurs étaient occupées à faire le commerce des épices sous les espèces d'un hareng saur et d'une chandelle qu'elles servaient à une petite fille qui venait approvisionner sa famille pour l'éclairage et le souper.

Soupardin n'était pas chez lui : il était au Havre, d'où il ne devait revenir que le lendemain matin. Aussitôt qu'il serait de retour, ses filles l'enverraient à Berneval.

— Vouliez-vous partir ce soir? demanda mademoiselle Julienne en remontant en voiture.

— Non, bien que j'aie comme un pressentiment que plus tôt je partirai, mieux cela vaudra.

— Eh bien! vous partirez demain soir si Soupardin est d'avis que vous devez partir et que c'est le moyen le plus sûr pour mettre Pierre à l'abri du Corsaire. Il me semble qu'il n'y a pas si grande urgence à ce que vous partiez. Avant qu'on puisse mettre les gens de la loi en mouvement, il faut toujours un certain temps.

Elle se trompait, la vieille fille, car deux heures et

demie après qu'elles avaient quitté Saint-Maclou, Me Pain, l'avoué, entrait dans le bureau de Bellocq. Quand il avait entendu parler de venir à Saint-Maclou à sept heures du soir, par cette nuit froide, il avait commencé par pousser les hauts cris; mais comme Bellocq aîné était un client avec lequel on ne s'expose pas à se fâcher, il avait fini par se décider à monter en voiture, pestant, jurant, mais enfin partant.

Comme c'était lui qu'il avait occupé dans le procès de Marichette, il n'avait éprouvé aucune surprise quand Bellocq lui avait expliqué qu'il avait reconnu l'enfant, ayant acquis alors la certitude que son client était bien le père de cet enfant; mais quand Bellocq, complétant son récit, lui avait demandé un moyen légal pour empêcher cette mère imbécile d'emmener son fils au bout du monde, comme elle l'en avait menacé, il s'était récrié.

— Un moyen légal! Pourquoi un moyen légal?

— Parce que c'est le plus sûr.

— Croyez-vous?

— N'en est-il pas que nous puissions employer?

— Là n'est pas la question; vous savez bien qu'il y en a toujours; seulement il s'agit de savoir si dans l'espèce la loi légale est la meilleure, et c'est justement ce que je ne crois pas. Si nous employons la voie légale, c'est à nous de commencer l'action, n'est-ce pas? Eh bien, je n'aime pas ça. Vous autres, gens du Midi, vous êtes toujours prêts à partir en guerre; nous autres, nous préférons qu'on nous déclare la guerre. On nous attaque, nous nous défendons. Laissons-nous attaquer.

— Quand elle aura enlevé l'enfant et qu'elle se sera cachée de façon à ce que nous ne la trouvions pas, elle n'aura pas besoin de nous attaquer.

— Comme vous allez! Arrêtez-vous, jeune homme. Ce n'est pas elle qui enlève l'enfant; c'est nous, tout simplement, à la papa, et vous allez voir que rien n'est plus facile. L'enfant va à l'école de Berneval, n'est-ce pas?

— Oui.

— Eh bien, demain matin, vous vous faites conduire à l'école de Berneval. Là, vous demandez l'enfant et vous le faites monter en voiture pour lui parler. Vous m'avez dit, n'est-ce pas, qu'il était heureux d'être reconnu par vous?

— Il est heureux de n'être pas bâtard, comme il dit.

— Ça se comprend. Pas agréable du tout dans le monde, même celui des enfants, d'être bâtard. Une fois en voiture, vous lui dites que vous avez besoin de l'emmener avec vous pour quelques formalités à remplir, et vous le conduisez à l'institution de M. l'abbé Godement. C'est une course d'une demi-heure à peine. Vous expliquez la situation à M. l'abbé Godement; c'est-à-dire en votre qualité de père, vous lui confiez l'enfant en lui demandant de ne pas le laisser sortir et de ne le laisser communiquer avec personne du dehors; vous payez un trimestre d'avance, et c'est fait. Très bonne institution que celle de l'abbé Godement. Mon fils y est, l'éducation y est excellente, la cuisine très bonne, la surveillance complète et de tous les instants; sans compter que les murs sont d'une hauteur suffisante pour empêcher toute évasion. Alors nous n'avons qu'à attendre et à voir venir. Si la mère veut avoir son enfant, il faut qu'elle conteste la reconnaissance et nous nous défendons. Voyez combien notre situation est forte et par contre combien est faible celle de cette mère, qui, dans un esprit de vengeance égoïste, veut priver son enfant des avantages considérables que lui assure votre reconnaissance. Et ce serait à une pareille mère qu'on confierait la garde d'un enfant ! Bien heureuse serait-elle que le tribunal l'autorisât à voir son fils une fois par mois ?

— Ma foi, monsieur Pain, vous êtes un habile homme, dit Bellocq en serrant la main de l'avoué avec reconnaissance.

— Affaire de métier, dit l'avoué modestement.

Ce programme s'exécuta de point en point comme l'avoué l'avait tracé. Le lendemain matin, à neuf heures, Bellocq arrivait en voiture devant l'école de Berneval, et Pierre ne faisait aucune difficulté pour monter près de lui. Au contraire, il était enchanté de sa promenade dans cette belle voiture. Quant aux formalités dont on lui parlait, il n'y pensait même pas. Il s'étonna bien un peu de la longueur de la route, mais vaguement, sans s'inquiéter. Ce fut seulement quand Bellocq le laissa seul dans le parloir de l'institution de l'abbé Godement qu'il commença à se troubler. Ces hauts murs, cette porte qui s'était refermée derrière lui, cette grille de fer lui avaient fait froid. Mais quand, au bout d'une demi-heure, l'abbé Godement entra seul dans le parloir et lui annonça que son père le mettait en pension pour quelque temps, en attendant l'accomplissement de certaines formalités, il poussa des cris désespérés :

— Maman ! je veux maman ! Où est maman?

Et comme un animal pris au piège, il jeta autour de lui des regards affolés, cherchant par où se sauver; mais il ne vit que les hauts murs qui enclavaient la cour de récréation, la grille de fer et la lourde porte pleine qui la fermaient.

XIV

Comme Pierre prenait quelquefois le chemin de la mer pour revenir de l'école, sa mère et mademoiselle Julienne ne furent pas tout d'abord surprises de ne pas le voir arriver à l'heure du déjeuner.

— Drogue aura couru une bordée, dit mademoiselle Julienne.

Mais bientôt Marichette s'agita, quittant son travail à chaque instant pour aller à la porte regarder dans la rue si elle ne le voyait pas venir.

— Que voulez-vous qu'il lui arrive, disait mademoiselle Julienne, il n'y a pas de voitures dans les rues ; il sera resté à jouer aux billes dans quelque coin ; justement il en avait plein ses poches ce matin.

Mais cela ne rassurait pas Marichette.

— Je vais le chercher, dit-elle, en jetant un fichu de laine sur ses épaules.

— Il viendra d'un côté pendant que vous le chercherez de l'autre. Que voulez-vous qu'il lui soit arrivé ?

— C'est justement ce que je veux savoir.

Mademoiselle Julienne haussa les épaules, comme elle le faisait ordinairement, et continua son tricot avec une parfaite tranquillité, se disant que d'un moment à l'autre elle allait voir l'enfant, puis bientôt après la mère.

Cependant ils n'arrivèrent ni l'un ni l'autre. Alors l'inquiétude la prit à son tour : décidément cela devenait inexplicable.

Il fallait qu'elle sût ; elle ne pouvait plus rester sur sa chaise. Comme elle allait à son tour descendre dans la rue, Marichette arriva affolée, éperdue.

— Eh bien ! s'écria mademoiselle Julienne, où est-il ? Qu'avez-vous ?

Il fallut un certain temps avant que Marichette pût répondre et raconter ce qu'elle avait appris : comment Bellocq était venu à l'école et comment il avait enlevé Pierre dans sa voiture.

Après le premier cri de la stupéfaction, mademoiselle Julienne se frappa la poitrine.

— C'est ma faute ! s'écria-t-elle. Au lieu de vous retenir, j'aurais dû vous faire partir hier soir.

— C'est la mienne, dit Marichette avec accablement. C'est parce que j'ai parlé d'emmener Pierre au bout du monde, qu'il l'a enlevé.

— Il ne s'agit ni de se désespérer ni de se laisser abattre, dit mademoiselle Julienne avec résolution ; il faut agir. Nous allons retourner à Saint-Maclou et le lui reprendre. Quand nous devrions ameuter le pays, il faudra bien qu'il nous le rende. Je vais demander le char-à-bancs et le cheval.

Et, aussi vite que ses mauvais yeux le lui permettaient, elle courut chez le boulanger qui était leur voisin. Mais, aux premiers mots, celui-ci déclara qu'il ne pouvait pas donner son cheval, fatigué de la course de la veille et de celle du matin. Alors mademoiselle Julienne, pour le toucher et le décider, lui expliqua pourquoi elle avait besoin du cheval.

— Mais Pierre n'est pas à Saint-Maclou, dit le boulanger, il est chez M. l'abbé Godement ; je viens de le voir dans la cour en faisant une livraison de pain ; il pleurait si fort qu'il ne m'a seulement pas reconnu ; j'ai cru que c'était vous qui l'aviez mis en pension.

Cela changeait la situation. On savait où il était. Et, au cas où elles iraient le chercher, elles n'avaient pas besoin de cheval. Mais l'abbé Godement le leur rendrait-il ?

Elle revint vivement pour apporter cette bonne nouvelle à Marichette, car c'était une bonne nouvelle de savoir où il était.

— Venez avec moi ? s'écria Marichette aussitôt qu'elle eut compris.

Alors mademoiselle Julienne voulut expliquer que l'abbé Godement ne consentirait peut-être pas à rendre l'enfant qui lui avait été confié par Bellocq.

— Au moins nous aurons vu Pierre ? répondit Marichette. Pensez à lui. Que doit-il souffrir !

— Partons, dit mademoiselle Julienne, vous avez raison, le pauvre petit !

Comme elles allaient se mettre en route, une charrette de marayeur s'arrêta devant la porte ; et elles en virent descendre lentement Soupardin, d'autant moins alerte qu'il était chargé de son immense portefeuille noir plus gonflé que jamais, car ses filles, voulant utiliser son voyage, lui avaient donné des approvisionnements d'épices pour plusieurs familles de Berneval.

C'étaient ces approvisionnements sans doute qui l'alourdissaient et l'embarrassaient, car jamais il ne s'était montré aussi mal à l'aise dans son abord, lui toujours plein de forme et d'aisance dans ses longues politesses.

— Débarrassez-vous donc de votre portefeuille, dit mademoiselle Julienne, en voulant le prendre.

Mais il ne permit pas qu'elle portât la main sur ce meuble vénérable et s'étant assis, il l'installa tant bien que mal sur ses genoux, veillant à ce qu'il ne tombât point, ce qui eût été désastreux puisqu'il contenait plusieurs bouteilles pleines.

— A mon retour on m'a dit que vous aviez besoin de mon ministère, et je suis accouru aussitôt sans même prendre le temps de changer de linge. — Sa cravate blanche tordue et noircie affirmait la vérité de ses paroles ; — que se passe-t-il donc?

Ce fut mademoiselle Julienne qui lui apprit ce qui se passait, — et il l'écouta avec une attention scrupuleuse comme s'il ne savait pas déjà ce qu'elle lui racontait, au moins en partie ; car, avant de venir à Berneval il avait vu Célanie qui voulait que Marichette contestât la reconnaissance faite par Bellocq, et c'était cela précisément qui l'embarrassait. L'intérêt qu'avait madame Belloquet à empêcher la reconnaissance d'un enfant qui devenait l'héritier d'une fortune qu'elle voulait pour elle était manifeste ; mais celui de Marichette à s'opposer à cette reconnaissance ne l'était pas du tout. Comment les concilier l'un et l'autre, et contenter ces deux clientes ? Comment donner à Marichette le conseil de s'opposer à cette reconnaissance, alors qu'à ses yeux c'était une folie? Il y avait de quoi vraiment le troubler.

Mais quand il entendit parler de l'enlèvement de l'enfant par Bellocq, il recouvra son aisance de manières en même temps que sa liberté d'esprit. Puisqu'on arrachait un enfant à sa mère, la situation changeait ; ce n'était plus de fortune qu'il s'agissait, c'était de tendresse maternelle ; et alors...

Alors, de peur qu'il arrivât un accident à ses bouteilles, il déposa son portefeuille par terre.

— Vous m'avez fort gêné tout à l'heure, j'en conviens, dit-il, quand j'ai compris que vous vouliez contester la reconnaissance passée par M. Bellocq; car je n'aurais jamais pu vous donner le conseil de persister dans une contestation qui n'aurait tendu à rien moins qu'à priver votre fils d'une fortune considérable ; mais ce n'est plus une affaire d'argent, c'est une affaire de sentiment.

— Je ne veux pas que mon fils ait un père indigne qui le façonne à son image et en fasse un homme indigne comme lui, s'écria Marichette ; enfin je veux mon enfant que j'aime et qui m'aime, qui a besoin de moi comme j'ai besoin de lui

— Mon Dieu ! mademoiselle, il y a bien des choses là dedans, les unes qui sont réalisables, je l'espère, les autres qui ne le sont pas, je le crains. Ainsi, que votre fils ne soit pas le fils de M. Simon Bellocq est un point qui rentre dans cette dernière catégorie.

— Comment M. Bellocq peut-il reconnaître aujourd'hui un enfant qu'il a répudié il y a dix ans ?

— On peut toujours reconnaître un enfant, c'est la loi; mais cette reconnaissance peut être contestée par ceux qui y ont intérêt, ce qui est notre cas... dans une certaine mesure.

— Alors je vous demande de provoquer cette contestation.

— Le tribunal l'admettra-t-il ? Je ne vous cache pas que j'ai des doutes et même plus que des doutes à ce sujet. Lors de la conception de cet enfant vous habitiez sous le même toit que M. Bellocq. Vous-même vous avez intenté une action contre M. Bellocq en réparation du préjudice qu'il vous avait causé. Toutes les probabilités se rencontrent donc pour attribuer la paternité de cet enfant à M. Simon Bellocq, qui le reconnaît aujourd'hui, pour telle ou telle raison que nous n'avons pas à examiner. Il n'a pas voulu de cet enfant, quand il devait en être embarrassé; il le veut quand il a besoin de lui, c'est son droit.

— Mais c'est monstrueux !

— C'est la loi.

— Moi, sa mère, je n'ai donc aucun droit sur mon fils ?

— Vous avez celui de demander qu'il ne vous soit pas enlevé ; et c'est ce que nous ferons ; le tribunal appréciera à qui il doit être confié, et...

Voyant l'émoi de Marichette, Soupardin, qui n'était pas un méchant homme, n'osa pas dire sans ménagement tout ce qu'il pensait :

— ... Et ce sera l'intérêt de l'enfant qui déterminera sa décision.

— Mais tout cela va prendre du temps ; je ne peux pas rester séparée de mon fils pendant ce procès ; il faut qu'on me le rende ; nous allions partir pour aller le chercher ; venez avec nous, vous nous aiderez de vos conseils, vous nous appuierez.

— Je n'ai rien à vous refuser ; cependant je ne dois pas vous dissimuler que nous pourrons rencontrer un refus contre lequel je serai impuissant... au moins pour le moment.

Si le cheval du boulanger était trop fatigué pour la course de Saint-Maclou, il ne l'était pas assez pour ne pouvoir retourner à l'institution de l'abbé Godemert.

Il avait été convenu en route que ce serait Soupardin qui parlerait et qu'on ne l'interromprait pas ; les choses se passèrent ainsi malgré l'angoisse de Marichette, qui aurait voulu crier tout ce qu'il ne disait pas.

— C'est M. Simon Bellocq qui m'a confié son fils, répondit l'abbé lorsque Soupardin fut arrivé au bout de son discours, je ne puis remettre l'enfant qu'à son père.

— Mais c'est de la séquestration, essaya Soupardin.

— Vous ne le croyez pas, monsieur Soupardin, répliqua l'abbé en souriant.

Marichette ne put pas ne pas prendre la parole, et tout ce que Soupardin n'avait pas dit, les raisons de tendresse, de cœur, elle le jeta avec une véhémence désespérée qui fit pleurer mademoiselle Julienne, mais qui laissa le prêtre impassible.

— M. Bellocq m'a demandé de ne laisser son fils communiquer avec personne ; je ne peux que lui obéir.

Cependant, comme Marichette, à bout de forces, avait laissé échapper un sanglot, il eut un mouvement de pitié.

On entendait dans la cour sur laquelle donnaient les fenêtres du cabinet du directeur situé au premier étage, la rumeur et les cris des élèves en récréation ; il alla à cette fenêtre et, ayant regardé dans la cour, il appela Marichette près de lui.

— Tenez, dit-il, et de la main il lui montra un enfant appuyé tout seul contre un arbre, tandis que les autres enfants jouaient autour de lui.

C'était Pierre. Comme Marichette allait ouvrir la fenêtre, il la retint :

— Qu'il ne vous voie pas ; il n'en serait que plus malheureux encore.

XV

Bellocq était aussi pressé d'avoir son fils que Marichette était anxieuse de le ravoir; aussi leurs avoués, poussés par l'un comme par l'autre, voulurent-ils bien *diligenter*, comme on dit au Palais.

Cependant, si grande diligence qu'ils fissent, l'affaire ne pouvait pas être jugée du jour au lendemain; cela n'eût vraiment pas été décent pour la justice.

Alors Soupardin introduisit un référé pour que le président autorisât Marichette à voir son fils, une fois par semaine, au parloir de l'institution, et il fut fait droit à cette demande en laissant à M. l'abbé Godement la liberté de fixer le jour et l'heure où cette visite pourrait avoir lieu avec le moins de dérangement pour les études de l'enfant et le bon ordre de l'établissement.

Le jour et l'heure fixés furent le jeudi, midi. A dix heures, Marichette était prête à partir et son panier était fait, un panier qu'elle avait rempli de tout ce que sa tendresse maternelle jugeait indispensable à Pierre, du linge, un tricot, des bas de laine, quelques friandises.

Quand elle descendit, elle trouva mademoiselle Julienne dans le magasin, travaillant comme à l'ordinaire.

— Vous ne vous êtes donc pas préparée ? demanda-t-elle.

— Comment, vous voulez bien que j'aille avec vous?

— Ne sera-t-il pas heureux de vous voir ?

— Je voulais vous laisser la joie d'être seule avec lui.

— Venez.

Mademoiselle Julienne ne fut pas longue à s'habiller, bien que la pensée de revoir « drogue » fît trembler ses mains d'émotion.

Cette fois on n'avait pas demandé le cheval du boulanger ; il n'y avait pas nécessité d'aller vite, il suffisait de partir en temps pour faire les quatre ou cinq kilomètres qui séparent Berneval des Authieux, où est située l'institution Godement. Le temps était beau : on pouvait marcher vite sur la route séchée par le vent de mer. Elles avaient pris le panier par chacune de ses anses, et, tirant légèrement l'une contre l'autre, elles allaient à grands pas au milieu du chemin, sans s'arrêter et sans parler, étant toutes les deux entièrement à la joie de revoir l'enfant, et non à l'heure présente. Ce n'étaient point les accidents du paysage qui attiraient l'attention de Marichette ; c'était au loin que se portaient ses regards, sur le bouquet d'ormes qui entouraient les hautes cheminées du vieux château, dans lequel l'abbé Godement avait établi sa maison d'éducation.

Bientôt la masse confuse de ces cimes aplaties par le vent de mer devint plus distincte et laissa apparaître les combles du château ; à onze heures et demie, elles arrivaient à sa porte où déjà quelques voitures étaient rangées, attendant les enfants dont c'était le jour de sortie.

On les fit entrer au parloir, où elles eurent une longue demi-heure à attendre, seules d'abord, puis bientôt en compagnie de plusieurs parents qui venaient voir leurs enfants.

— Comment, vous ne le verrez pas seule? dit mademoiselle Julienne à voix basse.

On les regardait curieusement, car dans la contrée on ne parlait que du procès pendant, et si tout le monde connaissait la vieille mademoiselle Julienne, il n'en était pas de même pour Marichette, qui avait vécu dans son magasin; c'était donc là cette mère étonnante qui plaidait pour que son fils ne fût pas l'héritier de la grosse fortune de Bellocq aîné; on la trouvait jolie mais avec l'air un peu bête, et l'on se disait qu'elle devait être vraiment stupide pour ne pas se faire épouser.

Pour échapper à cette curiosité, elles se tournèrent vers la fenêtre, et à travers les mailles du grillage qui préservait les vitres des balles et des cailloux, elles regardèrent les cours de récréation, ses arbres au tronc déchiqueté par les couteaux, ses murs polis et usés çà et là, son gravier bouleversé.

— Comme c'est triste! dit mademoiselle Julienne,

qui n'avait jamais été en pension ; ça ressemble à un quartier de fous ou de prisonniers.

A ce moment une cloche sonna et les élèves se ruèrent dans la cour ; les uns étaient endimanchés, ceux qui devaient sortir ; les autres étaient en tenue de travail, ceux qui devaient rester. Elles cherchèrent Pierre, et tout d'abord dans le fourmillement des élèves, Marichette ne le vit point. Mais bientôt elle l'aperçut venant le dernier, tout seul, marchant comme quelqu'un qui ne va nulle part.

— Comme il a pâli! murmura Marichette.

— Je ne trouve pas, dit mademoiselle Julienne pour la rassurer autant que pour se rassurer elle-même, bien qu'elle ne vît pas s'il avait ou non pâli.

Il avait continué de marcher et il allait prendre place au pied de l'arbre où Marichette l'avait déjà vu, quand le portier cria :

— On demande Pierre Cabernet au parloir.

Alors cette pâleur qui avait frappé sa mère s'éclaira d'un rayon de sang, ces yeux mornes s'animèrent, et il se mit à courir ; mais tout à coup il ralentit comme si la réflexion venait de lui dire que rien de bon ne pouvait l'attendre au parloir, et qu'il arriverait toujours assez tôt. Marichette, qui lisait en lui comme dans un livre, devina ce sentiment.

— Il croit que c'est son père qui le demande, dit-elle à voix basse.

— Que fait-il donc ?

— Il ne vient qu'à regret.

— Eh bien, cela n'est pas pour vous peiner.

Cependant, quoiqu'il allât lentement, il avait fini

par arriver. Lorsque ouvrant la porte il reconnut sa mère et mademoiselle Julienne, il s'élança vers elles et se jeta dans les bras de sa mère.

— Ah ! maman, s'écria-t-il.

Et leurs baisers retentirent dans le silence du parloir. Alors, les parents les regardèrent étonnés. Quels drôles de gens vraiment que cette mère et ce fils ! Et plus d'un se dit que l'abbé Godement était réellement trop facile dans ses admissions. Ce n'était point pour que leurs enfants eussent des camarades de cette espèce qu'ils les mettaient dans cette pension qui, jusqu'à ce jour, par ses choix et surtout par ses prix, avait écarté les gens de cette catégorie.

— Tu viens me chercher ? dit Pierre lorsqu'il commença à se remettre un peu de son trouble de joie.

Il fallut que Marichette lui expliquât qu'elle venait seulement le voir, et dans quelles conditions, en attendant que le procès qu'elle soutenait fût gagné.

Il écoutait anxieusement, mais sans comprendre ; et comme Marichette parlait bas, bien souvent des mots lui échappaient, ce qui rendait l'explication plus obscure encore.

— C'est un procès pour que je ne sois pas son fils ? demanda-t-il.

— Oui.

— Il m'avait dit que si j'étais son fils, je ne serais plus bâtard, et ce n'est pas vrai. Pendant les premiers jours on me laissait tranquille ; mais un lundi,

Pain, le fils d'un avoué, qui avait été chez ses parents le dimanche, a raconté des histoires sur moi, et maintenant ils sont tous à m'appeler le bâtard. Ils ont fait une chanson pour se moquer de moi et de toi. Si tu savais...

Il se tut, étouffé par l'émotion et par les sanglots qui lui montaient aux lèvres. Il les refoulait, ne voulant pas pleurer devant ceux de ses camarades qui se trouvaient dans le parloir et dont l'un d'eux justement était le plus acharné après lui.

Alors, voyant cela, mademoiselle Julienne manœuvra de façon à se placer devant lui et à le pousser dans le coin pour qu'on ne pût pas l'apercevoir, étant de taille à faire un formidable écran.

— L'as-tu vu depuis que tu es ici ? demanda Marichette.

— Deux fois : la première, je lui ai dit que c'était une traîtrise de m'avoir amené dans cette prison.

— Comment donc l'as-tu suivi ?

Il raconta comment il était monté en voiture sans défiance, et comment il avait été abandonné dans ce même parloir. Puis il revint à son récit, interrompu par la question de sa mère.

— La seconde fois, c'était avant-hier ; je lui ai dit qu'il m'avait trompé en me faisant accroire que je ne serais plus bâtard quand je serais son fils, et je lui ai raconté les histoires de Pain, qui sont cause de toutes les méchancetés dont on me poursuit. Cela l'a mis en colère ; il voulait aller trouver le directeur, mais je n'ai pas voulu ; on aurait cru que j'avais cafardé, et on m'aurait fait plus de misères encore. Alors il m'a dit de prendre patience, et que plus tard je me vengerais de ceux qui m'auraient tourmenté ; que je serais plus riche qu'eux, et que quand on est riche on fait ce qu'on veut : on est maître de tout le monde...

Marichette serra la main de mademoiselle Julienne pour appeler son attention sur les leçons d'un père à son fils.

Sans s'interrompre Pierre continua :

— Que je retrouverais dans la vie et dans les affaires ceux qui m'humiliaient, et qu'avec ma fortune je leur ferais payer cher ces humiliations ; enfin un tas de choses. Et moi je répondais que tout ça m'était bien égal. Qu'il ne s'agissait pas de plus tard, mais de maintenant. Et je le priais de me laisser sortir de cette prison pour retourner auprès de toi.

— Qu'a-t-il répondu ?

— Que c'était impossible. Que je devais rester ici tant que le procès que tu lui faisais ne serait pas terminé. Qu'alors ce ne serait pas auprès de toi que je retournerais ; que ce serait auprès de lui que j'irais ; nous vivrions ensemble ; qu'il me donnerait l'argent que je voudrais, des chevaux, des voitures, tout ce qui pourrait m'amuser : tout ce que je désirerais.

De nouveau Marichette pressa la main de mademoiselle Julienne ; elle n'avait donc pas tort de vouloir se sauver avec Pierre jusqu'au bout du monde ; elle n'avait donc pas tort de contester la reconnaissance passée par Simon Bellocq, alors même que cette contestation pouvait coûter une belle fortune à son fils. Ne valait-il pas mieux qu'il fût pauvre, que de vivre auprès de ce père?

Le temps s'écoula : il fallut se séparer. La mère ne pleurait pas moins que l'enfant en s'embrassant pour la vingtième fois devant la grille que le portier tenait entr'ouverte, se demandant en haussant les épaules si ces embrassades ne finiraient jamais.

XVI

Si les avoués avaient diligenté pour obtenir un jugement rapide, le tribunal ne les avait pas suivis; il y avait eu des remises successives. Un juge avait été obligé de faire un voyage sur les bords de la Méditerranée pour sa femme; le président avait dû garder la chambre pour sa grippe; et après avoir attendu que le juge fût revenu, il fallait maintenant attendre que le président eût recouvré tous ses moyens vocaux, car il était fort vaniteux, le président, infatué jusqu'au ridicule des avantages qu'il s'attribuait, et il n'eût jamais consenti à parler du nez en public.

Bellocq, qui recevait la visite du doyen tous les trois ou quatre jours, faisait maintenant chaque matin avant de se lever sa prière : « On ne peut pas savoir, n'est-ce pas ? » Et parmi les grâces qu'il demandait au bon Dieu : le rétablissement de sa santé, la conservation de sa fortune, la ruine, le déshonneur, la mort de ses ennemis, il y en avait une sur laquelle il insistait tout particulièrement et qui était de ne pas le mettre en colère; un autre eût sans doute dit *se*, mais lui disait *le*. Cependant, malgré cette prière, il ne pouvait pas s'empêcher de s'emporter et de jurer à perdre haleine quand Me Pain lui écrivait que le jugement était remis à huitaine ou à quizaine. Est-ce que ces juges se fichaient de lui! N'étaient-ils pas payés pour juger? Alors il devenait révolutionnaire et lui, qui trouvait maintenant que l'élection des maires était une duperie, il déclarait hautement au doyen que si les juges étaient soumis à l'élection, ils ne commettraient pas toutes ces infamies. Il en avait besoin, de cet enfant, et tout de suite. C'était pour cela qu'il l'avait reconnu, pour le soigner, pour lui rendre toutes sortes de services, pour empêcher ses commis d'exploiter la situation, ce qu'ils faisaient impudemment, les canailles, Victor tout le premier et plus encore que les autres.

Si Marichette ne s'emportait pas et ne jurait pas en apprenant ces remises, elle n'en était pas moins désespérée. Que répondre à Pierre quand il lui demandait tous les jeudis : « Est-ce cette semaine que tu viendras me chercher? » Il s'était révolté à la fin du martyre que ses camarades lui infligeaient. Il y avait eu des batailles. Un jeudi elle l'avait trouvé déchiré et dépenaillé; un autre, le visage meurtri et noirci, et les mères sont terriblement sensibles aux coups que reçoivent leurs enfants. Mais il n'y avait pas que ces querelles et ces coups qui l'enfiévraient; il y avait aussi les leçons que continuait Bellocq. Si on ne lui tuait pas son fils, ne le lui perdrait-on pas?

Que serait-il quand on le lui rendrait? Elle s'imaginait qu'il avait pâli et maigri. Il lui semblait qu'il commençait à marquer moins d'aversion pour son père ; sans doute l'espérance de la vengeance par l'argent le gagnait, comme pouvaient le gagner aussi les promesses de chevaux, de voitures, tout ce qu'on faisait miroiter à ses yeux. Que n'allaient pas produire ces tentations sur cette nature si facilement impressionnable! Quand il serait revenu près d'elle, car malgré tout elle ne pouvait pas croire qu'il ne lui serait pas rendu, ne regretterait-il pas cette fortune qu'on lui avait mise dans la main? Plus tard, n'accuserait-il pas celle qui la lui avait fait perdre? S'il l'aimait moins!

Cette pensée la rendait lâche, et il y avait des heures d'angoisse et de doute où elle se demandait si ce n'était pas à tort qu'elle soutenait ce procès.

Cela lui arrivait surtout quand on lui avait parlé de Pierre et quand, sans la blâmer franchement, on lui avait laissé entendre que c'était une grave responsabilité qu'elle avait prise d'engager ce procès.

— Car enfin, c'est la fortune de M. Bellocq aîné qui est en jeu, et elle est considérable.

— Je sais bien; vous craignez les leçons et les exemples de Simon Bellocq; et le fait est que c'est un homme terrible; mais enfin vous seriez là, et puis Pierre est si doux, si docile; c'est une si bonne nature!

Quand c'étaient des gens nuls qui lui tenaient ce langage, elle n'en était pas trop affectée; mais, au contraire, quand c'en était qui lui inspiraient confiance par leur caractère, leur bon sens, leur intelligence, quand ils avaient une autorité à un titre quelconque, elle restait troublée et perplexe.

— Vous voyez, disait mademoiselle Julienne qui, malgré toutes les raisons qu'elle avait pour approuver Marichette, ne pouvait pas se décider à renoncer à la fortune de Bellocq pour Pierre.

Seule, Célanie approuvait Marichette pleinement, et comme depuis que le procès était engagé elle venait toutes les semaines à Berneval, c'était chaque fois des exhortations qui n'en finissaient pas. Ce n'était pas en son nom seul qu'elle parlait, c'était encore au nom du pays entier, disait-elle.

— Tu ne saurais croire, ma chère, combien ta fermeté te fait honneur. On t'estimait pour ta conduite depuis le crime dont tu as été victime, maintenant on t'admire. Il n'est personne qui ne fasse ton éloge. On m'arrête pour me parler de toi. Tout le monde rend justice à ton désintéressement et au sentiment qui t'a inspirée. C'est la plus dure condamnation qui puisse frapper le Corsaire; même pour une fortune, tu ne veux pas lui confier ton enfant; cela l'achève; il n'a plus qu'à crever, le misérable.

Marichette n'était pas assez naïve pour ne pas comprendre ce qui dictait ces paroles; cependant elle était presque heureuse de les entendre. Elle se les répétait; c'était une sorte de confirmation de ce qu'elle se disait tout bas. De même elle était heureuse aussi d'entendre Célanie affirmer que le tribunal ne pouvait pas ne pas lui rendre Pierre. Et cependant elle savait aussi dans quel sentiment cette affirmation prenait sa source, car Célanie ne cachait pas ses espérances :

— Jamais le Corsaire ne fera de testament; nous nous partagerons sa fortune; ce sera de toi que ton fils la tiendra un jour, ce qui vaut mieux que de la tenir de ce coquin; aussi le sacrifice que tu fais n'est-il pas aussi grand que bien des gens l'imaginent; qu'importe que tu aies deux millions au lieu d'en avoir trois? C'est déjà un beau rêve pour toi. Ce procès, Dieu merci! avance la réalisation de ce moment, car Bellocq ne décolère pas, ce qui lui est très mauvais et peut le tuer d'une heure à l'autre.

S'il importait peu que Marichette eût deux ou trois millions, il importait beaucoup que Célanie en eût deux et non un. C'était maintenant toute son espérance, et si après avoir poursuivi toute sa vie la fortune entière de Simon, elle s'était à la fin résignée à n'en recueillir que la moitié, au moins fallait-il cette moitié à ses convoitises et à sa vengeance. Le plan de vie nouvelle qu'elle avait bâti était établi sur ce chiffre, et c'était cent mille francs de rente qu'il lui fallait et pas un sou de moins; seuls, ils pouvaient la consoler d'un partage avec l'idiote; elle n'avait jamais compté sur plus de cent mille francs de rente; elle les avait, c'était bien; elle devait se consoler que l'idiote les eût également, si exaspérant que cela fût.

Un jour que Marichette travaillait seule dans le magasin, une vieille dame entra qu'elle prit tout d'abord pour une cliente qu'elle n'avait jamais vue;

elle ne la reconnut que lorsque celle-ci lui tendit la main en souriant :

— Madame Morot.

— Comment vous ne me reconnaissiez pas!

Ce n'étaient pas seulement les dix années écoulées qui empêchaient Marichette de la reconnaître; c'étaient aussi les changements qui s'étaient faits en elle, dans sa tenue et sa toilette transformant la paysanne à bonnet en une dame à chapeau, bien simple le chapeau, plus que modeste, mais enfin chapeau cependant.

— Vous, vous n'avez pas changé, dit madame Morot en s'asseyant, et ce que mon fils m'a raconté de votre jeunesse et de votre beauté n'est que l'exacte vérité ; il me semble en vous retrouvant que je viens de vous quitter, et pourtant plus de dix années se sont écoulées.

Et elle raconta sa vie pendant ces dix années; comment elle s'était expatriée pour suivre son fils : « Il avait tant de chagrin! » comment elle l'avait partout accompagné dans des « pays de sauvages » ; mais tous ses tracas étaient, Dieu merci, finis; elle revenait dans son village natal pour ne plus le quitter, et, en attendant que la maison que lui construisait son fils fût achevée, elle s'était installée dans une maisonnette voisine où elle comptait bien que Marichette viendrait la voir.

— Je sais que vous avez de grands tourments à cause de ce procès, mais précisément cela vous sera bon de vous distraire, comme il y a dix ans, de déjeuner avec nous le dimanche. Venez dimanche prochain, vous passerez la journée avec Paulin, qui arrivera de Paris samedi soir, et ce sera comme il y a dix ans ; nous déjeunerons tous les trois et vous vous promènerez tous les deux.

Elle fit une pause pour mieux examiner Marichette ; elle la vit troublée ; alors elle continua :

— Vous savez que je n'ai jamais eu en vue que le bonheur de mon fils et que j'ai toujours tout fait pour l'assurer. C'est de lui que je me préoccupe en vous parlant ainsi, Paulin n'a jamais cessé de penser à vous, mais depuis qu'il vous a revue il y pense encore bien plus fort. Il ne me l'a pas dit ; mais il n'y a pas besoin qu'il parle pour que je sache ce qui se passe en lui. Retrouvez-vous quelquefois ensemble, et ce qui était autrefois en train pourrait bien reprendre, à ma plus grande joie, car ce serait, j'en suis sûre, pour votre bonheur à tous les deux. On ne peut pas vous blâmer pour l'accident qui vous est arrivé. Tout le monde sait la vérité et vous rend justice. L'enfant ne serait pas un empêchement ; ce serait comme si vous étiez veuve. Si Paulin n'a pas la fortune que vous recueillerez bientôt, il est dans une bonne situation ; il a gagné gros.

Marichette resta assez longtemps sans répondre, et, à sa pâleur, au frémissement de ses mains, madame Morot put lire son émotion :

— Ce sera avec plaisir que j'irai vous voir, dit-elle ; mais ce ne sera pas dimanche, ni les jours où M. Paulin est près de vous, car... nous ne devons pas nous retrouver ensemble... ni un de ces jours-là, ni jamais. Je ne suis plus ce que j'étais il y a dix ans. J'ai un enfant, et je lui appartiens... entièrement... jusqu'au sacrifice de mes sentiments et de ma vie. Toute mère est une honnête femme pour son fils, pour que je puisse en être une pour le mien, s'il est possible que cela soit, il faut que je sois une... sainte.

XVII

Enfin le président trouva qu'il avait la voix assez claire pour rendre son jugement dans l'affaire Cabernet-Bellocq.

Il fut terrible, pour Marichette, ce jugement.

Sur le premier point : la contestation de la reconnaissance, sa demande fut repoussée, avec des considérants d'une extrême sévérité pour elle ;

Sur le second : la garde de l'enfant, le tribunal décida que « dans l'intérêt de l'enfant et vu son âge, il serait confié à son père », chez lequel sa mère pourrait le voir une fois par mois.

— En appelez-vous ? demanda Soupardin, en apportant ce jugement à Marichette. Je ne dois pas vous cacher que la validation de la reconnaissance me paraît inattaquable ; mais, sur la garde de l'enfant, on peut plaider, et même gagner.

Dès là qu'on pouvait plaider, on devait plaider, Marichette était décidée à tout tenter, même l'impossible et l'absurde pour garder Pierre.

Quand Simon Bellocq eut connaissance de cet appel, il entra dans une colère furieuse. Comme il n'avait jamais eu le plus léger doute sur l'issue de ce procès, il était convaincu que du jour du jugement, il pourrait prendre Pierre près de lui, et il avait arrangé ses affaires en conséquence. Et voilà que cet appel retardait encore ce qu'il avait lui-même retardé depuis que le procès était engagé, c'est-à-dire, un tas de lettres à répondre, qu'il entassait dans un tiroir pour que ses commis ne connussent point ce qu'il croyait avoir intérêt à cacher. Maintenant, quand aurait-il Pierre pour dicter ces réponses dont plusieurs étaient urgentes? Peut-être même ne l'aurait-il jamais, si, comme cela était possible, la Cour confiait à la mère la garde de l'enfant.

Ce n'était pas, d'ailleurs, uniquement comme secrétaire qu'il avait besoin de lui, c'était encore comme garde-malade, pour le soigner, pour le distraire par son babil ou par la lecture; car lui qui avait toujours trouvé le temps trop court, le trouvait maintenant cruellement long quand il était seul et que la pensée de la mort l'assaillait, sans qu'il pût la chasser; la jeunesse de cet enfant le distrairait et le réjouirait.

Et puis, la présence seule de Pierre dans sa maison le débarrasserait d'obsessions et d'ennuis dont il était accablé depuis sa maladie, d'intrigants, de mendiants, d'hypocrites qui tournaient autour de lui; les uns pour s'imposer en se rendant indispensables, comme ses commis, Victor tout le premier; les autres pour gagner ses bonnes grâces ou se faire pardonner, comme Célanie, madame Voisard et autres qui faisaient agir toutes sortes de gens auprès de lui, s'imaginant bêtement qu'il pouvait revenir à elles. Quand Pierre serait reconnu comme son héritier, on le laisserait tranquille sans doute, et il n'aurait plus qu'à conduire sa vie de façon à ce que cet héritier, qui servirait d'épouvantail, héritât le plus tard possible ; ce qui, semblait-il, serait assez facile.

Mais voilà que cet appel dérangeait toutes ses combinaisons et le rejetait dans l'incertitude et dans l'inquiétude, le livrant de nouveau aux obsessions, aux tourments qui le harcelaient. Il allait donc falloir qu'il fît preuve d'énergie, et même, qu'il se mît en colère pour s'en débarrasser, non par un acte de vigueur, mais par dix, mais par vingt, car ce serait tous les jours à recommencer. N'était-ce pas odieux vraiment, d'exposer à pareil danger un homme dans son état, qui ne demandait plus qu'à vivre heureux et tranquille le plus longtemps possible ?

Comme il se plaignait de sa malheureuse situation au doyen qui continuait de le visiter deux ou trois fois par semaine, celui-ci lui répondit qu'il était le seul auteur de cette situation, et que, par conséquent, il était mal venu de s'en plaindre.

— Je vous ai dit vingt fois, mon cher monsieur Bellocq, qu'en vous bornant à reconnaître votre fils, sans épouser sa mère, vous ne répariez votre faute qu'à demi. Il ne s'est pas passé de jour sans que je vous exhorte à vous décider enfin à cet acte de réparation et d'expiation. Vous m'avez toujours repoussé.

— Et je vous repousse encore, monsieur le curé. Comment voulez-vous que je prenne pour femme, celle qui, précisément par son obstination et sa bêtise, est la cause de tous mes tourments ?

— Je ne trouve pas que ce soit la bêtise, comme vous le dites, qui inspire la conduite que cette personne tient à votre égard.

— Elle m'a fait la plus sanglante injure qu'on puisse faire à un homme en me refusant cet enfant.

— N'avez-vous pas commencé par lui faire la plus sanglante injure qui puisse frapper une femme, la plus cruelle douleur qui puisse atteindre une mère en voulant lui prendre son enfant sans la prendre elle-même pour épouse? Et cette femme, cette mère, ce n'est pas une indigne créature, c'est une honnête personne qui depuis dix ans a édifié sa paroisse et son pasteur par la pratique de toutes les vertus; c'est une mère qui a dignement élevé son enfant.

— Vous avez beau dire, monsieur le curé, jamais une femme n'entrera dans cette maison; vous ne savez pas ce que sont les femmes, même les meilleures; elle me ruinerait; elle ferait de moi un esclave. Je sais ce que c'est, allez; ce n'est pas quand on est dans mon état qu'on s'expose à pareil danger; il faudrait pour résister une force, une volonté que je n'ai plus et que je ne pourrais avoir qu'au prix de ma santé; voulez-vous que j'use ce qui m'en reste dans des luttes de chaque jour ?

— Alors ne vous plaignez pas, et surtout ne me demandez pas de vous plaindre, car je ne veux pas être avec vous contre cette personne.

— Monsieur le doyen, vous êtes trop dur.

— C'est vous, monsieur Bellocq, qui êtes dur;

mais Dieu vous fera la grâce de toucher votre cœur; vous entendrez sa voix.

C'était non seulement sur la voix de Dieu que le doyen comptait, c'était encore sur les coups de la maladie et la peur. Il avait étudié son Bellocq depuis qu'il le visitait à chaque instant, et il avait vu quelle influence la peur d'aggraver son mal exerçait sur cette nature autrefois si forte, et maintenant si débile.

— Une nouvelle congestion me le livrera, se disait-il, il n'y a qu'à attendre.

Cependant il n'était pas sans inquiétude, car cette congestion pouvait être assez violente pour tuer le malade; alors il n'y avait plus de mariage, pas même *in extremis*, et c'était là ce qui le faisait revenir chaque jour à ses exhortations; le malade s'affaiblissait, la paralysie faisait des progrès et le docteur Dassier ne cachait pas ses craintes.

— Vivez donc tranquille, monsieur Bellocq, disait-il à la fin de toutes ses visites, c'est mon ordonnance; elle vaut mieux que tous les remèdes du pharmacien.

— Quand j'aurai cet enfant.

— Ayez-le tout de suite.

— Croyez-vous que ce ne soit pas mon désir? Si vous saviez combien j'ai d'affaires en souffrance dont je ne peux pas m'occuper, et que je ne veux pas confier à mes commis, car ces coquins-là s'entendent pour exploiter ma malheureuse situation. Si je les laissais fouiller dans mes papiers, ils ne tarderaient pas à être les maîtres dans ma maison et à me mener la vie dure. Depuis ma maladie je ne suis entouré que d'intrigants, de mendiants et d'hypocrites. Si j'avais l'enfant près de moi, il me donnerait cette tranquillité que vous m'ordonnez. Il m'écrirait les lettres qui règleraient ces affaires en souffrance. Il calmerait le zèle de mes commis. Et rien que par sa présence, il me débarrasserait des intrigues de ces coquines qui perdraient toute espérance quand elles me verraient un héritier. Sans compter que l'enfant serait, j'en suis certain, un bon garde-malade ; en même temps qu'il me soignerait, il me distrairait par son babil, par la lecture. Je ne suis plus à l'époque où le temps me paraissait toujours trop court, maintenant il me paraît terriblement long quand je suis tout seul dans cette grande maison et que certaines pensées m'écrasent. Vous savez bien de quelles pensées je veux parler, la maladie... et ce qui s'ensuit. La jeunesse de l'enfant me réjouirait et les chasserait.

Quand le médecin rencontrait le doyen, ils s'entretenaient de l'état de Bellocq.

— Quelle transformation intéressante ! disait le médecin. Voilà un homme qui toute sa vie a fait fi de la famille et qui maintenant se cramponne à la famille, attendant tout d'elle. C'est curieux.

— Dites que c'est providentiel, mon cher docteur.

Le coup salutaire que le doyen attendait s'abattit sur Bellocq ; un matin, une nouvelle hémorragie cérébrale se produisit, moins grave que la première, mais encore suffisante pour affoler Bellocq lorsqu'il eut recouvré sa connaissance.

— Vous voyez, dit le médecin, vous n'avez pas voulu m'écouter; cette tranquillité que je vous ordonnais, vous n'avez rien fait pour l'assurer, et voilà les conséquences de votre obstination. Ce n'est rien, mais vous pouviez en mourir.

— Est-ce vrai que ce n'est rien?

— Assurément; mais bien entendu s'il n'y a pas récidive, car alors je ne répondrais pas de ce qui pourrait arriver.

Bellocq n'attendit pas que le doyen vînt le voir; il l'envoya chercher; mais le doyen était absent et il ne devait rentrer que le soir assez tard, ce qui exaspéra Bellocq.

— Est-ce que les curés ne devraient pas être toujours chez eux, à attendre?

Comme la mauvaise humeur ne pouvait rien changer à la situation, il profita de ce retard pour envoyer demander à son avoué à la Cour si décidément le jugement devait être bientôt rendu; à quoi l'avoué répondit qu'il s'écoulerait encore plusieurs mois avant que l'arrêt pût être rendu, et que s'il était tranquille pour la reconnaissance, il ne l'était pas du tout pour la garde de l'enfant; que sur ce point le jugement du tribunal serait probablement infirmé, vu les circonstances de la cause.

Cette réponse désespérante confirma Bellocq dans sa résolution.

— Monsieur le curé, dit-il lorsque celui-ci se présenta le lendemain matin, j'ai réfléchi : je me rends à vos raisons, je consens à prendre pour femme la mère de mon fils, et je compte sur vous pour arranger cette affaire. On va vous atteler une voiture pour vous conduire à Berneval.

Le doyen était trop heureux de son succès pour refuser cette mission.

— Dans une heure, je serai prêt, dit-il.

— Je suis un homme loyal, dit Bellocq, et je ne veux pas la prendre en traître. Mais, d'autre part, je suis un homme de précaution. Vous lui expliquerez donc franchement qu'elle ne doit pas espérer, en devenant ma femme, mettre la main sur ce que j'ai, de façon à disposer à son gré, parce que je suis malade, des quelques rentes que j'ai eu tant de mal à gagner.

— Je n'imagine pas qu'elle fasse ce calcul.

—Les femmes font toujours des calculs. Je les connais bien. Expliquez-lui donc que le contrat sera rédigé de façon à me protéger. Si je me décide à ce mariage, ce n'est pas pour me donner un maître, c'est pour avoir l'enfant.

XVIII

Quand Célanie, qui vivait toujours devant sa fenêtre ou devant sa porte vitrée, vit passer *Favori* et que dans le coupé jaune, mené grand train, elle reconnut le curé de Saint-Maclou, elle fut prise d'émoi.

— Où allait-il?

A Berneval sans aucun doute, et sans aucun doute aussi chez Marichette. Cela n'était pas difficile à arranger, mais ce qui était plus difficile à deviner, c'était ce qu'il allait faire chez Marichette. Le Corsaire, plus mal, voulait-il la voir avant de mourir? Était-ce un arrangement qu'il voulait faire négocier par le curé? Ç'avait toujours été sa grande frayeur, cet arrangement, une obsession de tous les instants qui l'enfiévrait et l'empêchait de dormir. Allait-il se réaliser? Marichette allait-elle céder? Les prêtres sont si habiles. Comment savoir?

Cependant le doyen continuait son chemin, sans trop penser aux difficultés de sa mission et sans même imaginer qu'il pût en rencontrer de sérieuses; évidemment cette pauvre fille, une lingère, ne pouvait être que grisée par la possibilité de devenir la femme de Bellocq. Qui pouvait savoir si ce n'était pas cette secrète espérance de se faire épouser qui l'avait empêchée d'abandonner son fils à Bellocq : le fils avec la mère, ou bien ni le fils ni la mère.

Quand Marichette vit un prêtre entrer dans son magasin, où elle se trouvait avec mademoiselle Julienne, elle ne montra aucune surprise : elles étaient habituées à recevoir de temps en temps des prêtres qui venaient leur commander de la lingerie pour leurs églises, mais aux premiers mots du doyen elle s'inquiéta :

— Mademoiselle Cabernet, je suppose, dit-il en s'adressant à elle; je suis le curé-doyen de Saint-Maclou, je désire avoir un moment d'entretien particulier avec vous.

Vivement mademoiselle Julienne se leva et sortit, intriguée par cette visite, mais n'ayant pas l'idée de rester cependant.

— J'ai beaucoup entendu parler de vous par votre vénéré pasteur, dit-il lorsqu'ils furent seuls, et c'est ce qu'il m'a rapporté qui m'a inspiré la pensée d'amener M. Simon Bellocq à un acte de réparation plus digne et plus complet que celui auquel il s'était résolu en reconnaissant votre fils. M. Simon Bellocq, malgré sa répulsion pour le mariage, s'est laissé toucher par la voix du devoir, ainsi que par celle de notre sainte religion, et aujourd'hui il consent enfin à vous demander de devenir sa femme.

Marichette resta un moment sans répondre, montrant plus de surprise que de satisfaction, en tous cas prenant son temps pour réfléchir.

— Je crois comprendre, dit-elle enfin, que c'est votre intervention qui a inspiré la résolution de M. Bellocq.

— J'ai agi comme je le devais.

— Mon devoir est donc de vous adresser mes remerciements, et je le fais de grand cœur, monsieur le curé, avec la reconnaissance d'une pauvre fille qui n'a pas été gâtée par les témoignages de sympathie. Mais cela dit, je dois vous répondre que si M. Simon Bellocq consent à me prendre pour sa femme, je ne peux pas consentir, moi, à l'accepter pour mari.

— Je ne vous parlerai pas des intérêts matériels que vous sacrifieriez en persistant dans cette résolution, je ne vous parlerai que des intérêts moraux qui résultent pour vous et pour votre fils de ce mariage.

— C'est justement aux intérêts moraux que je pense en le refusant; et ce sont eux, eux seuls, qui me font persister dans mon refus. Je n'ai pas voulu que mon fils vécût auprès de M. Simon Bellocq, de peur qu'il fût perdu par les leçons et les exemples d'un homme... indigne. En devenant la femme de cet homme et en vivant près de lui, je ne préserverais pas mon fils de ces leçons et de ces exemples, au contraire.

— Vous les neutraliseriez pas votre seule présence.

— Et si ma présence n'avait pas l'efficacité que

vous lui attribuez? Puis-je exposer mon fils à un pareil danger?

— Songez aux avantages sociaux et légaux que vous repoussez pour vous et pour votre fils en repoussant ce mariage; n'oubliez pas que M. Bellocq est mourant et que sa vie n'est plus affaire que de quelques mois, de quelques jours peut-être.

— Et s'il ne mourait pas, comme on le croit, — les médecins peuvent se tromper, — mon fils et moi nous devrions donc vivre près de lui? Je ne parlerai plus de mon fils, je ne parlerai que de moi. Eh bien, monsieur le curé, je vous déclare que je ne suis pas la chrétienne que vous croyez et qu'il n'est pas en mon pouvoir de pardonner l'injure que m'a faite M. Simon Bellocq. Il m'a précipitée dans l'enfer. Par lui je suis une maudite. Ce serait en maudite que je me vengerais si je vivais près de lui. Je ne serais jamais sa femme. Je crois que c'est pour adoucir ses derniers moments que vous avez eu l'idée de ce mariage; ne persistez pas dans cette idée, car s'il se faisait, je les empoisonnerais.

Cela fut dit avec une énergie et une véhémence qui étonnèrent le doyen.

Tout ce que put dire le doyen fut inutile, Marichette persista dans sa résolution : elle ne serait jamais la femme de M. Simon Bellocq.

Lorsque mademoiselle Julienne entendit le coupé partir, elle se précipita dans le magasin.

— Eh bien, que voulait-il?

Marichette raconta ce que le doyen lui avait proposé et ce qu'elle avait répondu.

— Vous avez refusé !

Puis se reprenant :

— Quand ce n'aurait été que pour lui faire expier tout le mal qu'il vous a fait à vous et à Pierre !

— C'est précisément parce que je n'aurais été que trop portée à cette expiation que je devais refuser.

Mademoiselle Julienne réfléchit un moment ; puis, de sa voix grave :

— Vous avez raison, dit-elle ; mais j'avoue qu'à votre place je n'aurais pas eu cette vertu.

Elles furent interrompues par Célanie qui se précipita dans le magasin : incapable de rester en proie à l'inquiétude qui la dévorait, elle s'était décidée à venir savoir, et comme elle n'avait pas de voiture, elle avait fait le chemin à pied, courant plutôt que marchant.

— Le Corsaire est-il mourant? demanda-t-elle haletant ; j'ai vu passer le curé de Saint-Maclou, j'ai pensé qu'il venait ici.

— En effet.

— Eh bien?

— Je ne crois pas qu'il soit mourant, car il veut se marier.

— Avec qui?

— Avec moi.

Célanie resta anéantie.

— Rassurez-vous, je n'ai pas accepté.

— Quelle brave fille tu es !

Et Célanie voulut se jeter dans les bras de Marichette, mais celle-ci se déroba à cette embrassade.

Pendant ce temps le doyen retournait à Saint-Maclou.

Pendant tout le temps qu'avait duré ce voyage, Bellocq n'avait eu qu'un souci : le curé serait-il ferme sur le contrat de mariage? Il les connaissait bien, les curés et savait qu'ils traitent assez légèrement les affaires d'argent où leurs intérêts personnels ne sont pas en jeu. Aussi sa première question trahit-elle sa préoccupation :

— Eh bien, monsieur le curé, avez-vous été ferme pour le contrat?

— Je n'en ai point parlé.

— Mais alors?

— Elle refuse.

— Elle refuse d'être avantagée!

— Elle refuse d'être votre femme.

Bellocq fut littéralement renversé : elle refusait quand lui consentait!

Il lui fallut un temps assez long de réflexion pour comprendre le récit du doyen et l'admettre comme possible.

— Eh bien, tant mieux, s'écria-t-il, elle ne méritait pas son bonheur; m'en voilà débarrassé.

Mais, après le premier moment de dépit, il ne persista pas dans sa satisfaction. Après avoir tout d'abord fait une opposition acharnée aux idées de mariage, il avait fini par trouver qu'elles avaient des avantages dans la situation où la maladie le mettait, et il les voulait, ils lui manquaient; il fallait qu'il les eût; il les aurait en s'y prenant bien. C'était une affaire de tactique.

Il fit revenir le doyen et le pria de retourner auprès de Marichette pour lui communiquer un papier cacheté qu'il lui remit :

— Vous verrez que cela la décidera, M. le curé.

« Cela » c'était un testament écrit et signé de la grosse écriture de Bellocq par lequel il léguait à Marichette tout ce dont il pouvait disposer.

Mais le doyen ne fut pas plus heureux cette seconde fois que la première.

Quand Marichette eut lu ce testament, elle le remit au doyen, en le priant de le reporter à celui qui l'envoyait :

— M. Bellocq s'est trompé sur mon compte, dit-elle, je ne suis pas à vendre ; j'ai refusé ce mariage malgré certains avantages moraux qu'il présentait, je ne céderai pas maintenant à des avantages pécuniaires.

— Veuillez observer, mademoiselle, qu'on pouvait croire que M. Bellocq ne ferait jamais de testament, mais maintenant qu'il a fait celui-ci, il peut en faire un autre.

— Parfaitement, qu'il en fasse un autre.

Quand Bellocq apprit le résultat de cette nouvelle négociation, il entra dans une colère folle à laquelle il s'abandonna.

— Un homme comme moi roulé par une femme ! Nom de Dieu !

Il fallut aller chercher le médecin, qui prescrivit des calmants.

Le lendemain matin, quand on entra dans sa chambre, on le touva mort, déjà froid.

XIX

Le lendemain du jour où Bellocq avait eu sa première attaque, Célanie était accourue à Saint-Maclou chez M. de la Broquerie, le juge de paix, pour le prier d'apposer les scellés chez Simon, aussitôt que celui-ci serait mort.

— Ce que mon mari désirerait, dit-elle, — car c'était toujours au nom de son mari qu'elle parlait, comme s'il était tout, tandis qu'elle ne serait rien qu'un simple porte-voix, — ce que mon mari désirerait et ce qu'il m'a chargée de vous demander, ce serait qu'aussitôt la mort de Simon Bellocq, il fût procédé à l'apposition des scellés chez lui.

— C'est facile.

— Je sais bien. Mais ce que mon mari désirerait ce serait qu'il fût procédé à cette apposition sans délai, sans attendre de réquisition.

— Je n'ai pas besoin de réquisition, je peux les apposer d'office.

— Eh bien, c'est justement cela que je viens vous demander ; vous demeurez à la porte de Simon Bellocq, vous serez le premier averti de sa mort.

— S'il meurt.

— Croyez-vous donc qu'il puisse en réchapper? — Puis rattrapant ce cri : — Bien entendu, s'il meurt. Vous comprenez qu'avant que nous puissions venir il s'écoulera un certain temps et pendant ce temps il peut se passer des choses graves. Simon mourra avec la clé de son secrétaire dans sa poche ou sous son oreiller ; il ne faut pas que cette clé puisse être prise par des personnes qui en abuseraient. Il y a quelquefois des sommes considérables dans ce secrétaire ; en tout cas il y a des valeurs au porteur qui pourraient être facilement soustraites. Il serait malheureux que nous, héritiers, nous soyons volés.

— Certainement, dit le juge de paix avec une ironie sérieuse, ce serait malheureux ; je vous promets de faire diligence en cas de mort.

— Vous ne devez pas vous absenter ?

— Je ne pense pas ; mais si vous pouvez me dire le jour et l'heure de la mort de M. Bellocq, je vous promets de rester chez moi à l'attendre.

Célanie avait trouvé prudent de ne pas se fâcher de cette sotte réponse, et elle avait continué, pendant qu'elle était à Saint-Maclou, à prendre ses précautions : après le juge de paix elle avait vu la mère d'un des commis de Bellocq avec laquelle elle avait été liée autrefois et elle lui avait demandé que son fils montât dans la chambre de son patron aussitôt que celui-ci mourrait et ne la quittât pas avant l'apposition des scellés ; puis elle avait adressé la même demande à Benjamin, à qui elle avait promis une belle récompense.

Peu de temps après cette visite, le juge de paix en avait reçu une autre non moins étonnante, celle de la servante de Bellocq qui, n'ayant point la langue de Célanie, avait été longtemps à expliquer ce qu'elle voulait.

C'était bien simple cependant. Son maître lui avait promis de ne pas l'oublier dans son testament. Alors, de peur que la famille ne fasse disparaître ce testament — on peut se défier, n'est-ce pas? — elle venait demander à M. le juge de paix si, quand son maître, son pauvre maître, serait mort, puisqu'il devait mourir, il n'y avait pas quelque chose à faire pour mettre ce testament à l'abri.

— Il y a à mettre les scellés, dont vous pouvez requérir l'apposition en votre qualité de domestique. Prévenez-moi donc aussitôt que votre maître sera mort, et votre testament sera en sûreté, — s'il y en a un.

— Pour sûr il y en a un.

Les scellés avaient donc été apposés par M. de la Broquerie cinq minutes après qu'on avait trouvé Bellocq mort ; et il allait procéder à leur levée ; et le notaire allait dresser l'inventaire, en présence des héritiers présomptifs : Sylvain Bellocq, accompagné de sa femme ; Marichette, assistée de mademoiselle Julienne.

L'intitulé dicté par le notaire à son clerc parut d'une longueur mortelle, à Célanie, c'était bien de ces choses abstraites qu'elle avait souci vraiment, « des noms et qualités des requérants »; c'était l'ouverture du secrétaire de Bellocq qui lui donnait la fièvre, ce fameux secrétaire qui allait livrer enfin le secret de cette fortune, dont elle espérait bien avoir la moitié.

Quand l'intitulé fut à peu près achevé elle fit demander par son mari qu'on commençât par l'ouverture de ce fameux secrétaire ; et il ne fut pas fait d'opposition à cette demande, le juge de paix et le notaire eux-mêmes ayant la curiosité de savoir quelle pouvait être cette fortune, dont tout le monde parlait, mais que personne ne connaissait.

Comme on montait l'escalier pour se rendre à la chambre de Bellocq, le juge de paix fut arrêté dans le vestibule par la servante :

— Quand vous aurez trouvé quelque chose vous me le direz, n'est-ce pas? murmura-t-elle.

Car elle persistait dans l'idée qu'elle avait son testament et qu'on allait bientôt le trouver; cela ne devait-il pas être puisque son maître le lui avait promis ?

Le scellé ayant été reconnu « sain et entier » par le juge de paix, il fut procédé à l'ouverture du secrétaire et le notaire commença à classer les titres de propriété, les grosses d'obligations, les récépissés de valeurs déposées, qui se trouvaient dans un ordre parfait.

— Faites donc le total de ces obligations et de ces valeurs ! demanda Sylvain, soufflé par sa femme.

Le notaire, qui n'attendait qu'un mot, procéda à cette opération : elle donna le chiffre total de deux millions trois cent mille francs pour les obligations et les valeurs, sans compter les propriétés, le casino, la maison d'habitation, les terrains à bâtir, une ferme, la maison de commerce, qu'on n'avait pas à estimer, mais qui valaient au moins quinze cent mille francs ; c'était donc une fortune de près de quatre millions que laissait Bellocq.

— C'est bien mon chiffre, s'écria Célanie, montrant ainsi avec quelle sagacité elle avait suivi et calculé la marche progressive de cette fortune.

L'opération continua par l'examen des tiroirs ; au second qu'on ouvrit on trouva le testament fait par Bellocq en faveur de Marichette et qu'il avait jeté là quand le doyen le lui avait rapporté.

Quelle surprise! Chez Célanie, quelle fureur.

Pendant un temps assez long l'inventaire fut suspendu par les cris et les commentaires; alors jugeant qu'elle n'avait rien à faire au milieu du brouhaha général, elle adressa un signe à Sylvain pour qu'il sortît avec elle, ayant à lui parler en particulier. Ils descendirent au rez-de-chaussée.

— Vous savez, dit-elle, que je n'ai aucune part à ce testament que j'ai refusé. Je crois de mon devoir d'en réparer l'injustice dans une certaine mesure. Je vous prie donc d'accepter les deux maisons de commerce de M. Simon Bellocq, dans l'état où elles se trouvent présentement, avec leurs approvisionnements, leurs voitures, leurs chevaux, enfin tout ce dont elles se composent. Vous êtes encore jeune, vous pourrez continuer librement ces grandes affaires qui ont donné de si gros bénéfices.

— Tu es une brave fille, s'écria Sylvain en l'embrassant.

C'était mademoiselle Julienne qui avait inventé cette combinaison.

— Vous vous conduisez noblement envers ce pauvre M. Sylvain, avait-elle dit, en même temps que vous condamnez sa femme au travail ; ce sera la punition de la coquine.

En ce moment même la coquine était frappée par une autre punition ou tout au moins par une cruelle humiliation. Le notaire avait continué à inventorier le secrétaire et dans un grand tiroir il avait trouvé un tas d'enveloppes de lettres cachetées ; plus d'une centaine, sur laquelle il y avait une mention de la main de Simon Bellocq. Il en prit une et lut la mention : « Madame de la Bro..., 15 sept. 65. » Intrigué, il ouvrit l'enveloppe qui ne contenait qu'une mèche de cheveux. C'était le tiroir de la comptabilité amoureuse de Bellocq.

— Jetez cela au feu, dit le notaire à son clerc.

— Pourquoi donc brûler cela ? s'écria Célanie qui était sur son dos. Les cheveux de madame de la Broquerie avec la date, c'est très drôle.

Effrayé, le notaire avait cherché le juge de paix, et heureusement il ne l'avait pas aperçu, celui-ci étant descendu quelques instants auparavant. Alors, n'écoutant pas la protestation de Célanie, le notaire avait jeté l'enveloppe au feu.

— Quelle honte pour un homme ! dit mademoiselle Julienne au greffier qui approuva.

Le notaire continuait avec une maligne curiosité la lecture des mentions des enveloppes, mais sans ouvrir celles-ci. A un certain moment, il en tendit une à Célanie, sur laquelle était écrit : « Céla...... 7 mars 65. »

— Brûlez donc vous-même cette enveloppe, madame, dit-il avec une politesse exagérée dont tout le monde comprit le sens.

M. de la Broquerie remontait au moment où l'enveloppe de Célanie, jetée au feu, brûlait avec un grésillement qui disait qu'elle n'était pas vide. Mis au courant de cette bizarre trouvaille par le notaire, il dit qu'il fallait brûler tout cela, et le tiroir fut vidé dans la cheminée; cette grande flambée emplit la chambre d'une puanteur de cheveux brûlés.

Marichette et Sylvain remontèrent bientôt dans la chambre, où ils trouvèrent Soupardin qui venait d'arriver et qui était en conférence dans un coin avec Célanie ; Sylvain, tout joyeux, expliqua à sa femme ce que Marichette voulait faire pour eux ; en l'écoutant, Soupardin secouait la tête.

— Qu'avez-vous donc ? lui demanda Célanie.

— Je vois que mademoiselle Marichette s'abuse sur le testament de M. Bellocq aîné. En lui donnant tout ce dont il pouvait disposer, celui-ci ne lui a donné qu'une partie de sa fortune. En effet, aux termes de l'art. 911, la mère de l'enfant naturel ne peut recevoir aucune part d'héritage non dévolue à ce dernier parce qu'elle est vis-à-vis de lui, *personne interposée ;* héritière du *de cujus*, elle n'a droit qu'à la moitié de la portion libre, déduction faite de la part attribuée à son fils, l'autre moitié, c'est-à-dire environ un million, vous appartient monsieur Belloquet.

Il y avait loin de ce million à ce que Célanie avait espéré, cependant c'était un triomphe.

— Laissons-la triompher, dit Marichette à mademoiselle Julienne, et retournons auprès de Pierre, qui maintenant est à moi, bien à moi !

— Et à moi, donc ! s'écria la vieille fille.

FIN

NOTICE SUR « MARICHETTE »

Dans la notice sur *Pompon*, j'ai donné les raisons qui m'ont fait écrire des romans romanesques, ce sont les mêmes qui m'ont dicté celui-ci, — le plus cruel de ma collection.

Mais cette cruauté je ne l'ai pas cherchée à plaisir pour l'effet, elle m'a été imposée par le caractère même du personnage qui domine le récit, — celui de Bellocq. Aussi si je faisais des classifications, pourrais-je dire que *Marichette* est un roman de caractères, comme le sont : les *Batailles du mariage* que commande madame Prétavoine; *Une Belle-Mère* qui est l'histoire de madame Daliphare; *l'Héritage d'Arthur* qui est celle de Clémence Beaujonnier.

C'est donc ce personnage qui a déterminé les incidents de ce roman comme s'il les avait dictés lui-même, car le romancier qui peint la vie n'est pas plus libre d'arranger à son gré, pour la plus grande joie du lecteur, la marche d'un roman de caractères, qu'il ne l'est pour plaire au public de fausser les caractères dans un roman romanesque : il est des choses qui n'arrivent qu'à de certaines gens, comme il est des gens qui ne font et ne disent que de certaines choses, — celles-là et non d'autres.

Celles auxquelles se trouverait mêlé le corsaire, peint d'après nature, comme le sont d'ailleurs Célanie, Soupardin, et Lichet, ne pouvaient être ni douces, ni tendres; et puisque *Marichette* n'est qu'une page de la vie de ce tyran de village, c'était lui qui devait faire celle des autres d'après son tempérament, ses passions, son caractère.

En même temps et pour les mêmes raisons, c'est aussi le roman de la province et de la bourgeoisie, puisque les Bellocq ne peuvent naître et triompher que dans ce monde où j'ai pris si souvent mes sujets.

Et, peut-être est-ce ici le lieu d'expliquer comment, au moment même où le public semblait ne vouloir que des romans, que lui signalait la couverture, de « Mœurs parisiennes », j'ai persisté dans ces études, ce que je ne saurais mieux qu'en reproduisant ce qu'a dit (*Réveil*, 27 fév. 1883) un écrivain qui a aussi bien connu la Province que la Bohême, — Jules Vallès :

« Il n'y a pas que la bohême sous la calotte des cieux, et il est même temps de laisser l'état-major des détraqués qui tient toute la place dans les livres des romanciers en vogue depuis dix ans et a caché le gros de l'armée.

Il y a une classe qui s'appelle la Bourgeoisie et un pays qui s'appelle la Province. Ce pays et cette classe représentent des millions d'hommes et il se passe là-dedans, à toute heure que le bon Dieu fait, des drames autrement émouvants et terribles que ceux de la grande ou basse vie.

Cette race meurt de mille morts affreuses, dans des convulsions terribles ; mais elle cache son mal, comme ses crimes, et les romanciers en sont encore à bafouer ses ridicules plutôt qu'à fouiller dans ses plaies et à dénoncer ceux des dirigeants qui chourinent le monde, sans se mettre du sang aux doigts.

Or, à l'ombre des privilèges qui ont aidé la Bourgeoisie à vivre, il y a des Bourgeois qui tuent, des Bourgeois qui crèvent, tuteurs, héritiers, médecins et malades, avocats et clients, syndics et faillis, déshonorés et décorés, qui ont la rage et se dévorent dans une obscure mêlée. Ce sont des assassinats d'arrière-boutique, des étranglements de coulisse, les coups sont sourds !

Eh bien! lisez le *Beau-Frère*, lisez le *Docteur Claude*, lisez *Une bonne affaire*, lisez la *Belle-Mère* et vous aurez une idée de cette classe, et vous en voudrez presque aux glorieux d'avoir toujours auréolisé des réfractaires du journal, du lupanar ou de l'atelier, alors qu'il y avait à trancher dans le gros de la vie commune.

Malot, lui, a taillé là-dedans, les manches retroussées, l'œil tendu ; dans les milieux honnêtes et étouffés où l'on parle de décence, de justice et de vertu, il nous montre comment

On peut tuer un homme avec tranquillité

et ce que cache de viols ignobles le manteau de la loi!

C'est là ce qui le met à part et hors de pair.

Mais il est né au pays du cidre et non au pays du vin ; il est de Normandie, non de Provence. Il lui eût fallu la pourpre d'un talent du Midi. Il n'y a pas l'éclaboussement du soleil dans ses œuvres ; son style n'a point les fleurs rouges de Zola ou les fleurs pâles de Daudet. Il est parfois habillé de gris et a les cheveux ras, comme un puritain.

On peut répondre que s'il est habillé de gris, c'est qu'il fait besogne d'infirmier, quelquefois, et qu'il se frotte à d'autres gens vêtus de sombre aussi comme les gardiens d'asile ou les gardiens de prison. Il a la couleur de son arme, comme les chasseurs à pied qui sont couleur de pré.

Ses défauts ne proviennent-ils pas de son parti pris d'observation et de sa fécondité? S'il eût voulu s'en tenir à dix volumes, il eût eu le temps de les polir et de les pailleter. Mais il a moins la soif de la gloire que la faim du travail, et il ne s'est jamais préoccupé de nouer des rubans au manche de sa charrue. Il a labouré, semé, — ayant plus la peur que l'amour des coquelicots, parce qu'ils mangent la place d'un grain de blé, tout en égayant le peuple des épis.

Disons qu'il n'a pas non plus appelé la renommée comme les paysans rappellent l'essaim, en faisant un charivari de casseroles dans le voisinage de la ruche abandonnée. C'est pourquoi, tout en ayant un grand public, il n'a pas la grande vogue ni la bruyante popularité.

La modestie d'un homme nuit à sa gloire et enterre la moitié de sa force parfois. C'est à ceux qui savent tout ce qu'il vaut de le dire et d'appeler l'attention sur la vertu sourde de son œuvre, si on ne l'a point remarquée dans le tapage que soulevaient, d'un autre côté, des livres que l'actualité portait sur ses épaules, comme un hercule porte sur sa tête un clown qu'on voit de tous les coins de la place et qui, ainsi juché, a toute la mine d'un géant.

Moi, qui connais l'œuvre de Malot, je la signale et je dis que si le code Napoléon meurt de son infamie un jour, Malot sera pour quelque chose dans cette mort-là !

Si, un beau matin, on découvre entre les textes d'une vieille loi des cadavres d'innocents tués par cette loi même, si dans la toge d'un médecin ou d'un expert au criminel on retrouve des débris de cervelles que leur témoignage a fait sauter, Malot sera, pour sa grande part, dans cette découverte et cette révolution.

A travers ses pages court le souffle de l'idée sociale. Les autres ont plus copié la vie fausse que la vie vraie, et c'est en dilettanti qu'ils ont peint des couleurs et des crimes.

Le véritable successeur de Balzac, c'est Malot, et son œuvre ne fait pas seulement suite, mais pendant à la *Comédie humaine.* »

JULES VALLÈS.

ÉMILE COLIN — IMPRIMERIE DE LAGNY

www.ingramcontent.com/pod-product-compliance
Lightning Source LLC
LaVergne TN
LVHW010130230826
846091LV00001BA/207

9782019136307